"十三五"高职高专药学类、药品类专业规划立体教材

药物制剂技术

（第3版）

周小雅　冯传平　主编

河南科学技术出版社

·郑州·

图书在版编目（CIP）数据

药物制剂技术/周小雅，冯传平主编．—3版．—郑州：河南科学技术出版社，2017.8（2018.8重印）

“十三五”高职高专药学类、药品类专业规划立体教材

ISBN 978-7-5349-8838-7

Ⅰ.①药… Ⅱ.①周… ②冯… Ⅲ.①药物-制剂-技术-高等职业教育-教材 Ⅳ.①TQ460.6

中国版本图书馆CIP数据核字（2017）第167808号

出版发行：河南科学技术出版社

地址：郑州市经五路66号　　邮编：450002

电话：（0371）65737028　65788613

网址：www.hnstp.cn

策划编辑：范广红　赵振华

责任编辑：崔军英

责任校对：张娇娇

封面设计：张　伟

责任印制：张艳芳

印　　刷：河南新华印刷集团有限公司

经　　销：全国新华书店

幅面尺寸：185 mm×260 mm　　印张：14.25　　字数：350千字

版　　次：2017年8月第3版　　2018年8月第6次印刷

定　　价：38.00元

如发现印、装质量问题，影响阅读，请与出版社联系并调换。

教材编审委员会名单

主　任　周元明

副主任　任文霞　刘　杰　方家选　李群力

委　员　（按姓氏笔画排序）

丁明星　马卫真　马舒伟　王文宝

韦　超　毛理纳　方家选　邓元央

冯务群　冯传平　任文霞　刘　杰

刘叶飞　刘华东　刘安韬　李　玲

李　峰　李群力　吴长忠　吴立明

吴美香　何　东　何柳艳　余卫国

陈　菲　陈芳梅　林忠文　罗红梅

周小雅　周元明　周爱珍　郑裕红

赵卫峰　钟　珍　侯飞燕　袁国卿

夏苗芬　陶满庆　黄欣碧　崔明超

梁李广　梁春贤　彭攸灵　彭学著

喻晓燕　程春杰　阙玉玲

编写人员名单

主　编　周小雅　冯传平

副主编　覃乾汉　李宇伟　李雪倩

编　者　（按姓氏笔画排序）

冯传平　李宇伟　李雪倩　杨建德

周小雅　赵卫杰　郭　双　覃乾汉

编写说明

2006年教育部颁布的《关于全面提高高等职业教育教学质量的若干意见》中提出：高等职业教育应全面提高教学质量，明确培养高素质技能型人才的目标，加大课程建设与改革的力度，以就业为导向，工学结合，增强学生的职业能力。据此，河南科学技术出版社于2006年组织全国十余所院校编写了“十一五”高职高专药学类专业规划教材。2012年河南科学技术出版社又推出了“十二五”高职高专药学类、中药类专业规划教材，共计三十余个品种。“十一五”和“十二五”高职高专药学类专业规划教材已累计使用十多年，教材内容新颖、质量过硬，出版发行量稳定有增，受到使用院校师生的普遍好评。其中，《天然药物学》《生物化学与生化药品》《药事管理与法规》等7部教材被教育部评为“十一五”“十二五”国家级规划教材。

“十二五”以来，药学类专业的人才需求发生了变化，职业岗位群对学生的知识、能力、素质提出了新的要求。2015年《中华人民共和国药典》进行了再版，教育部颁布了《普通高等学校高等职业教育（专科）专业目录（2015年）》，这些都需要新的教材来体现。河南科学技术出版社于2016年上半年开始组织全国医药院校编写“十三五”高职高专药学类、药品类专业规划立体教材。本次出版工作覆盖药学类、药品类（含药品制造类、药品管理类）两大专业群的教材编写，并同步进行数字化资源建设。本版教材在前几版教材的基础上对教材进行了优化、创新。教材编写遵循教育链和产业链有机融合，对接最新行业技术发展、职业标准和岗位规范，以增强学生核心素养、提高学生技术技能水平和可持续发展能力为重点，利用“互联网＋教育”的思路和技术，优化专业课程结构，更新教学内容，采用纸质教材与数字资源相结合的立体教材模式：在书中，通过使用智能手机可以扫描二维码观看课件、微课、动画、彩图、习题等，充分利用数字教学素材，为教师提升教学水平、创新教学模式和提高学生学习的便捷性、趣味性、自主性、开放性、拓展性提供了资源支撑，促进高等职业学校课程建设和教育质量的整体提高。

为了拓宽学生的知识面，密切课程之间的联系，加强对学生创新思维、创新能力和自主学习能力的培养，各本教材有选择地编写了学习要点、知识链接、知识拓展、案例分析、思考题等内容，供学生自学。其中，知识链接侧重纵向知识联系，重在介绍与药学类专业、药品类专业相关的知识对接、使用，提高学生的学习兴趣；知识拓展则侧重横向知识联系。

本版教材的编写人员为一直在教学一线工作的教师，有丰富的教学经验和教材编写经验，他们把在长期教学和编写教材中积累的宝贵经验运用到这次编写过程的始终，并将其发扬光大，使本版教材风格更加突出，特色更加鲜明。

为了确保教材的编写质量，编写人员在广西、湖南、浙江、河南等地召开了编写会、定稿会，这与各个参编院校领导的大力支持是分不开的。为使教材编出特色、提高质量，各位主编、副主编和编委加班加点，几易其稿，付出了大量的心血。河南科学技术出版社的领导对本版教材也极为重视，在此一并表示衷心的感谢！

由于编者水平有限，如有纰漏与瑕疵之处，还望广大师生批评指正，以便及时修改。

教材编审委员会主任　周元明

2017 年 3 月

课程简介

《制剂工艺与技术》课程专为培训药物制剂生产岗位人员而设。通过模拟药物生产过程的训练，让学员熟悉和掌握制剂生产各岗位的操作技能，使其具备药物制剂工、中药固体制剂工、中药液体制剂工等工种的职业能力。

一、课程结构

本课程是专业技术课程，主要专业基础课程包括药剂学、制药机械设备、药事管理等，其知识的相关性如图 0－1 所示。

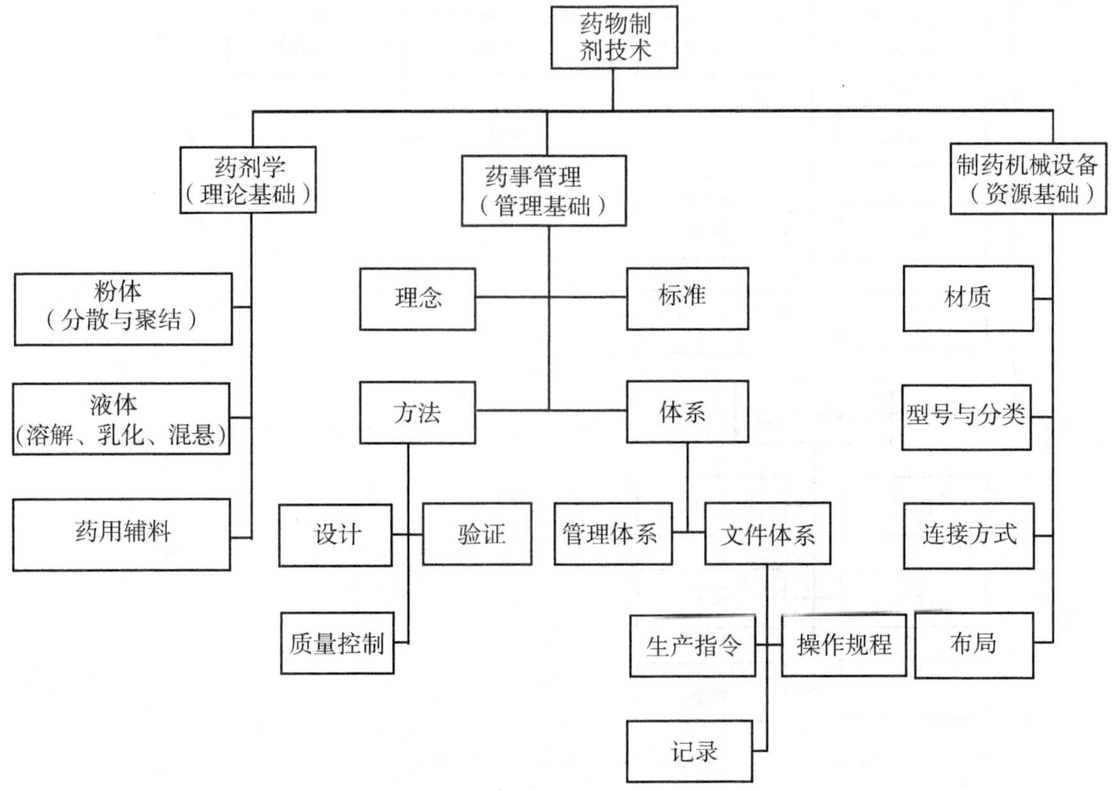

图 0－1　相关课程及知识结构

二、内容结构

根据课程结构及目标岗位人员职业能力的要求，本课程内容编排的思路如图 0－2

所示。

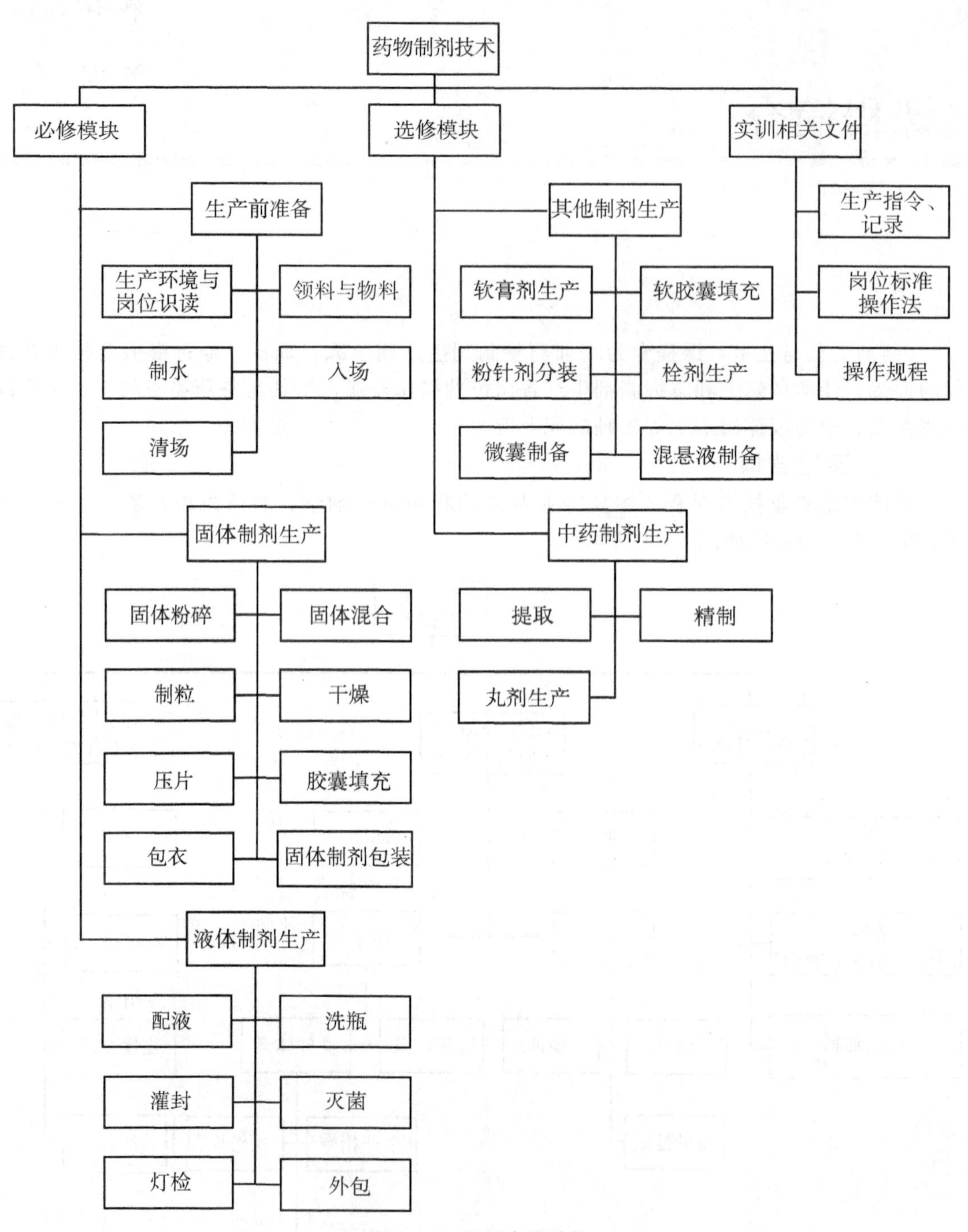

图 0－2　课程内容结构

三、人员结构

通常情况下，药物制剂生产企业须配置的各岗位人员如图 0－3 所示。药物制剂生产的常规工作往往由生产管理、岗位操作及质量管理、质量检验等人员共同协作、相互配合完成。其中：生产管理人员负责生产组织实施、过程管理；生产岗位操作人员负责生产过程的各岗位操作；质量检验人员负责生产物料、中间产品及成品的质量检验，出具检验报告书，为生产过程的物料、中间产品及成品进入下一个环节提供“放行”依据；质量管理人员负责对生产过程的质量监督管理，审核评价各环节的质量情况，决定产品是否放行。

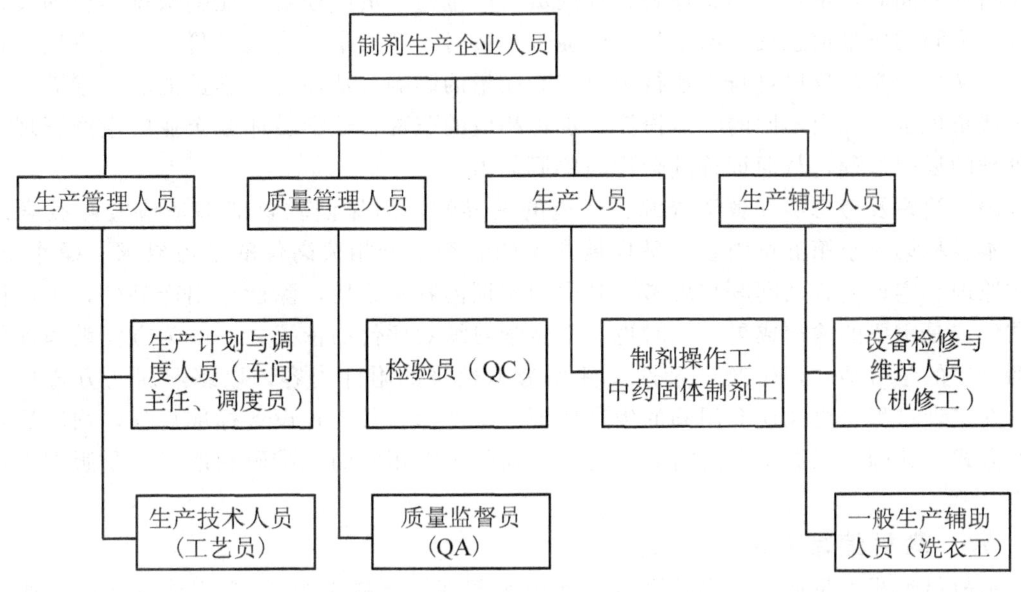

图 0－3　生产企业人员结构

四、目标定位

1. 课程目标。本课程主要通过模拟典型产品、典型岗位任务的准入与产品放行的过程操作技能训练，培养学员对药品质量控制的意识和行为，最终内化为职业能力。课程目标定位要求教学内容须覆盖制剂产品质量检验环节，特别是对操作人员完成过程生产的中间产品而进行的质量检验项目内容。同时，要求生产操作人员必须执行质量控制规程，转入下个工序的产品须经质量审核放行，养成自觉接受质量监督员监督、指导的职业习惯。

2. 层次目标。本课程以药物制剂生产岗位任务设计实训项目，以模块组合式结构组织教学内容。这种内容结构具有足够的弹性，既可以选择单一模块训练岗位的操作技能，又可以选择同系列的一组模块训练，使学员具备适应多岗位操作的能力，从而适应学习对象对课程内容宽广度的不同要求。

本课程对每一个任务模块都设定了任务描述、实践操作、原理知识、问题与思考等教学内容，通过原理知识的呈现及实践性问题的设置控制教学的难度，使每一个任务模块都可以适应学员的学习能力不同对学习内容深浅度的不同需求。

为此，本课程对中、高职学员的层次目标可通过任务模块的深度与宽度予以控制。中职学员可以只学习必修模块，技能上定位于正确执行操作规程，完成生产指令任务；高职学员可以适度减缩必修模块而拓展选修模块，技能上定位于既能正确执行操作规程，完成生产指令任务，又能学会典型质量问题的处理程序与处理方法，从而在能力上与中职学员形成差异。

五、教学建议

本课程的实施主要由学员在老师的指导下完成。教、学双方在角色上应有准确的定位。学员应以制剂生产操作人员的角色，按项目内容完成岗位任务；教师则应在实施学生操作指导的同时，承担生产管理者、检验员、质量监督员的职责，能够根据学员的实训情况设置不同的质量信息反馈给学员，既促进学员对工作质量的自我评价、自我审核和自行控制，又引导学生反思自身工作行为对产品质量的影响，从而提高学员的职业素养。必要时这些角色也可以由不同的学员扮演，承担相应的职责，让学员体验企业的生产管理与质量管理的运行过程，从而训练其合作与协调能力。

限于篇幅及考虑实际教学资源、环境的差异性，为保证教材能够适应实际教学的需要，本教材第一至第五章内容，呈现最常见的制剂生产相关岗位的学习要求、操作要点、工作原理、实训内容及问题与思考。其中的实训内容实施后，除能输出产品外，生产记录性文件也是重要的输出成果，同时也是学生学习绩效评价的依据之一。为方便教师评价和反馈学生的学习绩效，生产记录性文件作为本教材的附件内容，以练习册的方式独立印制。在实训过程中可能还会用到的生产凭证、生产标识及各种设备标准规程，均以后台运行的方式，让师生根据实训的需要，通过扫描附录中相应的二维码获取，纸质版中不再收录。

六、教材编写人员

本教材编写人员如下：冯传平（湖南中医药高等专科学校）、李宇伟（河南牧业经济学院）、李雪倩（鹤壁职业技术学院）、杨建德（华润三九医药股份有限公司）、周小雅（广西卫生职业技术学院）、赵卫杰（广西卫生职业技术学院）、郭双（南阳医学高等专科学校）、覃乾汉（广西壮族自治区食品药品监督管理局培训咨询中心）。

编者
2017 年 3 月

目录

第一章

生产前准备

项目一　生产环境与岗位识读

一、学习内容与要求

1. 通过对药物制剂生产场所与设备的观察，了解生产场所的布局及各操作间功能，熟悉实训环境。

2. 识读生产车间内部装修的重点要求，熟悉物流通道、人流通道、中间体站、洁具间、传递窗、地漏、空气净化、空调等设施与设备的作用。

3. 准确识读生产状态，了解并检查生产环境，了解产品放行标准。

二、实践操作

1. 条件准备。已完成净化装修的制剂生产车间、各种生产状态标识牌。

2. 操作要点。

（1）进入制剂生产现场，识读现场各项设施与设备的名称及功能。

（2）根据现场信息（标识、温度、湿度、压差等）判断生产现场状态。

（3）根据进入现场准备生产、正在进行配液或灌装操作、生产结束正在清场、大清结束待检验、设备检修等5个不同时段，对生产设备及生产现场状态进行标识。

扫一扫　看附录

3. 质量控制。在恰当的时段正确填写请验单。

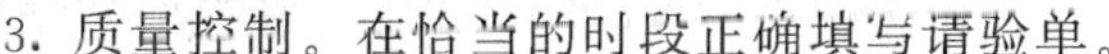

三、原理知识

1. 制剂车间的基本布局。制剂车间按生产工艺及其生产岗位设置进行合理布局。一般情况下，制剂生产车间分为固体制剂车间和液体制剂车间两大类型（图1－1），其设计的基本原则是：物流线路与人流线路分开，且流动线路尽量缩短，不同洁净级别的工间须设置缓冲间或气闸室、缓冲通道隔开，以避免或减少交叉污染；不同操作间通常用彩钢板分隔，墙与墙、墙与地面及墙与顶面之间连接处的夹角装成圆弧形以方便清洁，减少积尘。除生产操作间外，还需要配置足够数量的中间体站、物料室、更衣室、工具室等辅助场所，以方便存放各种物料、用具及生产人员的个人物品。

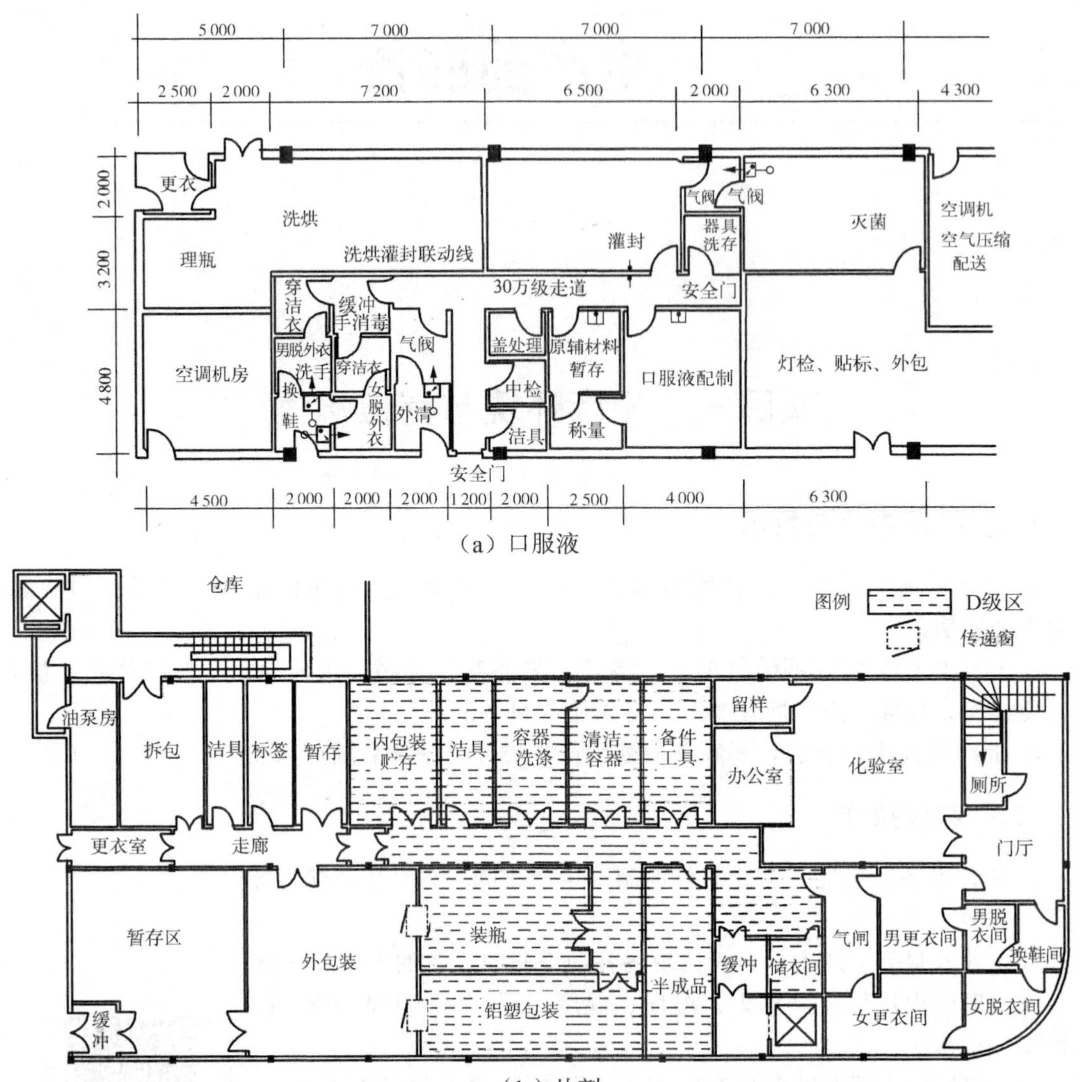

（a）口服液

（b）片剂

图 1－1　典型制剂车间布局（单位：mm）

2.《药品生产质量管理规范》（good manufacture practice，GMP）对生产环境的要求。生产环境在此特指制剂车间内部的环境，且主要是对空气洁净度的要求。国家食品药品监督管理局根据卫生部令第 79 号《药品生产质量管理规范（2010 年修订）》第三百一十条规定，发布了无菌药品、原料药、生物制品、血液制品及中药制剂等 5 个附录，作为《药品生产质量管理规范（2010 年修订）》配套文件，自 2011 年 3 月 1 日起施行。文件中明确无菌药品是指法定药品标准中列有无菌检查项目的制剂和原料药，包括无菌制剂和无菌原料药。无菌药品生产所需的洁净区可分为以下 4 个级别：

（1）A级：高风险操作区，如灌装区、放置胶塞桶和与无菌制剂直接接触的敞口包装容器的区域及无菌装配或连接操作的区域，应当用单向流操作台（罩）维持该区的环境状态。单向流系统在其工作区域必须均匀送风，风速为0.36～0.54 m/s（指导值）。应当有数据证明单向流的状态并经过验证。在密闭的隔离操作器或手套箱内，可使用较低的风速。

（2）B级：指无菌配制和灌装等高风险操作A级洁净区所处的背景区域。

（3）C级和D级：指无菌药品生产过程中重要程度较低操作步骤的洁净区。

不同级别洁净室（区）的用途也不相同，如表1-1、表1-2所示。

表1-1　最终灭菌产品生产操作示例

洁净度级别	最终灭菌产品生产操作示例
C级背景下的局部A级	高污染风险①的产品灌装（或灌封）
C级	（1）产品灌装（或灌封） （2）高污染风险②产品的配制和过滤 （3）眼用制剂、无菌软膏剂、无菌混悬剂等的配制、灌装（或灌封） （4）直接接触药品的包装材料和器具最终清洗后的处理
D级	（1）轧盖 （2）灌装前物料的准备 （3）产品配制（浓配或采用密闭系统的配制）和过滤 （4）直接接触药品的包装材料和器具的最终清洗

注：①此处的高污染风险是指产品容易长菌、灌装速度慢、灌装用容器为广口瓶、容器须暴露数秒后方可密封等状况。

②此处的高污染风险是指产品容易长菌、配制后须等待较长时间方可灭菌或不在密闭系统中配制等状况。

表1-2　非最终灭菌产品的无菌生产操作示例

洁净度级别	非最终灭菌产品的无菌生产操作示例
B级背景下的A级	（1）处于未完全密封①状态下产品的操作和转运，如产品灌装（或灌封）、分装、压塞、轧盖②等 （2）灌装前无法除菌过滤的药液或产品的配制 （3）直接接触药品的包装材料、器具灭菌后的装配及处于未完全密封状态下的转运和存放 （4）无菌原料药的粉碎、过筛、混合、分装
B级	（1）处于未完全密封①状态下的产品置于完全密封容器内的转运 （2）直接接触药品的包装材料、器具灭菌后处于密闭容器内的转运和存放
C级	（1）灌装前可除菌过滤的药液或产品的配制 （2）产品的过滤
D级	直接接触药品的包装材料、器具的最终清洗、装配或包装、灭菌

注：①轧盖前产品视为处于未完全密封状态。

②根据已压塞产品的密封性、轧盖设备的设计、铝盖的特性等因素，轧盖操作可选择在C级或D级背景下的A级送风环境中进行。A级送风环境应当至少符合A级区的静态要求。

除有特殊要求，洁净室室温为18～26 ℃，相对湿度为45%～65%。一般要求按洁净度等级的高低依次相连，洁净室保持正压，以防止低洁净级别房间的空气逆流至高洁净级别房间。洁净区与非洁净区应保持10 Pa的正压，洁净通道与洁净房间应保持5 Pa的正压。洁净度是通过制剂车间安装的空气净化设施来实现的，通过层流技术的应用，车间内空气净化度可达到A级，如图1-2所示。洁净空气净化标准如表1-3所示。

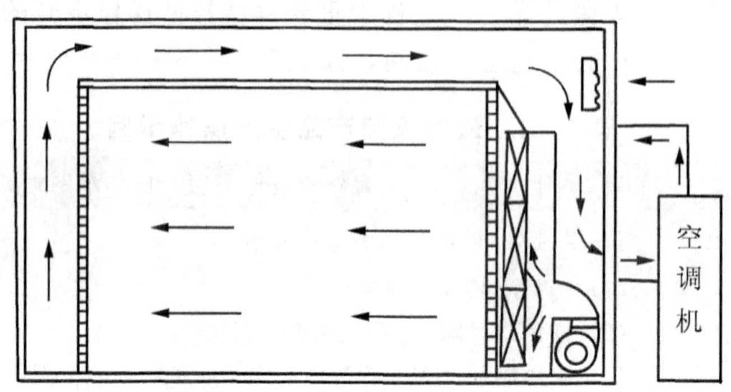

图1-2 水平层流洁净室示意

表1-3A 洁净室（区）的空气洁净度级别（悬浮粒子限量标准）

洁净度级别	悬浮粒子最大允许数/m³			
	静态		动态	
	≥0.5 μm	≥5.0 μm	≥0.5 μm	≥5.0 μm
A级	3 520	20	3 520	20
B级	3 520	29	352 000	2 900
C级	352 000	2 900	3 520 000	29 000
D级	3 520 000	29 000	不做规定	不做规定

表1-3B 洁净室（区）空气洁净度级别（微生物限量标准）

洁净度级别	浮游菌/(cfu/m³)	沉降菌（φ90 mm）/(cfu①/4 h)	表面微生物	
			接触（φ55 mm）/(cfu/碟)	五指手套/(cfu/手套)
A级	<1	<1	<1	<1
B级	10	5	5	5
C级	100	50	25	—
D级	200	100	50	—

注：①cfu是非法定计量单位，表示菌落集成单位。

3. 生产状态标识。生产环境的状态应按规定悬挂不同颜色的标牌予以标识，也可以在标牌上补充简单文字对状态做进一步说明。正常、运行中、已清场合格等状态用绿色牌标识：标识“正常”“已清场合格”，说明该区域环境及设备符合规定准许使用；标识“运行中”状态，说明该操作间及设备正在使用。黄色牌通常表示等待检查、检修，有尚未确定能否使用的含义；红色牌则表示禁止、停止、停用等含义，闲置的设备也可以使用红色标牌。

生产操作人员在完成岗位任务后，须按要求向检验部门报验，这项工作称为请验，以操作人员填报的“请验单”为据。检验部门收到“请验单”后，检验员按规定进行检验，并提交检验报告。质量监督员根据检验结果，更换相关标识或发布指令准许进入下一工序，称为放行。企业通过每一个单元操作的“请验—检验—放行”等工作流程实现对产品质量与工作质量的控制，图 1－3 所示为制剂生产质量控制原理示意。

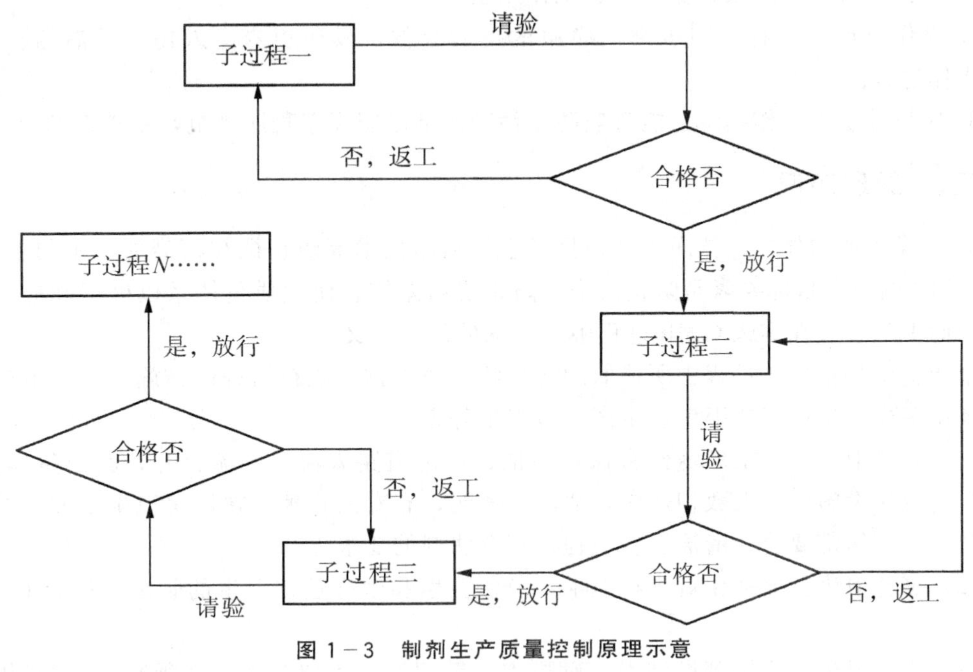

图 1－3　制剂生产质量控制原理示意

四、 问题与思考

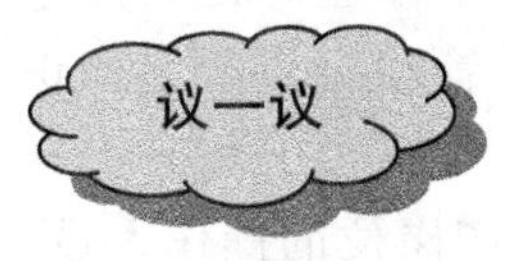

标识生产场所与生产设备的状态有什么意义？

参观考察典型药品制剂生产企业的制剂车间，重点观察各种洁净设施的安装方法和技巧，如地漏安装、防鼠防虫设施、物料输送管道安装、洁净室电路等。

项目二 人员进入与退出

一、 学习内容与要求

通过实训，掌握进入与退出生产场地的程序、标准与方法。

二、 实践操作

1. 条件准备。洁净服、更衣室、工作用鞋。

2. 操作要点。观看不同级别洁净服的更衣录像，模仿更衣、入场、手消毒、更衣、出场操作过程。

3. 质量控制。操作熟练，能有效防止污染。洁净服穿着程序规范，手消毒到位。

三、 原理知识

1. 洁净生产的概念。洁净生产包括了空气洁净技术等防止微粒污染的技术与管理等。药品 GMP 的三大目标要素是防止污染、防止混淆差错、建立质量体系以确保高质量的药品，因而卫生管理在实施 GMP 过程中有特殊的重要意义。

生产卫生是指生产过程中所采取的各种防止微生物、微粒污染的措施。生产卫生包括生产环境卫生、生产工艺卫生、生产人员卫生等方面。

(1) 环境卫生：要求环境经常保持整洁；厂区道路人流、物流分开，路面整体性好、不起尘；卫生设施应与人数相适应，清洁、通畅，有专人管理；在厂房卫生方面，对洁净厂房和一般厂房都要建立清洁卫生规程，符合法规的要求。

(2) 工艺卫生：要强化对物料卫生、设备卫生和生产过程卫生的管理，符合 GMP 的要求。

(3) 人员卫生：应做到勤洗澡、勤更衣、勤理发（不留长发、胡须）、勤剪指甲，保持良好的卫生习惯，对生产人员应定期体检，建立健康档案。

无菌药品生产企业在卫生方面的严格要求：生产操作要在专用的洁净室（区）内进行；洁净室（区）应采用经过验证的消毒灭菌方法；加强灭菌前后的管理（如状态标识等）；减少操作人员的污染。

2. 生产人员的职业素质要求。在此，生产人员是特指从事制剂生产岗位的操作人员。他们通过操纵生产设备，按规定的操作规程执行生产管理人员下达的生产指令，完成指定的生产任务。

药物制剂生产人员基本的职业素质表现在以下几个方面：

(1) 规范意识：指操作人员能够熟练地执行操作规程，按规定的操作要求进行操作。操作人员的行为规范是保证药品质量的前提条件。因此，操作人员必须通过不断的、反复的训练，养成规范的操作行为。

(2) 安全意识：主要指一般的安全生产常识。在制剂生产过程中，操作人员的工作涉及水、电、高温、高压等相关设备，操作不慎，极易引发各种安全事故，故要求生产人员应有强烈的安全意识，正确、规范的操作行为，杜绝安全隐患，避免安全事故的发生。

（3）质量控制意识：在制剂生产中，产品质量与制剂生产操作人员的工作质量密切相关。为保证产品的质量，操作人员必须在规范操作行为的基础上，按规程对规定的项目进行监测，并根据监测结果及时、准确、有效地调整操作过程，以保证产品质量的可控，最终实现预设的质量目标。

（4）卫生意识：制药过程中，人是最大的污染源。人的头发、皮肤、呼吸、咳嗽、衣着、化妆品和珠宝首饰等均是常见的污染源。因此企业应制定相应的人员卫生管理制度和卫生规程，生产人员必须遵守执行。

3. 无菌药品生产洁净区的着装要求。个人外衣不得带入通向B级或C级洁净区的更衣室。每位员工每次进入A/B级洁净区，应当更换无菌工作服，或每班至少更换一次，并应用监测结果证明这种方法的可行性。操作期间应当经常消毒手套，并在必要时更换口罩和手套。

制剂生产人员进入洁净室（区），应按规定穿着洁净服装，主要目的是防止操作人员自身的行为动作可能产生的人体脱落物导致洁净环境及在产药品的污染。对洁净服的要求一般包括材质与样式两个方面。制作洁净服的材料须有良好的透气性、防静电性，无微粒与纤维脱落。洁净服的样式要求保证能够完全包裹操作人员身体、头发，能够有效防止操作人员自身的微粒、毛发等污染洁净室。必要时还须将洁净服制成连体、连帽、连袜的样式。各洁净区着装要求如下：

（1）D级洁净区：应将头发、胡须等相关部位遮盖。应穿合适的工作服和鞋子或鞋套；应采取适当措施，以避免带入洁净区外的污染物。

（2）C级洁净区：将头发、胡须等相关部位遮盖，戴口罩。应穿手腕处可收紧的连体服或衣裤分开的工作服，并穿适当的鞋子或鞋套。工作服应不脱落纤维或微粒。

（3）A/B级洁净区：应用头罩将所有头发及胡须等相关部位全部遮盖，头罩塞进衣领内。应戴上口罩以防散发、飞沫，必要时戴防护目镜。应戴经灭菌且无颗粒物（如滑石粉）散发的橡胶或塑料手套，穿经灭菌或消毒的鞋套，裤腿塞进鞋套内，袖口塞进手套内。工作服应为灭菌的连体工作服，不脱落纤维或微粒，并能滞留身体散发的微粒。

知识拓展

根据GMP规定，生产场所不能存放个人物品及与生产无关的物品。为避免污染，进入洁净室（区）的操作人员不准化妆，不能佩戴首饰。如需要佩戴眼镜，则须准备洁净室内专用眼镜，不能带出洁净室，同时也与其他生产用物品一样定期进行消毒或灭菌。不同洁净室使用的洁净服不仅要求样式不同，最好还能够通过颜色进行区分。洁净区所用工作服的清洗和处理方式应当能够保证其不携带有污染物，不会污染洁净区。应当按照相关操作规程进行工作服的清洗、灭菌，洗衣间最好单独设置。

4. 入场与退场操作要求。制剂生产人员进入或退出生产场所，都必须经过换鞋区、更衣区、气闸室及缓冲通道组成的人流通道。根据洁净室（区）级别的不同，更衣有一更、二更、三更。进入生产场所时，更衣的基本原则是从上到下进行更换，退出时则程序相反。操作时应避免因洁净服接触地面等因素而造成的污染。

气闸室是无菌药品生产车间连接更衣室和洁净室的中间区域，无菌药品车间更衣后的人员进入气闸室后，须通过风淋装置的开启与运行，可清除人员表面所附着的微粒，从而避免操作人员将微粒带入洁净室而造成污染。因工作需要在不同级别的洁净室中穿越时，必须按规定的入场操作规程进行。

缓冲通道是连接不同工作岗位的人员通道，原则上与生产场所洁净度保持一致。缓冲通道与生产场所之间须保证相对负压，以控制微粒的流向，从而避免缓冲通道中产生的微粒对生产场所的污染。

四、 问题与思考

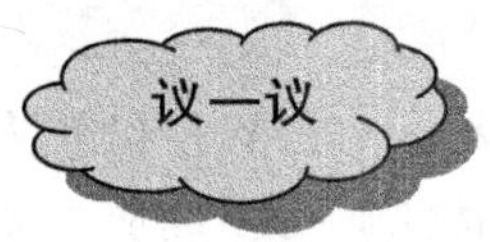

生产现场中有哪些防污染设施？使用时应注意什么问题？

项目三 物料流转

一、 学习内容与要求

通过练习，熟悉领料的基本程序与物料审核项目、要求及物料流转过程。

二、 实践操作

1. 条件准备。生产指令、物料请领单、相关物料、物料周转桶、物料周转标签。

2. 操作要点。按下列操作程序完成领料任务：接收生产指令→填写请领单→领取物料→审核物料→QC签字同意→准备物料周转桶→除去物料外包装→通过传递窗送达指定场所。

3. 质量控制。领料时务必注意：

(1) 必须核对物料的名称、规格、数量，做到准确无误。

(2) 物料请领单由生产计划调度部门根据生产指令发放，物料领取后须QC签字同意放行才能送达生产场所。

扫一扫 看附录

三、 原理知识

1. 物料的种类。制剂生产涉及的物料通常分为以下几种：

(1) 原料：指制剂生产中需要的、在制剂中产生治疗效应的原料药。通常分为化学药品原料、生物药品原料、中药材或中药饮片等。

(2) 药用辅料：指生产药品和调配处方时使用的赋形剂和附加剂；是除活性成分以外，在安全性方面已经进行了合理的评估，且包含在药物制剂中的物质；是制剂处方设计时，为改善制剂的成型性、有效性、稳定性、安全性而加入处方中除主药以外的一切药用物料的统称。药用辅料是药物制剂的基础材料和重要组成部分，它不仅赋予药物一定的剂型，而且与提高药物的疗效、降低药物不良反应有密切的关系，其质量的可靠性和品种的多样性是保证剂型和制剂先进性的基础。

在不同的剂型中，药用辅料还有多种称谓，如在膜剂、软膏剂、丸剂等剂型中，辅料称为基质；在口服液、注射剂、糖浆剂等液态制剂中，辅料常称为附加剂；在片剂等固体制剂中，辅料又称为赋形剂。在不同制剂中根据其作用命名的附加剂，如矫味剂、抗氧剂、抑菌剂、增溶剂等，也均归属辅料的范畴。

(3) 包装材料：指药品包装所用的材料，包括与药品直接接触的包装材料和容器、印刷包装材料，但不包括发运用的外包装材料；其材质、性能、结构对药品包装的功能起决定性作用。生产中药品包装的标识物，如药品说明书、标签等均属药品包装材料的范畴。

包装材料在药品临床前研究阶段已经确定，未经批准不得随意变更。

(4) 辅助性材料：是生产中某个环节需要添加，但最终须从产品中予以完全清除的物料。典型的辅助性材料，如液体制剂配制时添加的活性炭、滤纸浆或蛋清等吸附剂或助滤剂。

2. 中间体。在药品生产过程中，每一个生产环节所形成的产品均可称为中间体，只有已经完成全部生产过程得到的，经检验合格可能进入成品库准备出厂销售的产品才能称为成品。制剂车间内存放中间体的场所称为中间体站。

3. 物料流转的质量控制。制剂生产所用物料必须符合生产相应的制剂质量标准。一般情况下，原料、辅料的规格除按装量标识外，还需要标注其适用性。如标识为“药用”规格的原料药，只适合口服或外用制剂的生产；标识为“注射用”规格的原料药则适合注射剂等灭菌制剂的生产。中药材或中药饮片还可能标注其质量等级。

制剂的各种物料（包括中间体）根据生产需要在不同岗位之间转移，称为物料的流转。物料从一个岗位流转至另一个岗位时必须注意以下几点：

(1) 标签：标签是物料周转的标识之一，其内容必须包括品名、规格、数量、批号等，信息内容必须与相关的生产指令、生产记录等文件中的信息相符，这是物料准许进入下一个流程的重要依据。中间体进入下一个工艺流程还需要相应的中间体质量检验合格报告。不合格的中间体不能流入下一个岗位。

物料在领取、接收、投料等工作环节中必须建立双人核对制度，并有相应的生产记录。

(2) 防止污染：物料存放与流转过程中必须有效预防物料本身受到污染或周转的物料污染其他药品。在流转过程中，生产用物料的流转通道称为物流通道，从外部进入生产车间的物流通道须与人流通道分开，在缓冲间拆除外包装，通过物流通道输送到相应的生产场所，必要时还须对物料包装材料表面进行灭菌。

为防止混药事故的发生，生产过程中形成的中间体必须按指定区域存放，并有明确的色标予以标识：合格品采用绿色标识，待验品采用黄色标识，不合格品采用红色标识。不合格物料及中间体，如能返工，则由质量管理部门出具不合格品处理意见，制剂生产车间执行并填写返工记录；不能返工的，则必须在质量管理部门监督人员的监督下进行销毁，同时填写不合格品销毁记录，相关人员必须在记录上签字。

4. 物料衡算的基本原则。根据质量守恒定律，每一工序的物料投入量应等于产出量（包括损失量）。为防止药品生产出现差错和混淆，每一个生产工序在一个生产批次结束后都要仔细核对投入量与产出量，称为物料衡算。

知识链接

下列关键工序必须进行物料平衡计算：①筛磨粉工序。②制粒工序。③整粒总混工序。④压片工序。⑤包衣工序。⑥包装工序。

$$物料平衡率=\frac{实际值}{理论值}\times 100\%$$

其中，实际值是指一个生产工序结束后的实际产出量，包括工序产出的物料、废品、取样、尾料（如过筛后剩余的粗粉等）；理论值是指按工艺要求投入的本工序投料量。

各工序物料平衡计算的收率由企业内部进行核定及确认；标签、说明书等包装标识物的物料平衡收率达100%为合格。如果物料平衡收率超出上述范围，必须严格核查偏差原因，并按生产过程偏差处理规定进行处理。

知识拓展

生产过程中如有“跑料”或散装后跌落在地上的物料，应及时通知工艺员及QA，详细记录损失数量及事故过程，并将损失数量加在实际值之内进行计算。物料流转过程中上工序移交下来的有效物料并经复核的数量，可以作为下工序计算收率的理论值。

四、问题与思考

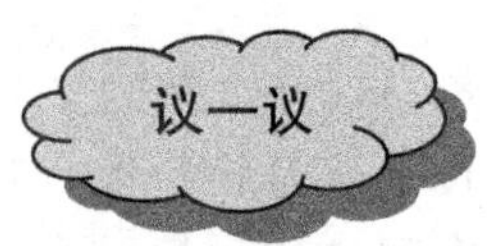

实际生产中有哪些措施可以预防物料混淆？

项目四　清　场

一、学习内容与要求

通过对典型岗位的清场，掌握清场操作的基本程序与要求。

二、实践操作

1. 条件准备。典型岗位生产现场、清洁用具及洗涤剂、灭菌剂、工艺用水。

2. 操作要点。更换生产现场状态标识牌→按物料流转程序转移中间体、剩余标签及物料→填写物料衡算记录→合并生产记录→按清洁操作规程清洗生产用具及设备→清洗生产现场→对生产用具及设备进行灭菌→申请清场检验→更换状态标识牌。

3. 质量控制。完成清场操作后，生产现场无任何剩余物品残留，地面无积水，生产用具、清洁用具回归原位。

三、 原理知识

1. 清场的目的。当一个药品中存在不需要的物质或当某物质的含量超过规定限度时，这个药品即受到了污染。常见的污染主要有尘粒污染、微生物污染和遗留物污染。如果不及时清除，就会影响药品质量，可能给患者带来巨大伤害。

空气净化是防止尘粒污染的主要手段，同时对微生物污染有一定作用。清场操作重点是防范生产中使用的设施、设备、容器、仪器等清洁不彻底而导致上次生产的遗留物对药品造成的污染。

2. 清场标准。任何一个岗位在完成本次指令下达的任务后都需要进行清场，只更换批号而不更换品种时通常称为“小清”。清场结束后，生产现场应无剩余物料、无标签空白文件，地面无积水，门、窗、台、墙面、灯罩无积尘，管道无积液，用具归回原位，清场记录正确无误，经检验员检查合格后即可换挂清场合格标识。更换品种或者需要进行工艺验证时则需要进行“大清”，指除清场操作须达到上述“小清”的标准外，通常还需要对缓冲道、气闸室等公用场所进行清理。操作结束后须报验，由检验员按监测规程对预设定的指标进行检验并出具检验报告单，合格者经质量监督员签字同意后更换清场合格标识。

四、 问题与思考

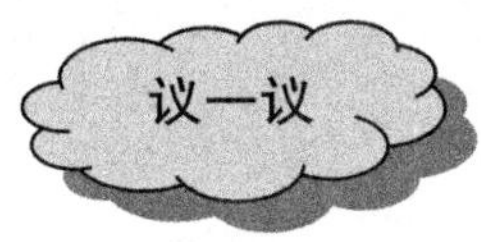

实际生产中如何预防和检测物料残留？

项目五　制　水

任务一　离子交换法制备纯化水

一、 学习内容与要求

通过了解离子交换法制备纯化水的基本原理与设备，学会对离子交换柱的安装、更新，并在生产过程中实施纯化水水质的检测与控制。

二、 实践操作

1. 条件准备。经再生合格的阴树脂床与阳树脂床及混合床、pH 值检测仪、电导率检测仪。

2. 操作要点。

(1) 按图 1－4 所示的连接方式将饮用水管、树脂床、贮水罐进行连接。

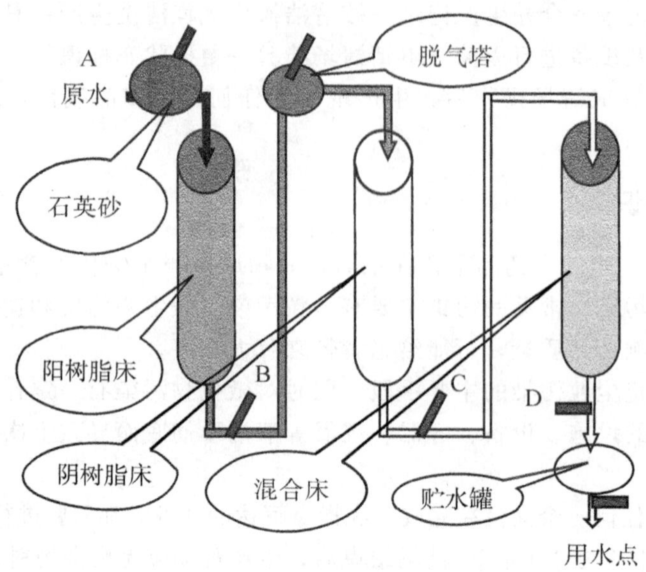

图 1－4　离子交换柱连接示意

（2）打开饮用水出水阀，使水依次流经阳树脂床—阴树脂床—混合床，最后进入贮水罐。

（3）分别在 A、B、C、D 等位置取样，用 pH 值检测仪和电导率检测仪测定样本的 pH 值与电导率。

3. 质量控制。开启饮用水出水阀时应注意控制开启的速度，使水流速度适宜并以恰当的速度流经各离子交换柱。

三、 原理知识

（一）工艺用水的基本概念

制药工艺用水是制药生产企业生产药品时所必需的原料之一。按水质规格，制药工艺用水分为饮用水、纯化水、注射用水、灭菌注射用水等 4 种。不同规格的制药工艺用水应用范围有所不同，如表 1－4 所示。

不同工艺用水在质量要求上也有很大差异，如表 1－5 所示。在生产中水源的水质、生产设备及工艺不同，均影响工艺用水质量。饮用水由水厂直接供给，未达到合格标准时不能作为纯化水的水源使用。纯化水等其他 3 种规格的工艺用水由企业自行制备。不论生产哪种规格的制药工艺用水，都必须对水源进行检查，不合格者不能放行到下一生产岗位使用。

表 1－4　不同规格的制药工艺用水应用范围

制药用水类别	主要用途
饮用水	（1）制备纯化水的水源 （2）中药材、中药饮片的清洗 （3）口服、外用的普通制剂所用药材的润湿、提取 （4）制药用具的粗洗

续表

制药用水类别	主要用途
纯化水	(1) 制备注射用水的水源 (2) 非无菌药品直接接触药品的设备、器具和包装材料最后一次洗涤用水 (3) 注射剂、无菌药品瓶子的粗洗 (4) 非无菌药品的配置 (5) 非无菌原料的精制 (6) 中药注射剂、滴眼剂所用药材的提取溶剂
注射用水	(1) 无菌产品直接接触药品包装材料的最后一次清洗用水 (2) 注射剂、无菌冲洗剂配料 (3) 无菌原料的精制 (4) 无菌原料药直接接触药品包装材料的最后一次清洗用水
灭菌注射用水	注射用灭菌粉末的溶剂或注射液的稀释剂

表 1-5 不同工艺用水质量要求

项目		质量指标	
		纯化水	注射用水
感官性状和一般化学指标	色	无色	
	混浊度	澄明度	
	臭和味	无臭、无味	
	肉眼可见物	不得含有	
	pH 值	符合规定	5.0～7.0
	总硬度（以 $CaCO_3$ 计）	依法检查应符合规定	
	硫酸盐	依法检查应符合规定	
	氯化物	依法检查应符合规定	
	不挥发物	依法检查应符合规定	
	二氧化碳	依法检查应符合规定	
	易氧化物	依法检查应符合规定	
	铵盐	<0.3 μg/mL	<0.2 μg/mL
毒理学指标	重金属	<0.5 μg/mL	
	硝酸盐（以 N 计）	<0.06 μg/mL	
	亚硝酸盐（以 N 计）	<0.02 μg/mL	
细菌指标	细菌总数	≤100 个/mL	≤100 个/100 mL
	热原值（细菌内毒素含量）	—	<0.25 EU/mL

（二）离子交换法

1. 原理。离子交换树脂是一种化学合成的球状、多孔性、具有活动性离子的高分子聚合体，不溶于水、酸、碱和有机溶剂，但吸水后能膨胀，性能稳定。树脂分子由极性基团和非极性基团两部分组成，吸水膨胀后非极性基团可作为树脂的骨架，极性基团（又叫交换基团）上的可游离交换离子与水中同性离子起交换作用。进行阳离子交换的叫阳树脂，进行阴离子交换的叫阴树脂。732 型苯乙烯强酸性阳离子交换树脂，其极性基团是磺酸基，可用简化式 $RSO_3—H^+$ 和 $RSO_3—Na^+$ 表示，前者为氢型，后者为钠型。钠型的树脂比较稳定，因而树脂保存时均为钠型，但临用前须转化为氢型。717 型苯乙烯强碱性阴离子交换树脂，其极性基团为季铵基，可用简化式 $RN^+(CH_3)_3Cl^-$ 或 $RN^+(CH_3)_3OH^-$ 表示，前者为氯型，后者为氢氧型。氯型稳定，便于保存，临用前须转化为氢氧型。离子交换法是利用离子交换树脂的吸附与解离作用，将原料水中的离子与树脂中的 H^+ 或 OH^- 进行交换，使水中的离子被树脂截流及达到纯化目的，离子交换法制备纯化水的原理如图 1－5 所示。

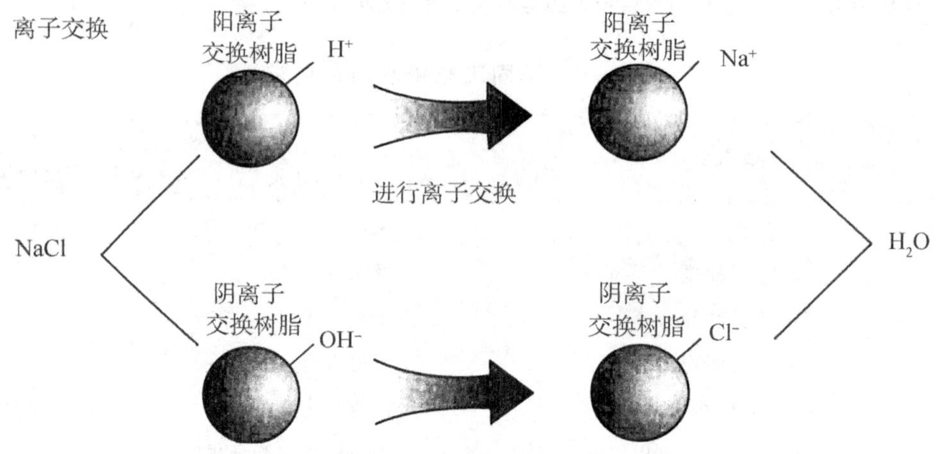

图 1－5　离子交换法制备纯化水的原理

2. 设备。将新树脂转型后的树脂装于柱形容器中称为装床。装好的树脂柱习惯称为树脂床，有单床、联合床、混合床等多种连接方式，如图 1－6 所示。一个阳树脂床与一个阴树脂床连接称为复合床，是离子交换法生产纯化水必需的单元设备。多个复合床连接称为多级复合床。阳树脂和阴树脂按一定比例混合装于同一个柱形容器内则称为混合床。经过混合床处理的离子交换水水质较好，但因树脂再生操作较麻烦，一般与复合床联用。一般原水经阳床—阴床—混合床串联的组合形式，即可除去大部分阳离子、阴离子而得到去离子水。树脂床的联合方式与操作单元的多少，可根据水质的不同适当调整，经工艺验证合格后投入使用。如发现去离子水的质量不合格，应考虑树脂是否老化而失去离子交换作用，此时须将树脂进行再生处理。

为保证原料水中的离子与树脂有充分的交换，通常对树脂床的高度与其直径的比例有一定的要求。

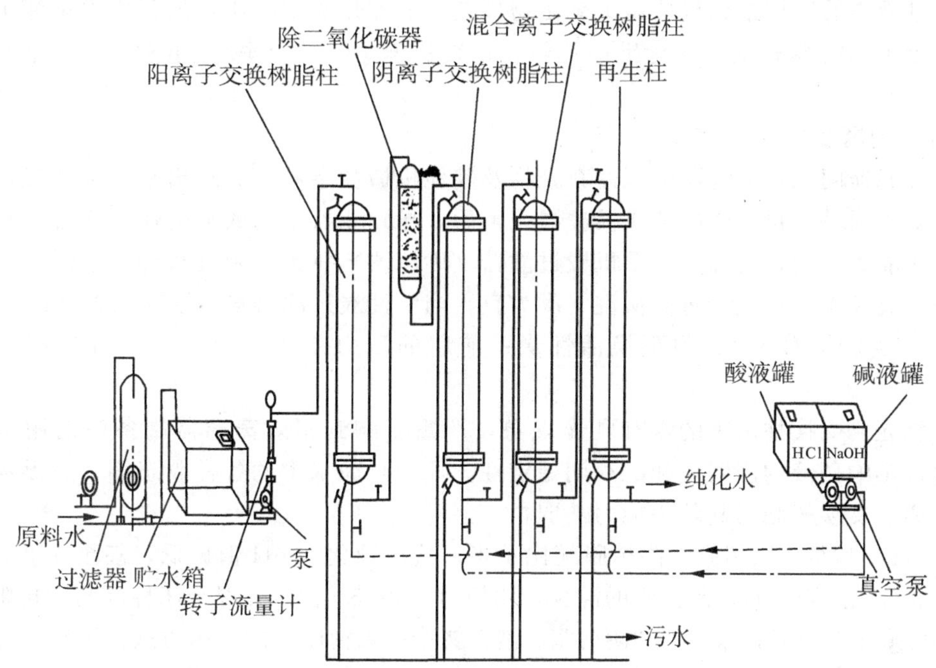

图 1－6　一般离子交换法制备纯化水的工作流程

知识拓展

离子交换树脂的再生主要是将老化的阳树脂和阴树脂分别用盐酸、氢氧化钠溶液进行浸泡，使被树脂吸附的阴离子或阳离子被盐酸中的 H^+ 或氢氧化钠中的 OH^- 所置换，从而得到氢型阳树脂和氢氧型阴树脂的过程。树脂再生时酸液的浓度为 3%～4%，碱液浓度以 2%～3%为宜，流速 4～8 m/h 较好，再生温度以<40 ℃为限。水溶液若适当加热至 30～45 ℃，效果会更好。

3. 质量控制。离子交换过程中，水流速度对水质有重要影响。流速过慢，影响生产效率；流速过快，交换率低；原料水中的离子交换不完全，则影响水质。为保证纯化水质量，在生产中要严格控制几个操作环节：

（1）原料水质量：原料水如硬度过大，会加大树脂的工艺负担，加速树脂老化。

（2）流速：单床树脂直径小于 60 cm 时，流速对水质影响很大，出水质量随树脂层高度增加而提高。树脂层过高则增加水流阻力，生产效率随之降低。当流速过低呈滞留状态时，离子扩散缓慢，不利于交换的进行，但流速过高又将影响交换反应的进行，同时造成破碎率提高，颗粒含量增多，出水质量同时降低。因此，在生产中必须按操作规程的要求定期抽查出水的电导率的变化，并以此为依据调整流速。

（3）水质监测：纯化水制备过程中，须按操作规程检查离子交换水的电导率、氯化物、氨、pH 值等项目指标，以对出水的水质实施监控，发现不合格趋势即采取有效措施及时处理。

运行过程中的监控指标包括：①氯化物检查。取纯化水 50 mL，加硝酸银试液 1 mL，不得发生混浊。②氨检查。与标准品比较，不得更深。③电导率<2 μS/cm。④pH 值为 5.0～7.0。

4. 常见问题及处理。

（1）过滤器问题：指滤器中积留絮凝物及其他机械性杂质，导致出水速度变慢，水质降低。主要原因是原料水中的杂质被滤器截留后，导致滤器堵塞或吸附作用接近饱和，使其吸附杂质能力降低。处理方法是机械过滤器（砂滤器）每天必须进行冲洗、反冲洗；碳滤器须进行反冲洗、冲洗，每周清洗 1 次为宜，当活性炭过滤器水质游离氯含量达到 0.08 ppm(1 ppm＝1 mg/L)时，须更换活性炭；前后的压力差在 0.05～0.1 MPa 时，更换滤芯。

（2）乳光：交换柱出来的水有乳光现象，严重影响到多效蒸馏器制备注射用水的质量，同时也影响药液的澄明度和贮存期稳定性。原因是原水中的各种胶态物、悬浮物没有除尽，而离子交换树脂对其除去能力甚弱。

（3）pH 值偏低：阳树脂、阴树脂配比不当，造成纯化水 pH 值偏低，甚至太低。正常情况下，混合床是阳树脂、阴树脂的混合，比例为 1∶(1.5～2)。在混合床柱高与中排限制的情况下，可采用 3 层混合床，即“阴树脂—惰性树脂—阳树脂”的装床方式。这种装床方法一方面在树脂再生时避免了阴、阳树脂交叉污染，减少了再生次数，降低生产成本；另一方面可调节阳树脂的用量，从而纠正 pH 值偏低现象。

（4）电导率和 pH 值不稳定：主要原因是树脂老化失效。阳树脂失效表现为出水的水质由于阳树脂漏钠量增加而使碱性增强，pH 值会升高，阴树脂去硅的效果显著降低，从而使阴树脂出水的硅含量升高，电导率也会升高；阴树脂失效表现为阳树脂置换出 H^+，出水的 pH 值下降，与此同时出水硅量增加，此时电导率先是向下降（常被误认为水质转好），但十几分钟后，电导率迅速上升。处理对策是将树脂进行再生处理。

电导率的高低与水中离子浓度有关。生产中如发现电导率居高不下，首先应考虑树脂是否失效。

（5）树脂毒化：从表面可看到，树脂上层有变色（呈棕黑色或深黑色）絮状的树脂，同时也可观察到淋洗时间加长、运行周期缩短、水质下降，常规再生也不能提高交换容量及恢复树脂原貌，称为树脂“毒化”。铁的污染往往造成测定树脂的交换容量变化不大，但运行周期明显缩短，树脂颜色变深，由深褐色直至变黑。油的污染会产生“抱团”现象，这类污染大都发生在阳树脂，颜色呈棕色至黑色。对策：所有这些都表明树脂已被毒化，要采取相应的毒化处理。毒化处理的原则是使其树脂失效（转型），然后再生；而对油污染，则采用非离子型表面活性剂为主的碱性清洗剂最为有效。

（6）其他：出水中有时会闻到一股刺激性“氨”味，主要原因是原水被类蛋白氨、阴树脂的低聚物、碎裂物或其降解产物污染。所以，操作时要避免有机物污染严重的原水进入水处理系统；阴树脂要先用 75%乙醇浸泡后用纯化水反复冲洗除去异味再进行转型处理后使用。

四、问题与思考

某企业离子交换柱的连接方式如图 1－7 所示，表 1－6 为生产记录。

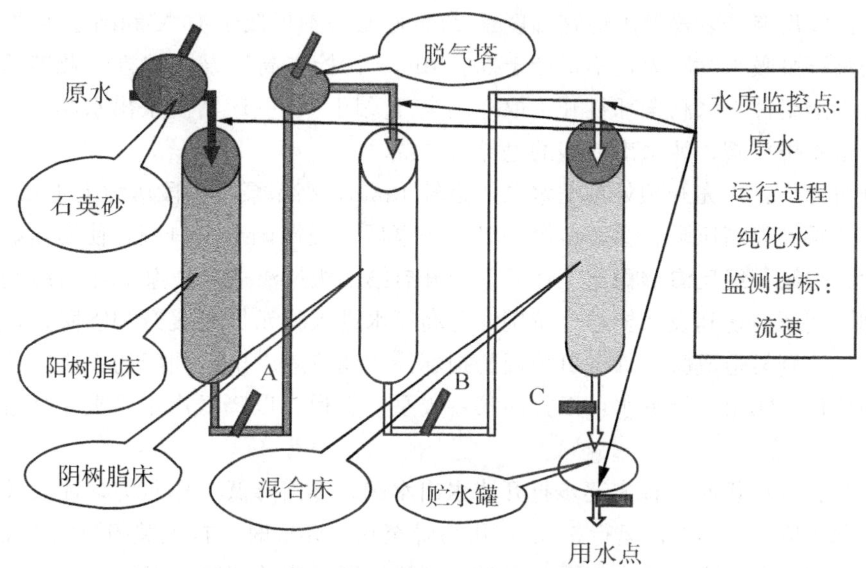

图 1－7　离子交换柱连接方式示意

表 1－6　纯化水生产记录

时间	出水流量	出水电导率	pH 值

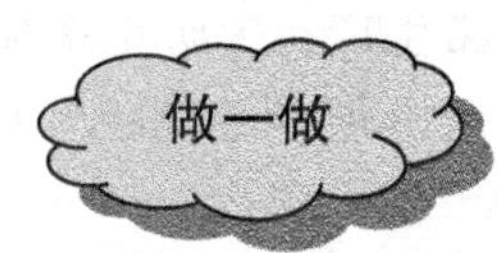

按实际操作情况填写表 1－6，并根据记录情况议一议生产的纯化水能否供应到车间的各个用水点。

任务二　二级反渗透法制备纯化水

一、　学习内容与要求

通过学习，了解反渗透法制备纯化水的基本原理，并能熟练操作相关设备进行纯化水生产。

二、　实践操作

1. 条件准备。纯化水生产操作室、二级反渗透纯化水设备、纯化水生产记录表。

2. 操作要点。

(1) 操作前准备：①检查经预处理的原水是否达到规定指标。如达不到要求，必须加强预处理工艺。②反渗透装置室内适宜温度是20～30 ℃，不得低于10 ℃和高于40 ℃。③检查进水压力表高压泵吸水段压力，不得低于0.2 MPa。④检查高压泵旋转方向及转动部分是否灵活。⑤将渗透组件出水阀全部打开，取样阀全部关闭。⑥关闭清洗泵出水阀。⑦打开高压泵出口阀、浓水排放阀、纯水出口阀的电导仪电源。

(2) 开机操作：①先开预处理送水泵，运转1 min，高压泵进水段压力大于0.1 MPa，并保持稳定后，再开启高压泵。②开启第一级高压泵后，缓慢调节出口阀，使高压缓慢上升至额定的压力；待第一级反渗透稳定工作后，再开启第二级反渗透高压泵，然后缓慢调节第二级的排水阀，使压力达到设计要求。特别注意高压水进入膜元件应缓升和缓降，切忌压力急剧地升与降，否则易造成膜元件不可挽回的损坏。③调节浓水出口阀门的大小，使纯水与浓水有适当的比例。④第二级浓水可以排回第一级泵前管道，以降低产水导电率并且提高水利用率。

(3) 停机：①停机时，首先逐步打开浓水出水阀，逐渐降低工作压力，注意关机时严禁突然降压，每下降0.5 MPa，运行5 min；压力降至0.8 MPa时，首先关闭第二级反渗透高压泵，然后再关闭第一级反渗透高压泵，最后关闭增压泵。②关闭所有电源。

3. 注意事项。

(1) 反渗透装置正常运行需要一定的运行条件，应注意操作温度和进水压力。进水压力应根据膜的特性不同来确定，运行的适宜压力一般为1.5～3 MPa。如使用进口大通量低压复合膜时，水压应为0.9～1.0 MPa，不得超过1.3 MPa。

(2) 严格控制进入膜组件的原料水中游离氯含量及污染指数（SDI），防止膜的氧化及污垢的附着。

(3) 控制给水流量及浓缩水流量，防止膜组件提前劣化及在膜组件上析出污垢。

(4) 经常注意观察机器的运行状态，发现问题及时解决。如：若膜前压与膜后压的压差高，说明膜面已受污染或者是给水流量过大；若精密过滤器的压差急剧上升，可能是滤芯受堵，反之，则可能是滤芯破损或滤芯的紧固螺钉松动等。

(5) 反渗透器一旦开机产水，必须保持每天开机。若因故不能正常生产，为防止系统滋生细菌，影响其正常工作及成品水质量，冬天应每天开机1次；夏天必须早、晚各开机1次，每次不少于1 h。

(6) 为维护膜能长期、有效地工作，应经常对膜进行冲洗，一般每1～2个月清洗1次。

三、 原理知识

(一) 反渗透法的原理

反渗透是指借助一定的推动力（如压力差、温度差）迫使溶液中的溶剂组分通过适当的半透膜，从而阻留某一溶质组分的过程（图1-8）。如果半透膜的两侧右侧为淡水，左侧为盐水，则半透膜两侧存在浓度差，淡水侧将向盐水侧扩散渗透，其推动力是渗透压，当扩散渗透达到动态平衡时，盐水液柱增高形成的水柱压力将阻止渗透。若对盐水侧施加比盐水渗透压高的外界压力，盐水中的水将通过半透膜逆向扩散至纯水侧，此称为反渗透。人们利用此原理从原水中获得纯化水。渗透压的大小取决于溶液的性质，它决定了操作压力范围的选择和分离装置的耐压要求。

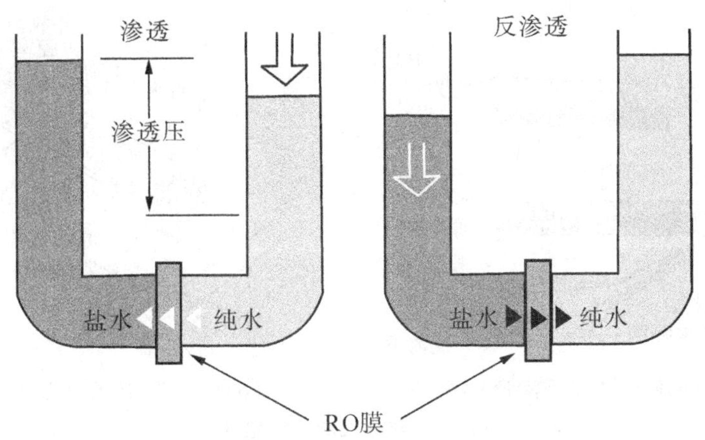

图 1－8　反渗透法制备纯化水的基本原理

（二）常用设备

二级反渗透法制备纯化水需要专用的反渗透装置、贮水器、泵和输送管道等，其连接方式如图 1－9 所示。

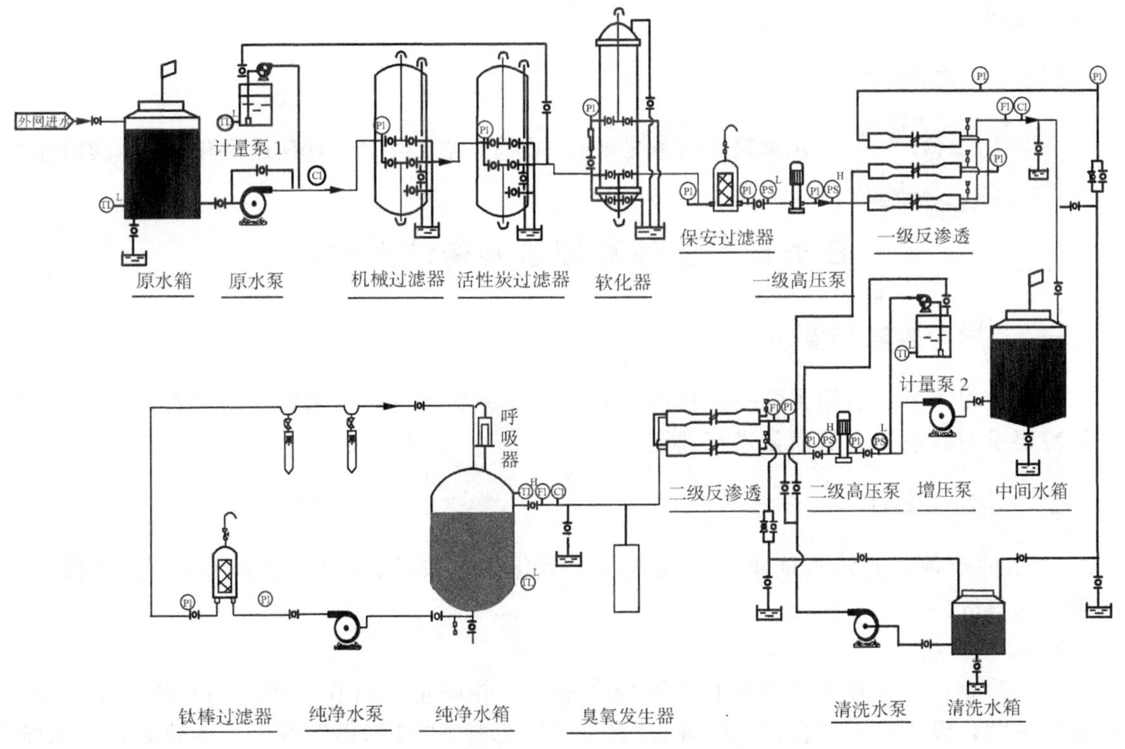

图 1－9　反渗透法制备纯化水的设备连接方式

反渗透膜组件是反渗透装置的核心部件，因其孔径小，故工作时需要较高的压力，结构强度要求也高。为了增加水透过膜的速度，一般反渗透器中单位体积内膜面积要大，故反渗透器中常将反渗透膜制成螺旋卷绕式与中空纤维式反渗透膜组件。数个反渗透膜组件串、并联组成反渗透器，如图 1－10 所示。

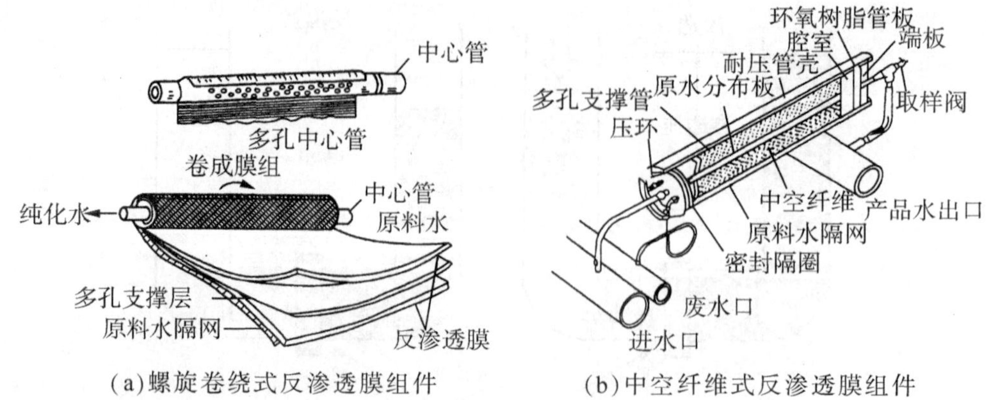

(a)螺旋卷绕式反渗透膜组件　　(b)中空纤维式反渗透膜组件

图 1－10　反渗透膜组件

(三) 质量控制

纯化水制备过程中主要从以下几方面控制质量：①水源过滤后：SDI15＜4、浊度＜0.2、铁（mg/L）＜0.1、氯（mg/L）＜0.1。②反渗透淡水：电导率＜2.0 μS/cm、脱盐率＞85。③混合树脂水：电导率＜20 μS/cm。④纯化水的贮存时间不得超过 24 h。⑤电阻率应每 2 h 检查 1 次，其他项目应每周检查 1 次。

四、 问题与思考

反渗透法制备纯化水有哪些特点？生产中如何进行有效的水质监控？

任务三　多效蒸馏法制备注射用水

一、 学习内容与要求

通过学习了解注射用水的质量标准，掌握蒸馏法制备注射用水的操作规程，并能按操作规程要求对注射用水的质量进行监测。

二、 实践操作

1. 条件准备。五效蒸馏水器，纯化水，氯化物、铵盐、酸碱度等项目检验用仪器、试剂、用具等。

2. 操作要点。

(1) 检查：①检查生产现场有无清场合格证，并确定是否在有效期内；检查电、水、汽是否正常，设备有无“合格”标牌、“已清洁”标牌、“已消毒”标牌。②检查循环系统情况：蒸汽压力为 0.15～0.3 MPa，冷却水压力为 0.3～0.5 MPa，压缩空气压力为 0.3～0.5 MPa。③调节仪表状态：“纯汽”按钮应在返回位置（无锁）；“废弃”按钮应在返回位置（无锁）；其他按钮应在返回位置（无锁）；温度调节仪范围是 70～98 ℃；六挡油浸开关任意一挡处于锁定位置。④挂本次运行状态标识，进入操作。

(2) 生产：①开蒸汽管排水阀门，排放管路冷凝水，直至有水蒸气排出。②依次开蒸馏水器进汽阀门、排汽阀门，待排汽阀门只排蒸汽时，关小排汽阀门，打开一、二、三效下面的针型阀排水，有蒸汽排出时，关闭针型阀。③通加热蒸汽预热 15 min 后，开启纯化水、冷却水、压缩气阀门。④接通电源，打开电锁，此时“蒸汽”“压缩气”“贮罐”“停止”灯亮。⑤按下“启动”按钮，纯化水供水泵运转，根据蒸汽压力大小调节纯化水流量。⑥按下“质量”按钮，若注射用水电导率合格（$<1\ \mu S/cm$），“废弃”按钮亮，注射用水从合格口流出，否则从不合格口排出。

（3）结束：①按“停车”按钮，纯化水泵停止运转。②关闭进汽阀门。③冷却水泵停转（当温度调节仪器指示值降至 70 ℃时，自动停转）后，关闭电锁。④关闭冷却水进水阀门。

（4）清场：①在贮罐上贴标签，注明生产日期、操作人、批次、罐号，并填好记录。②设备清洁：用水擦拭机器表面，电气部件严禁用水冲洗；清洗原料水及蒸汽过滤器、流量计，清洗后用纯化水冲洗至冲洗水 pH 值为中性（一般每年 1 次）；清洗蒸发器、预热器、冷凝器内水垢（一般每两年 1 次）；按规定时间进行在线灭菌。③注射用水贮罐、输送管路、输送泵清洁：用刷子直接刷洗贮罐内壁，再用注射用水冲洗（一般每周 1 次）；罐内如有贮存超过 12 h 的注射用水，应先放掉积水，再用注射用水冲洗，才可用于贮存新鲜注射用水；用刷子蘸清洁液刷洗贮罐内壁，用纯化水冲洗至洗液中无 Cl^-，再用注射用水冲洗（一般每半年 1 次）；对输送管路、输送泵清洗（一般每半年 1 次）；按规定时间进行在线灭菌。④对房间、操作台面进行清洁消毒，经 QA 人员检验合格，发清场合格证。

3. 注意事项。

（1）观察各效蒸发器水位（可通过每效蒸发器下部的观察窗观察），要求每效蒸发器的水位不得超过观察窗的中线，若第一效的水位过高，应减小原料水的流量；若最末一效的水位过高，应减小原料水的流量，将最末一效蒸剩水排放阀门开大一点，直到各效蒸发器水位达到要求为止。

（2）通过温度显示仪观察第一效蒸发器原料水加入口的温度及各效蒸发器的蒸汽温度是否正常。

（3）在机器的运行过程中，应随时检查一效蒸发器及一效预热器疏水阀的排放效果，并视情况进行清洗或更换疏水阀。

（4）本机最高工作压力为 0.5 MPa，安全阀设定在 0.52 MPa，应定期提拉安全阀手柄以检查该阀的效果。

三、原理知识

（一）工作原理

注射用水与纯化水的区别主要在于注射用水无菌、无热原。蒸馏系指加热使水汽化，再经冷凝而制得蒸馏水的过程。蒸馏法利用原水中的有机物、可溶性无机盐、热原及其他物质的不挥发性将其除去，并由于蒸馏水器设置有挥发物逸出装置，能有效除去水中挥发性气体 CO_2、NH_3 等，从而达到纯化水的作用。

（二）常用设备

蒸馏法既可生产纯化水，也可以生产注射用水。但纯化水与注射用水生产所用设备不同，生产中也分属于两个不同的岗位，不能混淆。

蒸馏法生产注射用水须使用多效蒸馏水器，如图 1－11 所示为三效蒸馏水器。

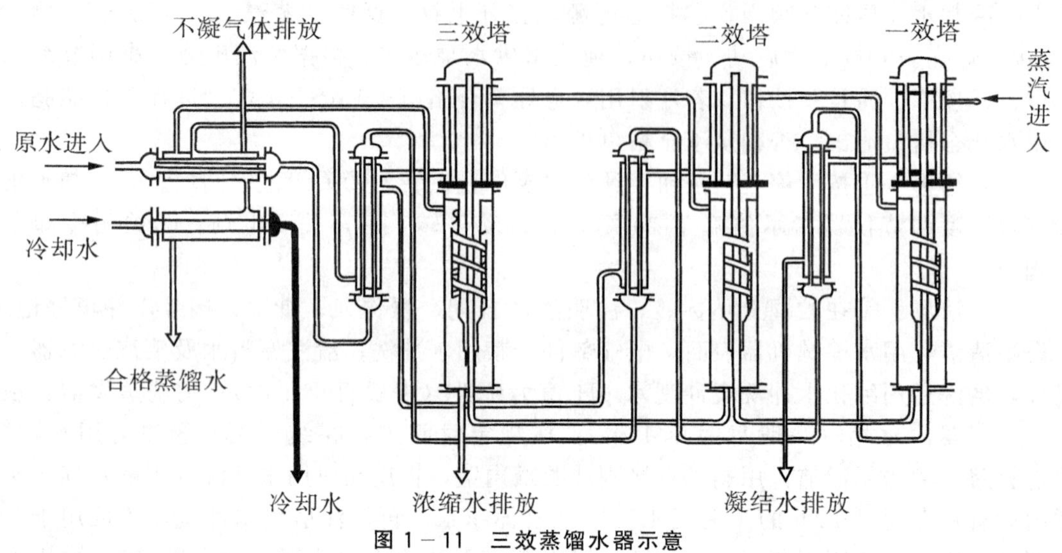

图 1－11 三效蒸馏水器示意

（三）水质标准

注射用水的质量要求见表 1－7。

表 1－7 注射用水质量要求

检验项目	质量标准
性状	无色澄明液体；无臭，无味
pH 值	5.0～7.0
氨	≤0.000 03％
氯化物	应符合规定
硫酸盐	应符合规定
钙盐	应符合规定
硝酸盐	≤0.000 006％
亚硝酸盐	≤0.000 002％
二氧化碳	应符合规定
易氧化物	应符合规定
不挥发物	≤1 mg/100 mL
重金属	≤0.000 05％
细菌内毒素	≤0.25 EU/mL

热原是微生物的代谢产物，是能引起恒温动物和人体体温异常升高的致热性物质。大多数细菌都能产生热原，致热能力最强的是革兰阴性杆菌所产生的内毒素。当含有热原的注射剂注入人体，可引起严重的致热反应，有时体温可达 40 ℃，严重者出现昏迷、虚脱，甚至有生命危险。《中华人民共和国药典》（简称《中国药典》）对注射用水规定了热原检查方法及限量规定。热原具有耐热性、滤过性、水溶性、不挥发性，以及能被强酸、强碱、强氧化剂、超声波破坏等性质。利用热原的不挥发性可采用蒸馏法将其除去。

（四）质量控制

注射用水制备过程中的质量控制主要从以下几方面控制：①制备过程中对 pH 值、氯化物、铵盐的检查应每 2 h 检查 1 次，其他项目每周检查 1 次。②应采用 80 ℃以上保温、65 ℃以上保温循环或 4 ℃以下保温循环。③一般注射用水的贮存时间不得超过 12 h，生物制品注射用水的贮存时间不得超过 6 h，若制备后 4 h 内灭菌，则可在 72 h 内使用。

（五）常见质量问题及防、治措施

1. 氯离子不合格。可能是冷凝器漏水或蒸馏锅（管）内污水太多。

2. pH 值和铵盐不合格。若使用塔式蒸馏水器，可能回汽水积留于加热管中，并影响回汽水中挥发物质的除去；同时也可能是进汽阀开得太小，冷凝水用量过大，冷凝器温度过低，从而使 CO_2、NH_3 等不能完全挥发。

3. 重金属不合格。主要是蒸馏器的镀层表面损坏或蒸馏器的构成材料不合格造成的。

四、 问题与思考

根据注射用水的生产操作过程，编写一个多效蒸馏水器的岗位标准作业程序（standard operation procedure，SOP）文件。要求在文件中包含水质控制的相关内容，如取样方法、监测周期、监测指标。

扫一扫　看 PPT

（周小雅　杨建德）

第二章

固体制剂生产

项目六　粉碎与筛分

一、 学习内容与要求

1. 掌握粉碎与过筛岗位的洁净度要求、岗位操作法。

2. 掌握粉碎与过筛的生产工艺管理要点及质量控制要点。

3. 能操作粉碎机与过筛设备，按生产指令对物料进行加工。

二、 实践操作

1. 条件准备。粉碎机、旋振筛、生产指令中的规定物料。

2. 操作要点。

(1) 生产前准备：粉碎与筛分的生产前准备包括生产环境核查、生产设备检查、生产物料核查与文件准备等。

1) 生产环境检查：核对“清场合格证”并确定是在有效期内。取下“清场合格证”状态牌换上“正在生产”状态牌，开启除尘风机 10 min，当温度为 18～26 ℃，相对湿度在 45%～65%范围内时，才可投料生产。

2) 生产设备检查：①检查整机各紧固螺栓是否有松动，空载启动性是否良好。②选择适当布袋和筛网并检查是否破损，若有破损应及时更换。③空载运转试验：空载运转时间不少于 2 min，且无异常声响，机器运转平稳，无异常振动。④停机，更挂绿色设备正常状态标识牌。

3) 生产物料及文件检查：核对生产物料外观与生产指令中的物料名称是否相符，检查生产记录等相关文件是否齐全。

(2) 粉碎：①启动除尘机，确认工作正常。②按主机启动开关，待主机运转正常平稳后即可加料粉碎。③向料斗中缓慢、均匀地加入物料，直到粉碎结束。④停止加料，待 10 min 后或不再出料后再停机。⑤解开集粉袋，取出粉碎物料。

(3) 筛分：按主机启动开关，待主机运转正常平稳后，开始加料，进行筛分，直到物料全部过筛。停机，更挂“清场”标识牌。

（4）清场：按《清场管理制度》《容器具清洁管理制度》《洁净区清洁规程》《S365旋振筛清洗程序》搞好清场和清洗卫生；清场后，填写清场记录，经QA人员检查合格，更挂“清场合格”标识牌。

（5）记录：根据筛分操作过程，如实填写粉碎与筛分工作记录。

3. 注意事项。

（1）操作过程中须严格核查生产指令与物料，物料外观形态特征与生产指令物料的特征相称、相符，标签信息与生产指令信息相符。

（2）粉碎过程中须随时检查物料状况，避免异物混入致设备工作异常甚至损坏设备。

（3）筛分所用筛网规格应与生产指令要求相符。

（4）操作中如发现声音异常或设备过热等现象应立即停机检查，以便及时排除隐患，保证正常生产。

扫一扫　看生产记录册

扫一扫　看附录

三、原理知识

（一）粉碎

1. 粉碎及粉碎度的含义。粉碎是借助机械力将大块物料破碎成适宜大小的颗粒或细粉的操作。粉碎的主要目的在于减小粒径，增加物料的表面积，便于各成分混合均匀，并有助于药材中有效成分的浸出等。粉碎岗位的工作任务就是操作各种粉碎设备，将生产指令中的物料制成粉碎度符合制剂要求的粉末。

物料被粉碎的程度可用粉碎度表示，常以粉碎前的粒度 D_1 与粉碎后的粒度 D_2 的比值（n）来表示。

$$n=\frac{D_1}{D_2}$$

由上式可知：粉碎度越大，物料粉碎得越细。粉碎度的大小应根据药物性质、剂型和使用要求等来确定。

2. 粉碎机制。物质依靠本身分子间的内聚力而集结成一定形状，适当破坏物质的内聚力，即可达到粉碎的目的。

固体物质经粉碎后，表面积增加，引起表面自由能的增加，故不稳定。已粉碎的粉末有重新结聚的倾向，使粉碎过程终于达到一种动态平衡，粉碎便停止在一定阶段，不再进行。如果采用混合粉碎的方法可以加以克服，即能使另一药物吸附于其表面使自由能不致明显增加，从而阻止了结聚，粉碎便能继续进行。

粉碎过程常用的外加力有冲击力、压缩力、剪切力、弯曲力、研磨力及锉削力等。被处理物料的性质、粉碎程度不同，所需施加的外力也有所不同。实际上多数粉碎过程是上述几种作用力综合作用的结果。

3. 常用粉碎机。常用粉碎机有万能粉碎机、柴田粉碎机、球磨机、气流粉碎机等。

4. 常用粉碎方法。

(1) 干法粉碎与湿法粉碎：干法粉碎是把物料经过适当干燥处理，降低水分再粉碎的方法。一般物料通常采用干法粉碎。干燥温度一般不超过 80 ℃，水分一般应低于 5%。湿法粉碎是指在物料中添加适量水或其他液体再研磨的粉碎技术，又称加液研磨法。选用液体以物料遇湿不膨胀、不起变化、不妨碍药效为原则，用量以能湿润物料成糊状为宜。此法粉碎度高，且避免了粉尘飞扬，对于某些刺激性较强或有毒药物的粉碎具有特殊意义。

(2) 单独粉碎与混合粉碎：一般物料通常采用单独粉碎。此外多数贵重细料药、毒性药物和刺激性药物、易于引起爆炸的氧化性和还原性药物、适宜单独处理的药物（如滑石粉、石膏等）应采用单独粉碎。若处方中某些药物的性质及硬度相似，则可以将它们掺合在一起粉碎，此法为混合粉碎。混合粉碎既可避免一些黏性药物单独粉碎困难，又可使粉碎与混合操作结合进行。

(3) 低温粉碎：将物料或粉碎机进行冷却的粉碎方法称为低温粉碎。物料在低温时脆性增加，韧性与延伸性降低，易于粉碎。此法适宜在常温下粉碎困难的物料，如树脂、树胶、干浸膏等的粉碎。低温粉碎能保留物料中的香气与挥发性有效成分，并可获得更细的粉末，对于含水、含油较少的物料也能进行粉碎。

(4) 流能粉碎：系利用高压气流使药物的粗粒之间相互碰撞而产生强烈的粉碎作用。用流能粉碎时，由于气流在粉碎室中膨胀时的冷却效应，故被粉碎物料的温度不升高，因此本法适用于抗生素、酶、低熔点或其他对热敏感的药物的粉碎，而且在粉碎的同时就进行分级，所以可得到 5 μm 以下的微粉。

知识拓展

有些难溶于水的药材如朱砂、珍珠、炉甘石、滑石等要求特别细的粉时，可将药材与水共置研钵或球磨机中研磨，使细的粉混悬于水中，然后将此混悬液倾出，余下的粗粒再加水反复操作，直至全部药材研磨完毕。所得混悬液合并、沉降，倾去上清液，将湿粉干燥，可得极细粉末，此法即为传统的水飞法。水飞法属于湿法粉碎。含黏性或油性较大的药材，须经特殊处理后方能粉碎。如含糖较多的黏性药材熟地黄、山茱萸、麦冬等吸湿性强，应先将处方中其他干燥药材研成粗粉，然后陆续掺入黏性药材，使其成块状或颗粒状，于 60 ℃以下充分干燥后再粉碎，俗称串研法。含油脂较多的药材如杏仁、桃仁、苏子等须先捣成稠糊状，再把处方中已粉碎的其他药粉分次掺研粉碎，使药粉及时将油吸收，以便于粉碎与过筛，俗称串油法。串研法与串油法属于混合粉碎。

5. 常见故障发生原因及排除方法。见表 2－1。

表 2－1　常见故障发生原因及排除方法

故障	故障原因	排除方法
主轴转向相反	电源线相位连接不正确	检查并重新接线
操作中有胶臭味	皮带过松或损坏	调紧或更换皮带
钢齿、钢锤磨损严重	物料硬度过大或使用过久	更换钢锤或钢齿
粉碎时声音沉闷、卡死	加料过快或皮带松	加料速度不可过快，调紧或更换皮带
热敏性物料粉碎声音沉闷	物料遇热发生变化	用水冷式粉碎或间歇粉碎

（二）筛分

1. 筛分的含义及岗位职责。筛分是借助网孔工具将粗、细物料进行分离的操作。筛分的目的是对粉碎后的物料进行粉末分等，同时筛分还有混合作用。此外，为提高粉碎效率，已达细度要求的物料也必须及时筛出以减少能量的消耗。由于筛分时较细的粉末先通过筛孔，较粗的粉末后通过，所以筛分后的粉末应适当加以搅拌，以保证药粉的均匀度。

筛分岗位的任务就是用筛分设备将生产用物料按粉末粗细不同进行分离，以适应制剂生产中临床应用的需要。

2. 筛分设备。制剂生产中常用的筛分设备有旋振筛、往复振动筛粉机和悬挂式偏重筛粉机等。

筛分用的药筛，按其制作方法可分为编织筛与冲制筛两种。编织筛的筛网由钢丝、不锈钢丝、尼龙丝、绢丝等编织而成。尼龙丝对一般药物较稳定，在制剂生产中应用较多。冲制筛是在金属板上冲压出圆形的筛孔而成，其筛孔牢固，孔径不易变动，常用于高速粉碎过筛联动的机械上。

《中国药典》所用药筛选用国家标准的 R40/3 系列，共规定了 9 种筛号，一号筛的筛孔内径最大，依次减小，九号筛的筛孔最小。目前制药工业上习惯常以目数来表示筛号及粉末的粗细，即以每英寸（1 in＝2.54 cm）长度有多少筛孔来表示。例如每英寸长度有 100 个孔的筛子叫作 100 目筛，目数越大，筛孔越小，如表 2－2 所示。

表 2－2　我国常用的工业用筛规格与《中国药典》中的筛号对照

筛号	筛孔内径（平均值）	工业筛目号（孔/英寸）
一号筛	2 000 μm±70 μm	10 目
二号筛	850 μm±29 μm	24 目
三号筛	355 μm±13 μm	50 目
四号筛	250 μm±9.9 μm	65 目
五号筛	180 μm±7.6 μm	80 目
六号筛	150 μm±6.6 μm	100 目
七号筛	125 μm±5.8 μm	120 目
八号筛	90 μm±4.6 μm	150 目
九号筛	75 μm±4.1 μm	200 目

3. 常见故障及其处理。筛分过程中易发生的问题、原因及排除方法见表 2－3。

表 2-3 常见故障发生原因及排除方法

故障	故障原因	排除方法
粉料粒度不均匀	筛网安装不密闭，有缝隙	检查并重新安装
设备不抖动	偏心失效、润滑失效或轴承失效	检查润滑，维修更换

（三）质量控制

1. 生产环境。粉碎与筛分操作可在 D 级生产区域进行。由于操作中极易产尘，且环境的相对湿度会影响粉碎与筛分的效率，也可能影响粉末的含水量，故与其他生产岗位相比，粉碎与筛分岗位对防尘及生产环境的相对湿度要求比较严格。操作间必须保持干燥，室内呈负压，须有捕尘装置。

2. 粉末细度及均匀度。不同制剂及加工要求对粉末细度要求有很大差异。散剂是以药物粉末直接用于临床的一种固体制剂，为适应临床需要，不同用途的散剂对粉末细度的要求也不相同。除另有规定外，一般内服散剂应通过五号或六号筛；用于消化道溃疡病应通过七号筛，以充分发挥其治疗和保护溃疡面的作用；儿科和外用散剂应通过七号筛；眼用散剂则应通过九号筛。

除另有规定外，制剂加工用的在大多数情况下要求制成 100 目细粉，而待浸出用的中药材通常要求粉碎成粗粉即可。操作中应注意中间体质量控制标准的设定。

3. 物料的添加与控制。粉碎与筛分过程中，物料是随着设备的运行不间断添加的，而物料添加的速度是影响工作质量与工作效率的重要因素。原则上粉碎与筛分都要求物料以匀速进行添加，避免加料过快导致设备负担过重或添加过慢而影响工作效率。

物料添加过程中须随时检查物料状况，避免异物混入而导致污染。为避免混药，粉碎操作所用的集粉袋最好按物料品种分开使用。

4. 物料平衡。粉碎与筛分结束后均须进行物料衡算。粉末收率应符合物料平衡的规定。

四、 问题与思考

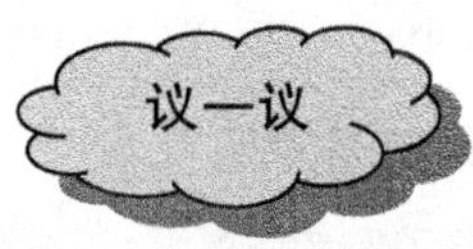

1. 万能粉碎机为什么必须先空转一段时间才能投料进行粉碎？
2. 粉碎机轴转向不正确的原因是什么？能否进行投料粉碎？如何解决？
3. 粉碎操作过程中出现声音沉闷的原因是什么？应如何处理？
4. 粉碎机运行过程中出现胶臭味或其他异味的原因有哪些？应如何处理？
5. 不能通过筛孔的物料应如何处理？

项目七 混 合

一、 学习内容与要求

1. 掌握固体物料混合岗位的洁净度要求、岗位操作法。

2. 掌握固体物料混合生产工艺管理要点及质量控制要点。

3. 掌握典型混合设备的操作方法。

二、 实践操作

1. 条件准备。V 型干混机，按生产指令准备相应物料。

2. 操作要点。

(1) 检查生产操作间工具、容器、设备是否齐全，并有符合 GMP 要求的状态标识。

(2) 根据生产指令填写领料单，向中间站领取物料，并核对品名、批号、规格、数量、质量。

(3) 开机检查混合设备运行情况，正常时更换生产运行标识。

(4) 按设备消毒规程对混合用工具、设备进行消毒。

(5) 根据生产指令称取相应物料，并实施双人核对，无误后投入混合设备中。

(6) 开机进行混合，并控制混合时间。

(7) 停机，取出混合物料，检查混合均匀度，合格后转送到中间体站。

(8) 填写混合生产记录。

(9) 更换状态标识，按清场操作规程进行清场，QA 检查合格后，更换清场合格标识。

3. 注意事项。

(1) 必须严格按规定操作规程进行操作。

(2) 设备运转时，严禁进入混合桶运动区内。

(3) 在混合桶运动区范围外应设隔离标识线，以免人员误入运动区。

(4) 设备运转时，若出现异常振动和声音，应立即停机检查，并通知维修工。

(5) 设备的密封胶垫损坏、漏粉时应及时更换。

(6) 操作人员在操作期间不得离岗。

扫一扫　看附录

三、 原理知识

(一) 固体混合岗位职责

根据生产指令按规定程序领取原辅料，核对混合物料的品名、规格、批号、数量、生产企业名称、外观、检验合格证等信息，应准确无误。混合应均匀，符合要求。

(二) 混合机制

混合机内粒子经随机的相对运动完成混合，混合机制主要有 3 种。

1. 对流混合。固体粒子群在机械转动的作用下产生较大的位移时产生的总体混合。

2. 剪切混合。由于粒子群内部力的作用结果产生滑动面，破坏粒子群的团聚状态而进行的局部混合。

3. 扩散混合。由于粒子的无规则运动，在相邻粒子间发生相互交换位置而进行的局部混合。

上述 3 种混合机制在实际的操作中往往同时发生，但所表现的程度因混合机的类型、粉体性质、操作条件等不同而存在差异。

（三）混合方法

常用的混合方法主要有研磨混合、搅拌混合和过筛混合 3 种。

1. 研磨混合。系将各组分物料置乳钵中共同研磨的混合操作，此技术适用于小量尤其是结晶性药物的混合，不适于引湿性及爆炸性成分的混合。

2. 搅拌混合。系将各物料置适当大小容器中搅匀，多作初步混合之用。大量生产中常用混合机混合。

3. 过筛混合。系将各组分药粉先初步混合在一起，再通过适宜的药筛一次或几次使之混匀，由于较细较重的粉末先通过筛网，故在过筛后仍须加以适当的搅拌混合。

（四）混合常用设备

常用的混合设备分为干混设备和湿混设备。固体混合只用干混设备，如 V 型干混机、二维运动混合机、槽型混合机、双螺旋锥形混合机等。

（五）混合原则

物料混合时应注意以下几方面原则：

1. 组分的比例量。混合组分比例量相差悬殊时，应采用等量递加混合法（习称配研法），即将量大的药物先研细，然后取出大部分，剩余的与量小的药物约等量混合研匀，接着倍量增加量大的药物直至全部混匀。

2. 组分的堆密度。一般将堆密度小者先放入混合机内，再加堆密度大者适当混匀。这样可避免轻者上浮或飞扬、重者沉于底部而影响混合均匀性。

3. 混合器械的吸附性。将量小的药物先置混合机内时，可被混合器壁吸附造成较大的损耗，故应先取少部分量大的药物或辅料于混合机内先行混合，再加量小的药物混匀。

（六）质量控制

混合操作间必须保持干燥，室内呈相对正压，须有捕尘装置；混合过程中应随时注意设备声音；生产过程所有物料均应有标识，防止发生混药、混批；混合设备的混合缸可用水清洁，其他部分用清洁布擦拭干净。

混合操作须严格按生产操作规程的要求混合足够时间，以保证混合的均匀度。

（七）常见故障

振动、转动不均匀，产生原因是减速器齿轮失效，可通过添加润滑油或换润滑油，以及更换齿轮或减速器来排除。

四、问题与思考

硫酸阿托品百倍散处方如下：

硫酸阿托品　1.0 g

胭脂红乳糖　0.5 g

乳糖加至　100.0 g

该处方混合时应遵循哪些原则，以保证混合均匀？

项目八　制　粒

任务一　挤压成型制粒

一、学习内容与要求

1. 掌握挤压成型制粒岗位职责，会操作固液混合设备和制粒设备，制备合格软材和湿粒。

2. 在操作中会对工作质量进行自检，并能根据物料状况调整操作以保证产品的质量。

二、实践操作

1. 条件准备。槽型混合机、摇摆式颗粒机，按生产指令准备相应物料及筛网。

2. 操作要点。检查操作间、工具、容器、设备→确认设备正常挂本次运行状态标识→按生产指令要求领取生产物料并转移到操作间→称取一定量物料置于混合机中与黏合剂混合成合格“软材”→取出软材置于摇摆式颗粒机中制粒→收集湿颗粒平铺于物料盘中成一定厚度，置烘箱中→调整干燥相关参数，开启烘箱进行干燥→收集干颗粒于物料桶中，密闭，送达中间体站→填写中间体质量请验单→填写生产记录。

3. 注意事项。

（1）投料前须核实物料品名、规格、批号及外观性状等是否与生产指令要求相符，且称取物料量须进行双人核对。

（2）固体物料与黏合剂混合时须严格控制黏合剂的用量，避免软材过湿、过黏。

（3）安装摇摆式颗粒机的筛网时，应注意根据物料的实际状况调整适宜的松紧度。

（4）湿粒在物料盘中堆积不厚。

（5）干燥时须严格执行干燥操作规程，特别注意控制干燥温度与干燥时间，并在适当时间翻动颗粒以保证干燥、均匀。

扫一扫　看生产记录册

扫一扫　看附录

三、原理知识

（一）制粒岗位职责

制粒岗位的任务是根据生产指令的要求，运用混合、制粒技术，操作专用设备，将规定的物料加工成合格的干颗粒，并将干颗粒送达中间体站。在生产过程中，制作人员有责任控制混合制作的“软材”和湿颗粒的质量，并就生产的干颗粒提请中间体检验。

（二）常用制粒方法

湿法制粒是最常用的制粒工艺，如图 2－1 所示。高效混合制粒同属湿法制粒，均须经历干燥过程。流化制粒、喷雾制粒可通过特定的生产设备将混合、制粒、干燥过程在同一设备中完成，能有效缩短生产周期。干法制粒则是将物料通过粉碎或过筛的操作直接获取粒径符合要求的颗粒，不需要经历干燥操作，但有时需要干燥黏合剂及特殊的设备。如用压片机先将粉末压制成“大片”后再粉碎成颗粒。

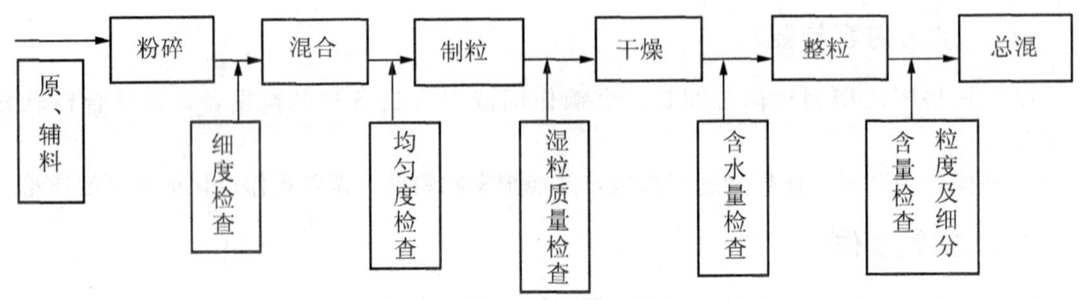

图 2－1　常用制粒工艺

（三）挤压制粒工艺流程

制粒是颗粒的成型工序，包括软材制备和湿粒成型两个步骤。

1. 软材制备。软材制备是固体物料与半固体或液体黏合剂混合的过程，在制剂操作中又称为“捏合”，可在槽型混合机中完成。操作时须注意控制黏合剂的用量，以混合后的“软材”能“握之成团，触之即散”为宜。

2. 湿粒成型。将软材加入摇摆式颗粒机物料斗内，通过中心辊轴往复旋转，将软材挤压过筛而形成颗粒。

对颗粒粒度要求据颗粒用途而定。如果颗粒须进一步加工成片剂或填充成硬胶囊，颗粒粒度要求比较细，通常为 40 目，同时要求颗粒中有 20～40 目的细粉。如果颗粒直接进入包装工序以颗粒剂供应市场，则颗粒的粒径较大，可达 20 目，同时要求不含细粉。为保证颗粒的粒径符合规定要求，制粒时须根据需要选择更换适宜的筛网。

知识拓展

搅拌制粒是运用高效混合制粒机将物料按处方比例投入混合容器内，依靠高速旋转的搅拌器搅拌、剪切、压实等作用而迅速完成混合与制粒的操作，在生产中很常用。

3. 干燥。采用适当的方法除去湿物料中的水分（或溶剂），从而得到干物料。

（四）常用设备

挤压制粒技术是先将处方中原、辅料混合均匀后加入黏合剂制软材，然后将软材用强制挤压的方式通过具有一定大小的筛孔而制粒的方法。常用的制粒设备有螺旋挤压式制粒机［图 2－2（a）］、旋转挤压式制粒机［图 2－2（b）、图 2－2（c）］、摇摆挤压式制粒机［图 2－2（d）］等。

挤压制粒的特点是：①颗粒的粒度可由筛网的孔径大小调节，粒度分布范围窄，颗粒形状为圆柱状、角柱状。②颗粒的松软程度可用不同的黏合剂及其加入量进行调节，以适

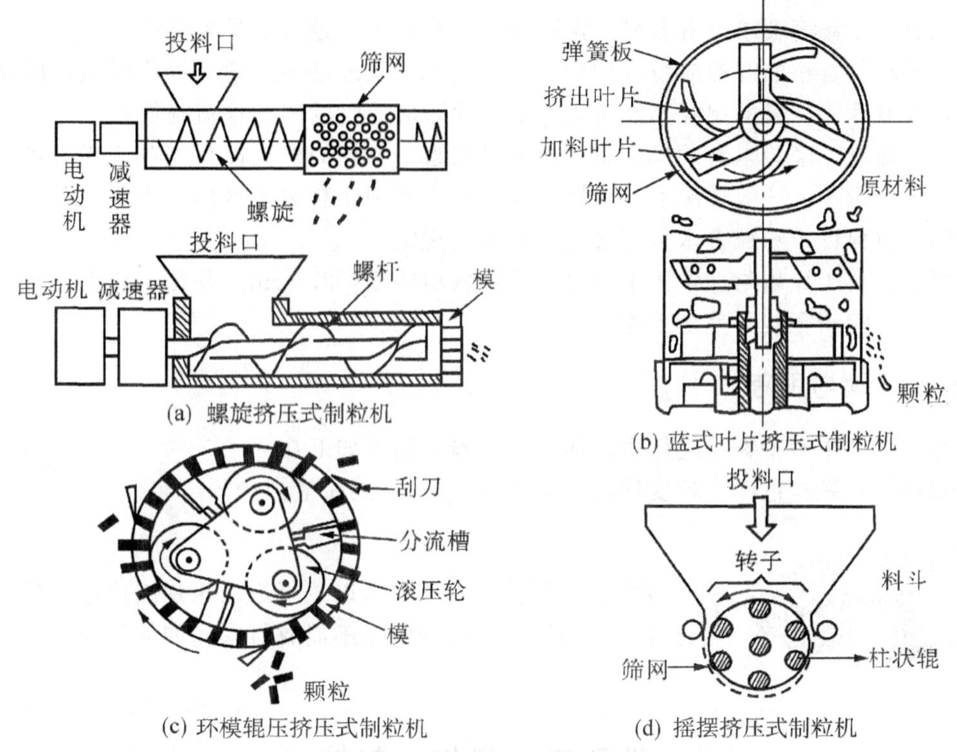

(a) 螺旋挤压式制粒机

(b) 蓝式叶片挤压式制粒机

(c) 环模辊压挤压式制粒机

(d) 摇摆挤压式制粒机

图 2－2　挤压式制粒机示意

应不同的需要。③制粒过程步骤多、劳动强度大，不适合大批量和连续生产。

（五）质量控制

1. 质量要求。制粒所用原料、辅料应经过粉碎、过筛处理，粒度要求一般控制在 80～120 目。颗粒的粒度应符合产品生产工艺要求，颗粒与细粉的比例适中（一般细粉的比例占 25%～40%）。颗粒的水分应符合产品生产工艺要求（一般控制在 3%～5%）。颗粒的含量均匀度应符合产品生产工艺的要求。

2. 质量控制要点。

（1）物料：制粒物料须重点关注以下几点：①物料的检查合格证：没有合格证的物料不能进入生产现场。②物料的制粒量：必须按生产指令的要求投料，实行双核对制度，重点审核品名与实际投入量，并做好记录。③粉末细度：细度不符合规定的粉末须返工，重新粉碎至细度合格后才能投料。

（2）软材：在挤压制粒过程中，制软材是关键步骤，关系到所制颗粒质量。制软材首先应根据物料的性质选择适当的黏合剂或润湿剂，以能制成适宜软材最小用量为原则；其次选择适当的糅混强度、混合时间、黏合剂温度。制软材时的糅混强度越大、混合时间越长，物料的黏性越大，制成的颗粒越硬；黏合剂的温度高时，其用量可酌情较少，反之可适量增加。生产指令或制剂处方通常对黏合剂用量没有明确规定，只要求适量，由操作人员根据生产的实际需要加入。故软材的质量往往靠经验来控制，即以“握之成团，触之即散”为准，可靠性与重现性较差，但这种制粒方法简单，使用历史悠久。

制粒过程中因筛网被加压，容易造成筛网丝移动甚至破裂而改变颗粒的粒径，故生产时应注意及时检查或更换筛网。此外，因制粒目的不同，对干颗粒中细粉含量要求也不同，对软材的干湿度要求亦有差异，需要操作人员在生产过程中予以调控。

（3）湿粒：合格的湿粒应粒度均匀、完整、无长条或过多细粉。操作时应随时观察湿粒状况，没有达到要求的湿粒不能进入干燥程序，应及时返工，重新制粒。

（4）干燥度：经验丰富的操作者可以通过观察干颗粒的外观以察觉其干燥程度，从而及时终止干燥操作。一般情况下，干燥过程还需要特别注意按干燥操作规程控制好干燥温度与时间，以保证干颗粒含水量符合质量标准的规定。

为保证物料干燥均匀，常压干燥时要求物料层厚度≤2.5 cm，并在干燥度达到八成时翻动颗粒，以利于颗粒的完全干燥。

四、 问题与思考

某片剂生产中对干颗粒进行中间体质量检验，结果如下：

外观检查：颗粒色泽、粒度均匀；含水量：6%；细粉量：10%。

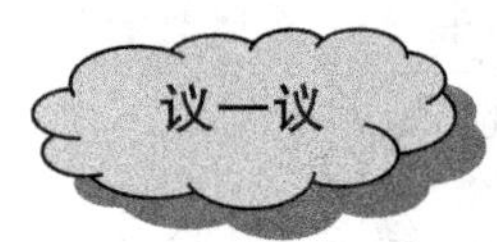

该颗粒中间体检查是否可以放行进入压片岗位进行压片？产生这种结果的原因有哪些？如不能放行，应如何处理？

任务二　流化床制粒

一、 学习内容与要求

1. 掌握流化床制粒岗位的洁净度要求、岗位操作法。
2. 掌握流化床制粒生产工艺管理要点及质量控制要点。

二、 实践操作

1. 条件准备。FL－30 流化床制粒机，按生产指令准备相应物料。

2. 操作要点。检查操作间、工具、容器→检查，确认设备正常→填写领料单，并向中间站领取物料→对设备及所需容器、工具进行消毒→挂本次运行状态标识→按《流化床制粒机标准操作规程》进行制粒→生产所剩物料收集，标明状态，交中间站，并填写好记录→清场→填写清场记录，经 QA 人员检查合格，发“清场合格证”。

3. 注意事项。

（1）开机前检查：设备使用应按以下程序逐项检查设备是否正常：①检查电源、主机是否正常，有无设备完好证，使用记录是否完备。②检查左、右清灰装置的连接杆螺母是否松动，如果松动，要拧紧。③检查风袋是否完好，下口是否密封完全。④检查压缩空气的管路有无漏气。⑤通气检查喷枪是否堵塞，位置是否放正。如果上次喷雾不理想，需要通入纯化水调节和观看喷雾效果。⑥准备足够量的黏合剂，并保证用 120 目筛网过滤完全；检查蠕动泵是否正常，管路和接口是否有渗漏。⑦在开机前，打开加热开关，检查加热电磁阀是否工作正常。⑧开机前应检查进风温度（制粒时候）的温度下限设置是否符合正常生产要求，确认无误后方可正式开机运转。⑨开机前，打开蒸汽管道的主阀门与电磁阀旁边的截止阀门。⑩确认电磁阀旁边的压力表为 0.16～0.18 MPa，如果差值较大，应找出原因并解决。⑪将已经混合均匀的原料加入物料推车，并放置到位。⑫沸腾制粒干燥机的开启：打开压缩空气的主阀门，顶升起物料推车，保证其密封紧密。

（2）开机运行：运行过程中须根据物料的性质及时查看物料颗粒情况，及时检查和调整进风温度。随时检查入风口，发现堵塞或风袋有泄漏须及时处理。定期抽样检查成品性状并如实记录相关工艺参数。保持黏合剂的料液桶有足够的料液。

（3）停机：关闭加热开关后还要开风机运行 5 min，风机完全停止后才清灰。将左、右清灰阀门的运行调节到手动挡，关闭风机门，按“清灰”10～12 次，再关右风门，清灰 10～12 次。按下“顶升（降）”，降下物料推车，先关闭蒸汽管路电磁阀旁边的截止阀门，再关闭蒸汽管道的主阀门，最后关闭总电源。

（4）中间体请验：填写中间体检验请验单，检查颗粒中各组分的均匀程度、粒度大小及颗粒的干燥度。

扫一扫　看附录

三、 原理知识

（一）沸腾制粒的原理及其特点

沸腾制粒又称为流化制粒、喷雾干燥制粒、一步制粒。该技术将喷雾干燥技术和流化床制粒技术结合起来，把液体材料（悬浮液、乳液、溶液或熔融体）通过顶喷、底喷或切线喷等方式喷涂到“沸腾”状态的固体粉末表面，把一系列的步骤，如润湿、干燥、颗粒增长、颗粒成型和分离等在温度和物料转移的前提下一步完成，这种颗粒设计在工业（包括医药、食品、肥料、矿物处理及特殊的化学工业）上有广泛用途。该技术不仅可以进行连续生产，而且成粒快，得到的颗粒大小均匀、外形圆整、流动性好、可压性好、强度高，还可大大减少辅料量，生产效率高，便于自动控制；同时由于制粒过程在密闭的制粒机内完成，产品不易被污染，质量能得到更好的保障。

在流化床制粒机中，压缩空气和黏合剂溶液按一定比例由喷嘴雾化并喷至流化床层上正处于流化状态的物料粉末上，其制粒的工艺过程包括混合、粒化和干燥 3 个阶段。首先液滴使接触到的粉末润湿并聚集在其周围形成粒子核，同时再由继续喷入的液滴落在粒子核表面产生黏合架桥作用，使粒子核与粒子核之间、粒子核与粒子之间相互结合，逐渐形成较大的颗粒，如图 2－3 所示。干燥后，粉末间的液体桥变成固体桥，此过程不断重复进行，即得理想、均匀、外形圆整的多微孔球状颗粒。因流化床制粒全过程不受外力作用，仅受床内气流影响，故制得的颗粒密度小，粒子强度低，但颗粒的粒度均匀，流动性、压缩成型性好。

控制干燥速度和喷雾速度是流化床制粒操作的关键。进风量与进风温度影响干燥速

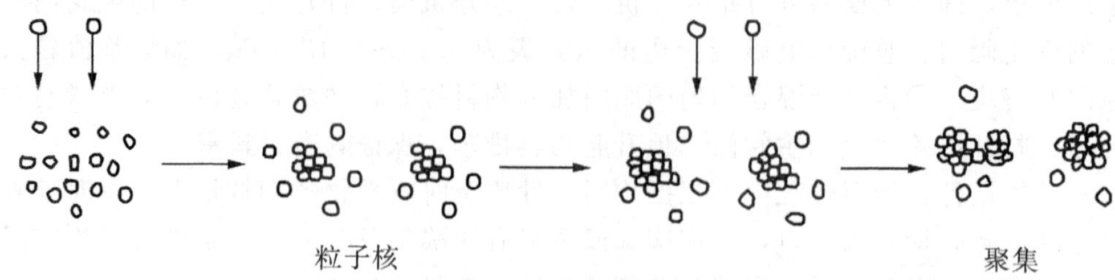

图 2-3　流化床制粒原理示意

度，一般进风量大、进风温度高，干燥速度快，颗粒粒径小，易碎；进风量小、进风温度低，物料过湿结块，不能成流化状态，故应根据溶剂的种类（水或有机溶剂）和物料的对热敏感程度选择适当的进风量与进风温度。喷雾速度太快，物料不能及时干燥，使物料不能成流化状态；喷雾速度过慢，颗粒粒径小，细粉多，而且雾滴粒径的大小也会影响颗粒的质量，故除选择适当喷雾速度外，还应使雾滴粒径大小适中。

（二）常见故障发生原因及排除方法

沸腾制粒常见故障产生的原因及其处理方法见表 2-4。

表 2-4　沸腾制粒故障分析及处理

常见故障	产生原因	排除方法
沸腾状况不佳	过滤器长时间没有抖动，布袋上吸附的粉尘太多	检查袋滤器，抖动汽缸
	沸腾高度太高，状态激烈，床层负压高，粉末吸附在袋滤器上	调小风门的开启度，抖动袋滤器
排出空气中细粉多	袋滤器布袋破裂	检查袋滤器滤袋是否有破，如有小孔即不能再用，必须补好或更换
	床层负压高，将细粉抽除	调节风门开启度
干燥颗粒时出现沟流或死角	颗粒含水分太高	降低颗粒水分
		先不装足量，待其稍干后再将湿颗粒加入
	湿颗粒进入原料容器里置放过久	湿颗粒不要久放在原料容器内
		开机时将风门手动开闭几次，注意汽缸的执行节奏，要全开或全闭引风阀，使其流化床内急剧鼓动颗粒，消除沟流
干燥颗粒时出现结块现象	部分湿颗粒在原容器中压死	开机时将风门手动开闭几次，注意汽缸的执行节奏，要全开或全闭引风阀，使其流化床内急剧鼓动颗粒，消除沟流
	抖动袋滤器周期太长	调整抖袋时间

续表

常见故障	产生原因	排除方法
制粒操作时颗粒不均	喷嘴开闭不严，有滴流	检查喷嘴开闭情况是否灵敏可靠
	雾化压缩空气压力偏小	调整雾化压力 降低泵的电压，调小液流量
	喷嘴有块状物堵塞	检查喷嘴，排除块状异物
	喷嘴出口雾角不好	调整喷嘴的雾化度（按喷枪操作）

四、 问题与思考

1. 简述流化床制粒的特点。
2. 哪些物料不适宜采用流化床制粒？
3. 哪些因素会影响流化床制粒质量？
4. 怎样判断流化床制粒过程中物料是否结块？产生结块后应如何处理？

项目九 干 燥

任务一 烘 干

一、 学习内容与要求

1. 通过本部分的学习，知道干燥的含义、目的、常用技术、生产岗位的洁净度要求、质量控制项目。

2. 了解干燥的机制、影响干燥的因素及常用设备。

3. 能规范地进行烘干操作，并对影响烘干的工艺关键点进行控制。

二、 实践操作

1. 条件准备。电热恒温鼓风干燥箱，按生产指令准备相应物料。

2. 操作要点。检查设备标识→把需要干燥处理的物品放入干燥箱内，关好箱门→设定温度→设定时间→运行中定期观察温度并如实记录→干燥结束时把电源开关拨至“0”处，打开箱门取物品→填写中间体请验单及生产记录→物料收集到贴好标签的物料桶中送达中间体站→按清场操作规程进行清场。

3. 注意事项。

（1） 为防止物料污染，物料盘置入烘箱时应从上到下放置。

（2） 干燥的温度与干燥时间是影响烘干质量的重要因素，操作中须严格执行生产操作规程的要求，并定期观察温度变化，预防温度发生波动而影响干燥质量。

（3）为保证干燥效果，被干燥物料置物料盘的厚度不宜过大，以 2～3 cm 为宜。如干燥物是颗粒，操作时还应在恰当时间对物料进行翻动，以保证干燥的均匀度。

（4）操作中须注意防止烫伤。

三、 原理知识

（一）干燥的含义与干燥的机制

1. 含义。干燥是利用热能或其他适宜方法使物料中的湿分（水分或其他溶剂）汽化，并利用气流或真空带走汽化了的湿分，从而获得干燥固体产品的操作。干燥的目的在于提高物料的稳定性，或使成品、半成品具有一定的规格标准，便于进一步处理等。

干燥是制剂生产重要的单元操作，在制剂生产中涉及干燥操作的岗位有：中药材的干燥、制剂中间体（如中药浸膏、片剂的湿颗粒）的干燥、制剂成品（如颗粒剂、丸剂）的干燥及包装材料的干燥等。干燥的物料大部分为固体，也有半固体和液体，干燥程度根据制剂工艺的要求而有所不同。

烘干是指用某种方式去除物料中的湿分（水分或其他溶剂），保留固体含量的工艺过程。

2. 机制。烘干是以热空气为介质，使水分在热空气和湿物料中进行交换，达到水分与物料分离的操作过程。在干燥过程中，当湿物料与热空气接触时，热空气作为干燥介质将热能传导至物料表面，再由表面传至物料内部，这是一个传热过程；同时湿物料受热后，其表面湿分首先蒸发，物料内部与表面之间产生湿分浓度差，于是湿分由物料内部向表面扩散，并不断向空气中蒸发，这是一个传质过程。因此干燥过程同时存在着传热过程和传质过程，但方向相反。

干燥过程的必要条件是必须具备传热和传质的推动力，即湿物料表面湿分蒸汽压一定要大于干燥介质（空气）中蒸汽的分压。压差越大，干燥过程进行得越迅速。故干燥介质除应保持与湿物料的温度差及较低的含湿量外，尚须及时将湿气、物料汽化的湿分带走，以保持一定的汽化推动力。

（二）影响干燥的因素

1. 物料的性质。物料对干燥的影响包括物料中水分的性质与物料本身的特性两个方面。

（1）物料中水分的性质：平衡水分与自由水分是物料中所含水分能否干燥的一个尺度。平衡水分是指在一定的空气条件下，物料表面产生的水蒸气压等于该空气中水蒸气分压，此时物料中所含水分为平衡水分，是在该空气条件下不能干燥的水分。而物料中多于平衡水分的部分称为自由水分，是能干燥除去的水分。平衡水分与物料的种类、空气状态有关，其含量随空气中湿度的增加而增大。通风可以带走干燥器内的湿空气，破坏物料与介质之间水的传质平衡，可提高干燥的速度，故通风是常压条件下加快干燥速度的有效方法之一。

结合水分与非结合水分：可以判断物料中水分干燥的难易程度。结合水分是指借物理化学力与物料相结合的水分，这种水分与物料的结合力较强，干燥速度缓慢，如结晶水、动植物细胞壁内的水分、物料中小毛细管中的水分等。非结合水分是指那些机械地附着在物料表面的水分或物料堆积层中大空隙中的水分，与物料结合力很弱，干燥速度较快。

（2）物料本身的特性：包括物料本身的结构、形状与大小、料层的厚薄等。通常颗粒状物料比粉末干燥快，有组织细胞的药材比膏状物干燥快。此外，物料中湿分的沸点和蒸发面积也是影响干燥的重要因素。

2. 介质的性质。

（1）温度：温度越高，干燥介质与湿物料间温度差越大，传热速度越高，干燥速度越快，但应在有效成分不被破坏的前提下提高干燥温度。

（2）湿度：干燥介质的相对湿度越低，湿度差越大，越易干燥。在干燥过程中，采用热空气作为干燥介质不仅可提供水分汽化所需的热量，还可降低空气的相对湿度，加快干燥速度。

（3）压力：压力与蒸发速度成反比，减压能降低湿分的沸点，使湿分在较低的温度下完成传质过程，同时又避免物料中不耐热的成分受热破坏。因而减压是加快干燥的有效手段之一。

3. 干燥速度。干燥过程首先是表面干燥，然后内部湿分逐渐扩散至表面而干燥，故干燥速度不宜过快，否则物料表面湿分很快蒸发，使表面的粉粒彼此黏着，甚至结成硬壳，阻碍内部水分的扩散和蒸发，使干燥不完全，出现外干内湿现象。

4. 干燥方法。在干燥过程中，被干燥物料可以处于静态或动态。在静态干燥下，气流掠过物料层表面，干燥暴露面积小，干燥效率差。因此在干燥过程中物料铺层的厚度要适宜，并适时地进行搅动和分散，能提高干燥速度。在动态干燥下，物料处于跳动或悬浮于气流之中，粉粒彼此分开，大大增加了干燥暴露面积，干燥效率高，如沸腾干燥、喷雾干燥等。

（三）干燥技术及其设备

干燥技术的分类方式有多种，按操作方式分为连续式、间歇式；按操作压力分为常压式、减压式；按加热方式分为热传导干燥、对流干燥、辐射干燥、介电加热干燥等。制药生产中常用的干燥技术有常压干燥、减压干燥、喷雾干燥、沸腾干燥、红外线干燥、微波干燥、冷冻干燥及吸湿干燥等。

烘干的主要设备为箱式干燥器，小型的称为烘箱，大型的称为烘房，是一种常用的对流干燥，多采用强制气流的方法，为常压间歇操作的典型设备，主要以蒸汽或电能为热源，可用于干燥多种不同形态的物料。其设备简单，操作方便，适应性强，适用于小批量生产物料的干燥，干燥后物料破损少、粉尘少。缺点是干燥时间长、物料干燥不够均匀、热利用率低、劳动强度大。

箱式干燥器多用于药材提取物及丸剂、散剂、颗粒等干燥，亦常用于中药材的干燥。

红外线干燥与微波干燥简介

红外线干燥是利用红外辐射元件所发射的红外线对物料直接照射而加热的一种干燥方式。红外线是介于可见光和微波之间的一种电磁波，波长在 0.72～5.6 μm 区域的称为近红外线，5.6～1 000 μm 区域的称为远红外线。由于一般物料对红外线的吸收光谱大多位于远红外区域，故常用远红外线干燥。

红外线干燥时，由于物料表面和内部的分子同时吸收红外线，故受热均匀，干燥快，质量好。缺点是电能消耗大。

红外线干燥适用于热敏性物料的干燥，尤其适用于具有多孔性薄层物料的干燥。在药物制剂生产中可用于湿颗粒、中药材的干燥，还广泛用于玻璃容器的干燥灭菌。

微波是指频率很高、波长很短，介于无线电波和光波之间的一种电磁波。微波干燥的原理是将湿物料置于高频电场内，湿物料中的水分子在微波电场的作用下，不断地迅速转动，产生剧烈的碰撞与摩擦，部分能量转化为热能，物料本身被加热而干燥。

微波干燥具有加热迅速、均匀、干燥速度快、穿透力强、热效率高等优点，对含水物料的干燥特别有利。微波操作控制灵敏、操作方便，缺点是成本高、对有些物料的稳定性有影响。

（四）质量控制

由于烘干操作中须将物料长时间加热，使温度对药物质量的影响更为突出。操作过程中干燥温度和干燥时间是重点控制的工艺参数，具有热敏性的物料更需要严格要求。

干燥的结果通常以物料的含水量作为评价指标。物料用途不同，对含水量的要求有显著差异。待压片的干颗粒，化学药品通常要求含水量为 1%～3%，中药颗粒含水量要求 3%～5%。含水量过多，压片时易发生黏冲；含水量过少，颗粒过硬，易产生麻面或松片，因此含水量常常也是片剂中间体质量控制的重要指标。但如果颗粒干燥后是以颗粒剂形式进行包装和销售的制剂，根据《中国药典》规定，含水量要求不超过 9%即可。

四、问题与思考

某企业生产冠心丹参片，制粒生产记录如表 2－5 所示。

表 2－5　干燥岗位生产记录

品名：	规格：	批号：	日期：	班次：
生产前准备	1. 操作间清场合格，有“清场合格证”并在有效期内		□√	
	2. 所有设备有设备完好证		□√	
	3. 所有器具已清洁		□√	
	4. 物料有物料卡		□√	

续表

<table>
<tr><td>品名：</td><td>规格：</td><td>批号：</td><td>日期：</td><td>班次：</td></tr>
<tr><td>生产前准备</td><td colspan="4">5. 挂“正在生产”状态牌　□√
6. 室内温湿度要求：温度 18～26 ℃；相对湿度 45%～65%　温度：60 ℃　相对湿度：50%　签名：陈瑛</td></tr>
<tr><td rowspan="2">生产操作</td><td colspan="4">干燥时间：10 ：25 至 14 ：10
物料：名称 丹参，用量（kg 或 mL）0.2；名称 三七，用量 0.2；名称 降香油，用量 1.75；名称（空），用量（kg）（空）</td></tr>
<tr><td colspan="4">设备名称：恒温干燥烘箱
<table>
<tr><td>设备编号</td><td>①号箱</td><td>②号箱</td><td>③号箱</td><td>④号箱</td></tr>
<tr><td>摊粒厚度（cm）</td><td>1.5</td><td>无</td><td>无</td><td>无</td></tr>
<tr><td>烘干温度（℃）</td><td>60</td><td>无</td><td>无</td><td>无</td></tr>
<tr><td>烘干开始时间</td><td>10 时 30 分</td><td>无</td><td>无</td><td>无</td></tr>
<tr><td>烘干结束时间</td><td>13 时 20 分</td><td>无</td><td>无</td><td>无</td></tr>
<tr><td>翻料次数</td><td>2 次</td><td>无</td><td>无</td><td>无</td></tr>
<tr><td>烘干时间</td><td>2 小时 50 分钟</td><td>无</td><td>无</td><td>无</td></tr>
</table>
总桶数：2 桶　操作人：陈瑛　复核人：周琦</td></tr>
<tr><td>传递</td><td colspan="4">移交人：陈瑛　下道工序接收人：王莹
日期：2011 年 3 月 12 日</td></tr>
<tr><td>备注</td><td colspan="4">经检查，该颗粒含水量 1%。附检验报告单副本（略）。</td></tr>
</table>

工艺员：陈小春

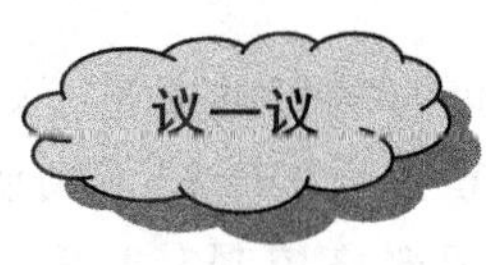

该颗粒能否放行到下一工序进行压片？为什么？根据生产记录，分析干燥过程中有哪些问题，实际生产中遇到类似问题应如何处理？

任务二　喷雾干燥

一、 学习内容与要求

通过学习，掌握喷雾干燥器的原理，会操作喷雾干燥设备，规范地进行物料干燥，并在操作中对干燥质量实施控制。

二、 实践操作

1. 条件准备。高速离心喷雾干燥机，按生产指令准备相应物料。

2. 实践操作。检查操作间、工具、容器→根据生产指令填写领料单，并向中间站领取物料→检查设备运行情况并更换状态标识→开机运行实施干燥→停车收集干燥物料，填写中间体请验单→将干燥物料送达中间体站→清场。

3. 注意事项。操作中须按操作规程与标准操作法严格控制物料放行标准，并在干燥过程中随时观察，调整压力、气流温度与速度。随时观察干燥物料的外观形态，防止物料含水量过高产生的不合格现象。

三、 原理知识

1. 喷雾干燥的含义。喷雾干燥是流化技术用于液体物料干燥的良好方法，此法能直接将液体物料干燥成粉末状或颗粒状制品。干燥的原理是以热空气作为干燥介质，将液体物料以流体形式通过喷嘴喷成细小雾滴，使干燥总面积增大，当与热气流相遇时进行热交换，水分迅速蒸发使物料得到干燥。

2. 喷雾干燥的原理。在干燥塔顶部导入热风，同时将料液泵送至塔顶，经过雾化器喷成雾状的液滴，这些液滴群的表面积很大，其与高温热风接触后水分迅速蒸发，在极短的时间内便成为干燥产品，从塔底排出。其中，热风与液滴接触后温度显著降低而引起湿度增大，它作为废气由排风机抽出，废气所夹带细粉用分离装置回收。

整个干燥分为等速和减速两个阶段，在等速阶段，水分蒸发是在液滴表面发生，蒸发速度由蒸汽通过周围气膜的扩散速度所控制，其动力是周围热风与液滴的温度差，温度差越大蒸发速度越快，水分通过颗粒的扩散速度大于蒸发速度。而后，当扩散速度降低而不能再维持颗粒表面的饱和时，蒸发速度开始减慢，干燥进入减速阶段。在减速阶段，颗粒温度开始上升，干燥结束，此时物料温度接近周围空气温度。

3. 喷雾干燥的特点。干燥过程中液滴的温度不高，产品质量好；干燥后产品具有良好的分散性、流动性和溶解性；干燥速度十分迅速；过程简单、控制方便及适用连续规模生产；整个操作的密闭性，适用于洁净生产区域。

喷雾干燥的不完善之处：一是当热风温度低于 150 ℃时，热容量系数低（相应蒸发强度低），故塔的体积会变大；二是废气中夹带的 15%左右的微粉需要高效分离收集装置。

4. 质量控制。喷雾干燥的质量控制须从以下几个方面实施：

（1）待干燥物料的质量要求：待干燥的物料呈液体状态，其黏度直接影响喷雾干燥器中雾化器的功能，如果雾化效果不好可导致喷雾失败，喷出液滴体积过大，干燥不彻底则造成粘壁，严重的会造成雾化器堵塞。因此，喷雾干燥的液体物料须严格控制其黏度，通常以液体的相对密度检测予以实现。如果中间体质量未达到规定的相对密度要求，则不能放行实施喷雾干燥。

（2）流量：液体流量也是影响雾化的因素之一。液体流速过快，与雾化器功能不协调，喷出物也不能达到良好的干燥效果。

（3）压力、温度与速度的监测与调整：这 3 个参数是影响雾化液滴中水分挥发的主要因素，干燥室压力低、温度高、热气流的流速较快，均可加快雾化液滴中水分的蒸发而加速干燥。随着干燥的进行，物料的性状及雾化器性能可能发生改变，需要操作人员对相关参数进行调整，以适应这种变化，最终保证干燥的质量。

（4）干燥物料的定期检查：干燥过程的质量最终以干燥物料的质量予以体现。生产中须随时观察干燥物料的外观性状，定期检查其含水量，并以此作为调整工艺参数的依据，这是保证干燥质量的重要措施。

5．常见故障及其处理。见表2－6。

表2－6　LPG型喷雾干燥机常见故障发生原因及处理方法

常见故障	产生原因	处理方法
产品含水量高	排风温度太低、进料量太快	提高排风温度、适当减少进料量
塔顶有积粉	热风分配器没调整好	调整直形导风板的位置和角度
干燥室内壁有黏着湿粉	可能由于开始喷雾时进料量调节过大，不能充分蒸发；喷雾前干燥室加热不足，料液供给不稳定	适当减少进料量、提高进风温度、保证物料有较好的流动性，去除原液中的泡沫
蒸发量降低	整个系统的空气量减少、热风进口温度偏低、设备漏风	检查风机转速是否正常、风机蝶阀位置是否正确、空气过滤器和加热器管道是否堵塞、电压是否正常、电加热器是否正常、连接部位的密封性如何、蒸汽压力是否降低
产品杂质过多	空气过滤效果差、积粉混入成品中、料液纯度不高、设备清洗不够彻底	更换或清洗过滤器、喷雾前过滤料液、彻底清洗设备
产品粉粒太细	料液含固量太低、喷雾盘转速太快、进料量太小	提高料液含固量；如喷头电动机可以调速，则降低雾化盘速度，提高进料量，相应提高进风温度，保持排风温度不变
产品得率低	旋风分离器效率低，粉末粒度小	根据需要增加二级除尘，可以检查旋风分离器是否由于敲击碰撞而变形，提高旋风分离器出料口的气密性；检查内壁及出料口是否有积料堵塞现象
离心喷头转速太低	离心喷头部件有故障	停止使用喷头，检查喷头内部件
离心喷头运转振动大，有杂音	（1）雾化盘不平衡 （2）轴弯曲 （3）轴承或变速齿轮磨损或损坏 （4）润滑油质量不良	（1）校正雾化盘平衡 （2）校正或更换轴 （3）更换轴承或齿轮 （4）检查润滑供油系统及油质
轴承温度明显升高	（1）油孔堵塞，油量减少 （2）油质不好 （3）冷却水管堵塞 （4）轴承磨损或损坏	（1）检查疏通油孔 （2）换油 （3）检查疏通冷却水管 （4）更换轴承

续表

常见故障	产生原因	处理方法
密封不良	（1）密封圈老化 （2）紧固件松动 （3）支架松动	（1）更换密封垫圈 （2）紧固 （3）调整支架位置并紧固
脉冲布袋除尘器除尘不良	（1）布袋选择不当 （2）布袋堵塞、破损 （3）脉冲周期过长 （4）接地不良 （5）脉冲阀损坏	（1）选择过滤精度更高的布袋 （2）清洗或更换布袋 （3）调整反吹的周期 （4）检查接地线 （5）更换脉冲阀
振打电锤不动作或动作不良	（1）电路故障 （2）通电时间与电锤动作不同步 （3）弹簧回弹力不足	（1）检修电路 （2）调整通电动作时间 （3）更换弹簧
自控仪表系统失灵	（1）仪表本身失灵 （2）仪表线路接触不良或老化 （3）气源系统压力不稳或气压管路泄漏 （4）动作机构损坏	（1）检修或更换仪表 （2）调换或检修仪表线路 （3）补漏稳压 （4）修理、调整动作机构
风量过小	过滤器压差过小	检查过滤器是否堵塞，一般情况下初效过滤应每班清洗
雾化器漏油	负压太高	调整喷雾塔筒体压力，使其负压保持≤3 000 Pa

四、 问题与思考

1. 分析喷雾干燥的特点及适用范围。
2. 喷雾干燥操作过程中应注意哪些问题？

项目十 压 片

一、 学习内容与要求

1. 掌握制粒压片的过程和技术。

2. 熟练进行片剂重量差异、崩解时限、硬度和脆碎度的检查，并按操作规程进行质量控制。

二、 实践操作

1. 条件准备。压片操作间及其各种生产状态标识牌、领料单、生产操作记录本；洁净服、更衣室、工作用鞋；旋转式压片机、电子分析天平、智能崩解仪、工具。

2. 操作要点。检查工作场地设备是否合格→更换状态标识→填写领料单并送达操作岗位→对设备进行消毒→开机试压→调试压力等参数→压片→定期检验片剂质量至压片结束→填写生产记录→清场→填写清场记录→提请 QA 检查、签字。

3. 质量控制。

(1) 压片操作室按 D 级要求：室内相对室外呈正压，温度 18～26 ℃、相对湿度 45%～65%。

(2) 物料要求：待压片的颗粒须符合中间体质量控制标准，无中间体放行标识的物料不能进入压片工序。

(3) 物料压片过程要经常观察片剂外观，定时测片重及差异限度。定期检查片剂硬度，并及时调整压片机压力。

(4) 生产过程所有物料均应有信息齐全的物料单，防止发生混药、混批。

扫一扫　看生产记录册

扫一扫　看附录

三、原理知识

(一) 片剂的分类与质量要求

1. 片剂的分类。片剂有多种分类方法，可按制法、给药途径、功能、形状等分别进行分类。

2. 片剂的质量要求。含量准确，重量差异小；硬度适宜；崩解时限、溶出度应符合规定；符合卫生学检查的要求；外观完整、光洁，色泽均匀，质量稳定，小剂量片应符合含量均匀度要求。

(二) 压片工艺与方法

片剂的制备方法包括制粒压片法和直接压片法。其中制粒压片法包括湿法制粒压片法（图 2-4）和干法制粒压片法；直接压片法包括直接粉末（结晶）压片法和半干式颗粒（空白颗粒）压片法。

(三) 待压片颗粒的放行标准

含水量适宜，有一定的流动性；有一定硬度，可压性好；有一定的粒度。细粉与颗粒比例要适宜。一般情况下，片重规格为 0.3 g 以上，颗粒细粉量应控制在 20%左右；片重规格在 0.1～0.3 g 的片剂，颗粒中细粉量控制在 30%左右；0.1 g 以下片剂，颗粒细粉量控制在 40%左右。但这些参数须通过试验进行验证和确认。

(四) 生产中常见问题及处理

1. 裂片。片剂发生裂开的现象叫作裂片，如果裂开的位置发生在药片的上部或中部，称为“顶裂”。产生的主要原因有选择黏合剂不当、细粉过多、压力过大和冲头与模圈不符等，故应及早发现，及时处理解决。

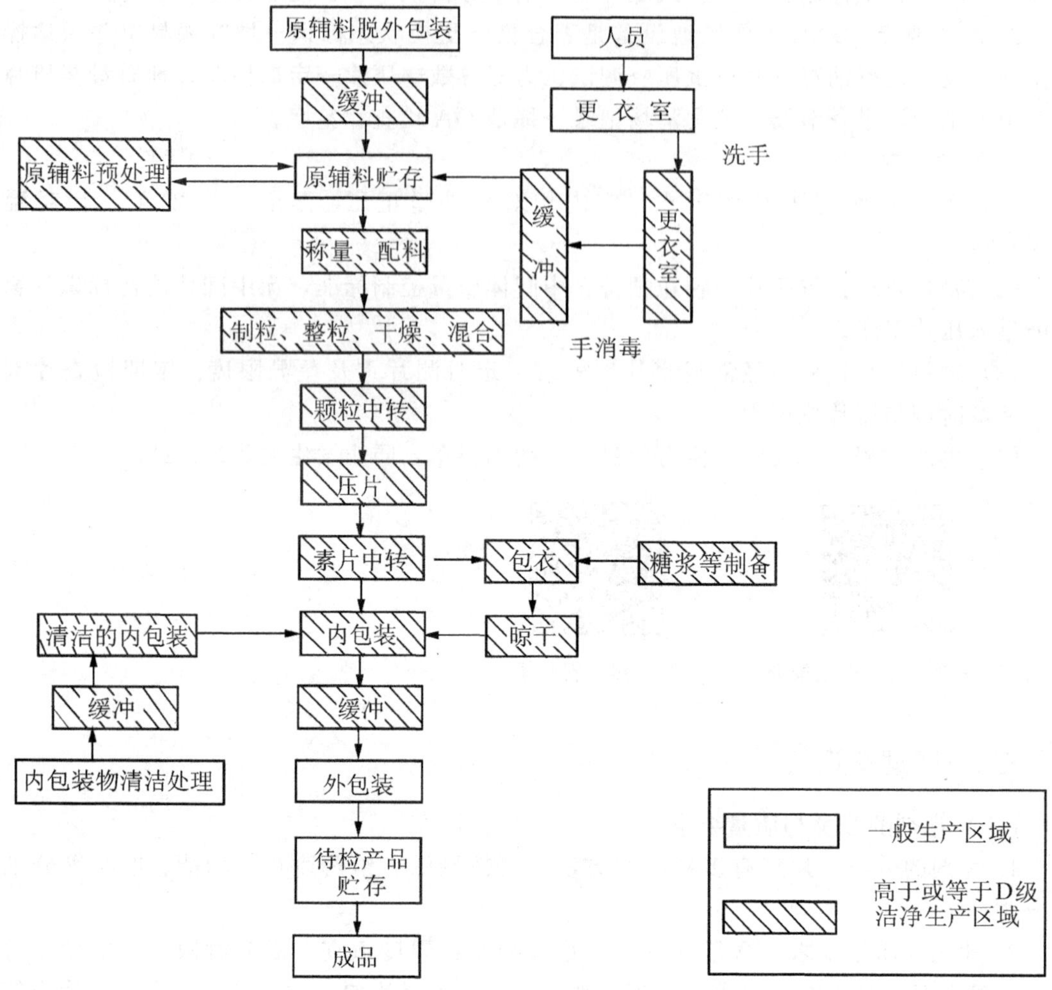

图 2－4 湿法制粒压片工艺流程

2. 松片。片剂硬度不够，受震动即散碎的现象称为松片。主要原因是黏合力差，压力不足等，一般须用调整压力或添加黏合剂等方法来解决。

3. 粘冲。片剂的表面被冲头粘去一薄层或一小部分，造成片面粗糙不平或有凹痕的现象称为粘冲；若片剂的边缘粗糙或有缺痕，则可相应称为粘壁。造成粘冲或粘壁的主要原因有：颗粒不够干燥，物料较易吸湿，润滑剂选用不当或用量不足，冲头表面锈蚀、粗糙不光滑或刻字等，应根据实际情况查找原因予以解决。

4. 片重差异超限。系指片重差异超过药典规定的要求。其原因主要有颗粒大小不匀、下冲升降不灵活、加料斗装量时多时少等，须及时处理解决。

所有造成片重差异过大的因素，皆可造成片剂中药物含量不均匀。对于小剂量的药物来说，除了混合不均匀以外，可溶性成分在颗粒之间的迁移是其均匀度不合格的一个重要原因，在干燥的过程中应尽可能防止可溶性成分的迁移。

5. 崩解迟缓。一般的口服片剂都应在胃肠道内迅速崩解，若片剂超过了规定的崩解时限，称为崩解超限或崩解迟缓。产生的主要原因有崩解剂用量不足、润滑剂用量过多、黏合剂的黏性太强、压力过大和片剂的硬度过大等，须针对原因处理。

6. 溶出超限。片剂在规定的时间内未能溶解出规定量的药物，称为溶出超限。影响药物溶出度的主要原因有：片剂不崩解、药物的溶解度差、崩解剂用量不足、润滑剂用量过多、黏合剂的黏性太强、压力过大和片剂的硬度过大等，应根据情况予以解决。

7. 变色和色斑。系指片剂表面的颜色变化或出现色泽不一的斑点，导致外观不合格。产生原因有颗粒过硬、混料不匀、接触金属离子、润滑油污染压片机等，须针对原因逐个处理解决。

8. 叠片。系指两个片剂叠在一起的现象。其原因主要有出片调节器调节不当、上冲粘片、加料斗故障等，应立即停止生产检修，针对原因分别处理。

9. 卷边。系指冲头与模圈碰撞，使冲头卷边，造成片剂表面出现半圆形的刻痕，须立即停车，更换冲头和重新调节机器。

10. 引湿和受潮。中药片剂，尤其是浸膏片剂在制备过程及压成片剂后，由于生产环境湿度大或包装不严，容易造成潮湿或黏结，甚至会霉坏变质。

四、问题与思考

某制剂工按操作规程进入压片岗位，经检查生产物料、生产文件及生产标识，得到生产前检查记录，如表 2－7 所示。

表 2－7　压片岗位生产前检查记录

检查内容	检查结果
检查操作间是否有清场合格证并在有效期内	是否已贴“清场合格证”副本（有）
检查设备是否已清洁并在有效期内	设备（已清洁）
检查设备状态是否完好	设备状态（状态标识为“待清洁”）
检查操作间温湿度是否在规定范围内（温度：18～26 ℃，湿度：45%～65%）	温度（25）℃ 湿度（60）%
检查模具是否已清洁并在有效期内	容器具（已清洁）
检查电子天平是否在校验有效期内	电子天平（是）

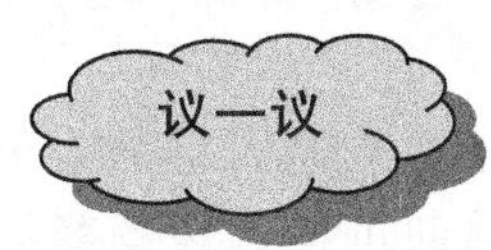

能否启动压片机进行压片？为什么？

项目十一　包　衣

任务一　包糖衣

一、学习内容与要求

1. 掌握片剂包衣液的配制方法。

2. 熟悉包衣生产工艺过程及质量控制要点。

3. 了解包衣机的生产、清洁、保养标准操作规程。

二、 实践操作

1. 条件准备。各种生产状态标识牌、领料单、生产操作记录本，洁净服、更衣室、工作用鞋，包衣机。

2. 操作要点。检查工作场地设备是否合格→更换状态标识→填写领料单并送达操作岗位→对设备进行消毒→配制包衣液→安装蠕动泵管→加片芯，开包衣滚筒→开启排风并预热片芯→调整滴管试滴→按次序包衣→定期检查质量至包衣结束→晾片间干燥→填写生产记录→清场→填写清场记录→提请 QA 检查、签字。

3. 质量控制。①包衣操作室按 D 级要求，室内相对室外呈正压，温度为 18～26 ℃、相对湿度 45%～65%。②使用有机溶剂的包衣室和配制室必须符合防火防爆要求，严禁使用明火。③包衣锅内干燥空气应过滤，所含微粒应符合规定要求。④包衣用糖浆须用纯化水配制、煮沸，滤除杂质。食用色素须用纯化水溶解、过滤，再加入糖浆中搅匀，并做好包衣液配制记录。⑤包衣时，应控制进风温度、出风温度、锅体转速、压缩空气的压力，使包衣片快速干燥，不粘连而细腻。⑥装有包制好的半成品的盛器内外应有标签，写明品名、规格、批号、质量、日期和操作者等。按规定时间干燥后送中间站。

扫一扫 看生产记录册

三、 原理知识

（一）包衣片的简介

1. 包衣的目的。包衣一般系指在片剂（常称其为片芯或素片）的外表面均匀地包裹上一定厚度的衣膜，也用于颗粒或微丸的包衣，主要目的是：

（1）控制药物在胃肠道的释放部位，例如：在胃酸、胃酶中不稳定的药物（或对胃有强刺激性的药物），可以制成肠溶衣片，这种肠溶衣的衣膜到小肠中才开始溶解，从而使药物在小肠这个部位才释放出来，避免了胃酸、胃酶对药物的破坏。

（2）控制药物在胃肠道中的释放速度，例如：半衰期较短的药物，制成片芯后，可以用适当的高分子成膜材料包衣，通过调整包衣膜的厚度和通透性，即可控制药物释放速度，达到缓释、控释、长效的目的。

（3）掩盖苦味或不良气味，例如：黄连素入口后很苦，包成糖衣片后，即可掩盖其苦味、方便服用。

（4）防潮、避光、隔离空气以增加药物的稳定性，例如：有些药物很易吸潮，用羟丙基甲基纤维素（HPMC）等高分子材料包以薄膜衣后，即可有效地防止片剂吸潮变质。

（5）防止药物的配伍变化，例如：可以将两种药物先分别制粒、包衣，再进行压片，从而最大限度地避免二者的直接接触。

（6）改善片剂的外观，例如：有些药物制成片剂后，外观不好（尤其是中草药的片剂），包衣后可使片剂的外观显著改善。

2. 包衣的种类。包衣的种类分成两大类：糖衣和薄膜衣，其中薄膜衣又分为胃溶型薄膜衣、肠溶型薄膜衣和水不溶型薄膜衣 3 种。无论包制何种衣膜，都要求片芯具有适当的硬度，以免在包衣过程中破碎或缺损；同时也要求片芯具有适宜的厚度与弧度，以免片剂互相粘连或衣层在边缘部断裂。

3. 包衣片的质量要求。

(1) 片芯：适宜的弧度、加大硬度、对溶剂吸收量低、脆性小。

(2) 包衣片：光洁美观，色泽一致，无裂纹，衣层均匀、牢固，不与片芯起作用，不影响崩解、溶出、吸收。

(二) 包衣工岗位职责

严格执行《包衣岗位操作法》和《包衣设备标准操作规程》；负责包衣所用设备的安全使用及日常保养，保障设备的良好状态，防止安全事故发生；严格按生产指令核对包衣材料和素片的物料名称、数量、规格、外观性状无误，达到规定质量要求；薄膜包衣液配制：根据各品种工艺规程要求，配制薄膜包衣液；检查领用的素片是否有检验合格报告单，认真核对所领素片的品名、规格、批号，检查素片的外观质量，确认无误方可开始包衣；在包衣过程中，严格执行操作法和操作规程，一旦出现异常情况，及时采取适当措施，并及时上报车间工艺员，谨防事故发生；认真、如实地填好生产记录，做到字迹清晰、内容真实、数据完整，不得任意涂改和撕毁，做好交接记录，不合格产品不能进入下道工序；工作结束或更换品种时应及时做好清洁卫生并按有关 SOP 进行清场工作，认真填写相应记录，做到岗位生产状态标识、设备所处状态标识、清洁状态标识清晰、明了。

(三) 糖衣片包衣工艺

1. 糖衣包衣工艺流程。片芯→包隔离层→包粉衣层→包糖衣层→包有色糖衣层→打光。

2. 物料要求。

(1) 包隔离层：其目的是为了形成一层不透水的屏障，防止糖浆中的水分浸入片芯。可供选用的包衣材料有：10%的玉米朊乙醇溶液、15%～20%的虫胶乙醇溶液、10%的邻苯二甲酸醋酸纤维素 (CAP) 乙醇溶液及 10%～15%的明胶浆或 30%～35%的阿拉伯胶浆，但后两者的防潮效果不够理想。

(2) 包粉衣层：为了尽快消除片剂的棱角，多采用交替加入糖浆和滑石粉的办法，在隔离层的外面包上一层较厚的粉衣层。操作时一般采用高浓度的糖浆 (65%～75%，g/g) 和过 100 目的滑石粉，洒一次浆、撒一次粉，然后热风干燥 20～30 min (40～55 ℃)，重复以上操作 15～18 次，直到片剂的棱角消失。为了增加糖浆的黏度，也可在糖浆中加入 10%的明胶或阿拉伯胶。

(3) 包糖衣层：粉衣层的片子表面比较粗糙、疏松，因此应再包糖衣层使其表面光滑平整、细腻坚实。操作要点是加入稍稀的糖浆，逐次减少用量 (湿润片面即可)，在低温 (40 ℃) 下缓缓吹风干燥，一般包制 10～15 层。

(4) 包有色糖衣层：与上述包糖衣层的工序完全相同，目的是为了片剂美观和便于识别，区别仅在于在糖浆中添加了食用色素。每次加入的有色糖浆中色素的浓度应由浅到深，以免产生花斑，一般需要包制 8～15 层。

(5) 打光：其目的是为了增加片剂的光泽和表面的疏水性。一般用四川产的米心蜡，常称为川蜡；用前须精制，即加热至80～100 ℃熔化后过100目筛，去除悬浮杂质，并掺入2%的硅油混匀，冷却后刨成80目的细粉使用，每万片用3～5 kg。

（四）包衣常用设备

片剂包衣一般所用的设备有滚转包衣法包衣设备、悬浮包衣法包衣设备、压制包衣法包衣设备。以下介绍目前国内企业常用设备的主要特点。

图2-5所示为普通包衣机，一般由荸荠形或球形（莲蓬形）包衣锅、动力部分、加热器和鼓风装置等组成。材料一般使用紫铜或不锈钢等金属。包衣锅轴与水平成30°～45°，使药片在包衣锅转动时呈弧线运动，在锅口附近形成旋涡。包衣时，包衣材料直接从锅口喷到片剂上，用可调节温度的加热器对包衣锅加热，并用鼓风装置通入热风或冷风，使包衣液快速挥发。在锅口上方装有排风装置。另外可在包衣锅内安装埋管，将包衣材料通过插入片床内埋管，从喷头直接喷在片剂上，同时干热空气从埋管吹出穿透整个片床，干燥速度快。普通包衣锅可用于糖包衣、薄膜包衣及肠溶包衣等。

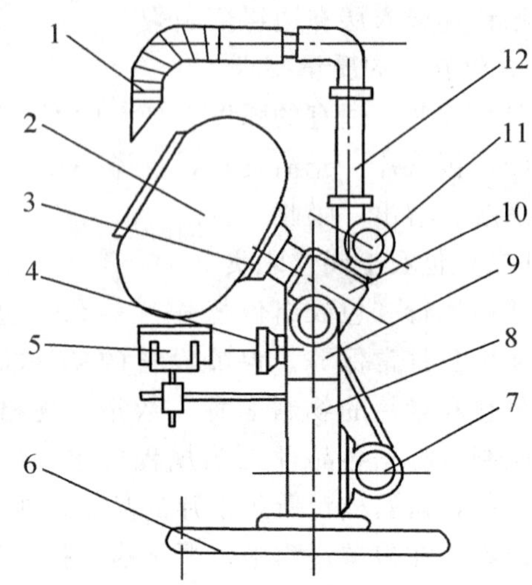

图2-5　普通包衣机

1. 鼓风机；2. 糖衣锅体；3. 转轴；4. 仰角调节器；5. 辅助加热器；6. 底座；7. 电动机；8. 机身；9. 可动机架；10. 减速箱；11. 风机；12. 电加热器

（五）包衣过程的质量控制

包衣过程的质量控制，一是包衣物料的投料量适度，特别是粉衣层，要严格控制糖浆和滑石粉的用量，防止衣层增厚过快而影响外观；二是要保证不同衣层之间逐渐过渡，以避免衣层脱落；三是要控制干燥的温度和干燥速度，防止干燥温度过高或干燥速度过快而导致衣层不光洁；四是包衣层的物料颜色须由浅渐深过渡，防止出现花斑；五是控制衣锅转动速度，保证片剂在锅内有足够的摩擦力，使片面光滑。

（六）包衣常见问题及其处理

包衣常见问题及其处理如表2-8所示。

表2-8　包衣常见问题及其处理

常见问题	原因	解决办法
糖浆不粘锅	锅壁上蜡未除尽	洗净锅壁或再涂一层热糖浆，撒一层滑石粉
色泽不均	片面粗糙，有色糖浆用量过少且未搅匀；温度太高，干燥过快，糖浆在片面上析出过快，衣层未干就加蜡打光	针对原因予以解决，如可用浅色糖浆，增加所包层数，"勤加少上"控制温度，情况严重时，可洗去衣层，重新包衣

续表

常见问题	原因	解决办法
片面不平	撒粉过多、温度过高，衣层未干就包第二层	改进操作方法，做到低温干燥，勤加料，多搅拌
龟裂或爆裂	糖浆与滑石粉用量不当，芯片过松，温度过高，干燥过快，析出粗糙品使片面留有裂痕	控制糖浆和滑石粉的用量，注意干燥时的温度与速度，更换芯片
露边与麻面	衣料用量不当，温度过高或吹风过早	注意糖精和粉料的用量，糖浆以均匀润湿片芯为度，粉料以能在片面均匀黏附衣层为宜，片面不见水分和产生光亮时，再吹风
粘锅	加糖浆过多，黏性大，搅拌不匀	糖浆的含量应恒定，一次用量不宜过多，锅温不宜过低
膨胀磨片或剥落	片芯或糖衣层未干燥，崩解剂用量过少	注意干燥，控制胶浆或糖浆的用量

知识拓展

糖包衣的物料最好新鲜配制，以防止贮存时的霉变及其他污染而影响包衣质量。常用物料有以下几种配制方法。

（1）单糖浆的配制：一般浓度为68%～70%，于适宜的夹层容器中加入计算称量好的纯化水，通过蒸汽加热至沸腾后将已称量好的蔗糖慢慢地加入容器中，边加边搅拌，待溶液沸腾，把浮在上面的泡沫撇干净停止加热，趁热过100目筛至糖浆贮存容器中保温备用。

（2）明胶浆的配制：一般含明胶量为10%～15%，宜新鲜配制，用量120 g/万片。取明胶适量于不锈钢容器中，加入10倍量的蒸馏水浸泡12 h以上，使明胶全部膨胀，于水浴中加热溶解备用。

（3）2%明胶糖浆配制：取明胶适量浸泡至完全膨胀，于夹层容器中加热，添加剩余蒸馏水，与浸泡过的明胶一起加热至沸腾后加入计算好的蔗糖煮沸过滤备用。

（4）有色糖浆的配制：可溶性食用色素糖浆用量一般为0.03%～0.3%或视具体品种色深浅而定，如柠檬黄用量为0.5 g/万片。将色素溶解，逐次加入一定量的单糖浆中，使用时颜色应由浅至深。

（5）滑石粉：包粉衣主要物料，作增量剂。

（6）川蜡：白色或类白色块状物，用前须精制，在水浴中加热至80～100 ℃溶解，过100目筛除去杂质，冷却后备用。用时粉碎成80目的细粉，可适量加些二甲硅油作保光剂。

图 2－6 糖包衣片

四、 问题与思考

某包衣工进行包衣，粉衣包到第 3 层时出现异常，如图 2－6 所示。

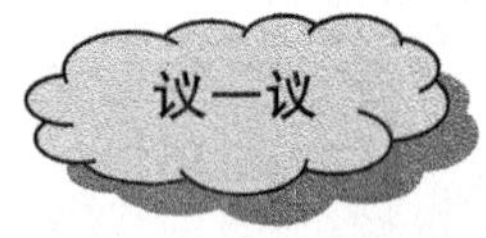

这种异常情况产生的原因是什么？应如何进行补救调整？

任务二 包薄膜衣

一、 学习内容与要求

1. 掌握片剂包衣液的配制方法。
2. 熟悉包衣生产工艺过程及质量控制要点。
3. 了解高效包衣机的生产、清洁、保养标准操作规程。

二、 实践操作

1. 条件准备。各种生产状态标识牌、领料单、生产操作记录本；洁净服、更衣室、工作用鞋；高效包衣机。

2. 操作要点。检查工作场地设备是否合格→更换状态标识→填写领料单并送达操作岗位→对设备进行消毒→配制包衣液→安装蠕动泵管→加片芯，开包衣滚筒→开启排风并预热片芯→安装调整喷嘴试喷→包衣→定期检查质量至包衣结束→晾片间干燥→填写生产记录→清场→填写清场记录→提请 QA 检查、签字。

3. 注意事项。启动前检查确认各部件完整可靠。电器操作顺序（必须严格按此顺序执行）启动：开滚筒→开排风→开加热；停止：关加热→关排风→关滚筒。配制包衣液时谨防烫伤。

4. 质量控制。①包衣操作室按 D 级要求，室内相对室外呈正压，温度 18～26 ℃、相对湿度 45%～65%。②使用有机溶剂的包衣室和配制室必须符合防火防爆要求，严禁使用明火。包衣锅内干燥空气应过滤，所含微粒应符合规定要求。③薄膜包衣材料可根据规定配制，根据工艺要求计算薄膜包衣的质量、包衣材料的浓度。核对品名、规格、包衣颜色。将适量的溶剂或纯化水加入大小适宜的容器中，并加入薄膜包衣材料，以一定的速度搅拌使液面形成漩涡带动整个容器液体。包衣时其材料应充分溶解均匀。④应控制进风温度、出风温度、锅体转速、压缩空气的压力，使包衣片快速干燥、不粘连而细腻。⑤包薄膜衣过程中，随时取样检查包衣片质量和控制包衣片增重量。⑥装有包制好的半成品的盛器内、外应有标签，写明品名、规格、批号、重量、日期和操作者等。按规定时间干燥后送中间站。

扫一扫 看生产记录册

扫一扫 看附录

三、原理知识

(一) 薄膜衣包衣工艺

1. 工艺流程。片芯→喷包衣液→缓慢干燥→固化→缓慢干燥→打光→成品。

2. 物料要求。包制薄膜衣的材料主要分为胃溶型、肠溶型和水不溶型三大类。

(1) 胃溶型：即在胃中能溶解的一些高分子材料，适用于一般的片剂薄膜包衣。材料包括羟丙基甲基纤维素（HPMC)、羟丙基纤维素（HPC)、丙烯酸树脂Ⅵ号、聚乙烯吡咯烷酮（PVP)。

(2) 肠溶型：系指在胃酸条件下不溶，到肠液环境下才开始溶解的高分子薄膜衣材料，包制方法与包薄膜衣的方法相同；也可在包糖衣至粉衣层后包肠溶衣，最后再包糖衣层和打光。最常用的肠溶衣材料包括：邻苯二甲酸醋酸纤维素（CAP)，邻苯二甲酸羟丙基甲基纤维素（HPMCP)，邻苯二甲酸聚乙烯醇酯（PVAP)，苯乙烯马来酸酐共聚物，丙烯酸树脂Ⅰ号、Ⅱ号、Ⅲ号（甲基丙烯酸与甲基丙烯酸甲酯的共聚物 EudragitL)。

(3) 水不溶型：系指在水中不溶解的高分子薄膜衣材料。材料包括乙基纤维素（EC)、醋酸纤维素（EA)、乙烯-醋酸乙烯共聚物（EVA)。

(4) 其他辅助性的物料：包括增塑剂、抗黏着剂、遮光剂等。常用的增塑剂有丙二醇、蓖麻油、聚乙二醇、硅油、甘油、邻苯二甲酸二乙酯或邻苯二甲酸二丁酯等；常用的抗黏着剂有滑石粉、硬脂酸镁；常用的遮光剂主要是二氧化钛；常用的色素主要有苋莱红、胭脂红、柠檬黄及靛蓝等食用色素。

(二) 薄膜衣包衣设备

图 2-7 所示为高效包衣机示意图。目前较为先进的技术是采用湿法包衣，操作前，滑石粉与糖浆预先混合制成薄糊状，以专用的喷雾或淋注装置加在包衣锅内，故全系统是密封操作，无粉尘飞扬。这种装置不但节省滑石粉，由于机械喷洒均匀，药片的圆整度高；又由于干燥均匀，干燥质量好，所以高效包衣装置产品质量好、生产效率高。高效包衣装置的外形多呈长方形的柜式形状，包括主机、加热送风系统、引风系统、加浆喷雾系统及控制系统等。

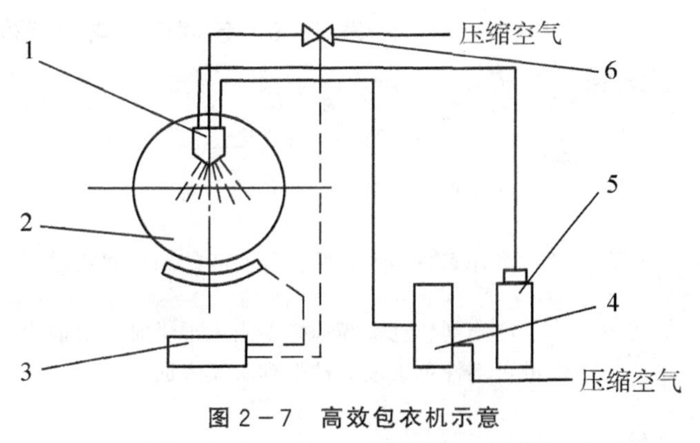

图 2-7　高效包衣机示意

1. 喷枪；2. 包衣锅；3. 控制器；4. 无气泵；5. 液罐；6. 电磁阀

(1) 主机：由外壳、转锅和传动装置 3 部分组成。外壳由上、下箱体组成。上箱体内装有转锅，支承转锅的前后托轮，可以实现转锅轴空间位置的自由调整。下箱体内装有传动装置及水槽。传动装置包括电动机、无级调速减速器及输出链轮，将动力传递给转锅后轴上的链轮，带动转锅转动。上箱体两侧装有便于拆卸的挂门，正面装有透明的操作门及仪表盘，可显示机内的压力、转锅转速、进出风温等。箱体内装有照明设施，便于观察。调速手轮自下箱体伸出，可由机外直接调速。转锅形如橄榄，两端为圆锥形，中间是圆柱体，圆柱体壁上开满小孔，供热风进出。锅内装有抄板或导流筒，在锅体转动时能自动翻动药片，使其受浆、受热均匀。在圆柱体截面的对角方向（如右上方和左下方）装有进、出风管，锅体与进、出风管的动密封连接处使用了聚四氟乙烯耐磨材料，并利用其弹性，使锅体有小量偏摆时仍能保持良好的气密性。

（2）送风和引风系统：送风系统包括空气热交换器、中效或高效气体过滤器及送风机等。空气换热器是以蒸汽加热的一组翅片式散热排管，进口处装有薄膜阀调节器、变送器进行温度控制。过滤器内用超细玻璃棉或人造纤维布做过滤介质。送风机的外壳在出口处有风门，可用以调节风量，并装有温度表以显示热风湿度。在独立的引风系统中除引风机外，也是通过一个调节风门控制风量的大小和转锅内的气压。

（3）加浆设备系统：加浆设备包括一台蠕动泵和两个糖浆加热桶，用一根糖浆分配管将糖浆引到胶管上。加浆系统有独立的控制箱，通过三个电子计时器控制加浆、匀浆、干燥各程序所需的时间，整个加浆系统连同控制箱可以用移动小车单独组装。

（4）无气喷雾设备：当利用含有机溶剂的薄膜包衣时，常使用专门的无气喷雾设备。这种设备主要是由一只高压无气喷雾泵及高压喷枪（有不同规格）组成，用空气驱动泵增压后使包衣溶液在高压状态下通过高压喷枪的喷嘴，能保证连续地喷出均匀的雾滴。

（三）包衣过程的质量控制

为保证包衣质量，应做好以下质量控制措施：热风交换率要好；喷液输出量要调节好；喷枪的雾化效果要好；素片翻滚速度可调。

（四）包薄膜衣常见问题及其处理

包薄膜衣常见问题及其处理如表 2－9 所示。

表 2－9 包薄膜衣常见问题及其处理

常见问题	原因	解决办法
气泡	固化条件不当，干燥速度过快	掌握成膜条件，控制干燥温度和速度
皱皮	选择衣料不当，干燥条件不当	更换衣料，改善成膜温度
剥落	选择衣料不当，两次包衣间的加料间隔过短	更换衣料，调节间隔时间、干燥温度和适当降低包衣液的浓度
花斑	增塑剂、色素等选择不当。干燥时，溶剂中的可溶性色素成分被带到衣膜表面	改变包衣处方、调节空气温度和流量，减少干燥速度

包衣液的配制

在配液容器中加入计算好的溶剂，溶剂的液面高度最好与容器直径大致相同，将搅拌器拌入液面下 2/3 处，搅拌器直径应为容器直径的 1/3，启动搅拌器，搅拌速度应使容器中的液体完全被搅动，液面刚好形成漩涡为宜；将计算称量准确的包衣剂粉末以平衡的速度不断地撒在漩涡液面上，加入速度应以粉末迅速被搅入漩涡为宜，加料过程应在 5 min 内完成；加料完毕后，将搅拌速度放慢，使漩涡刚刚消失，持续搅拌 45 min，至包衣剂完全分散，配制完成可直接从容器中泵出。

图 2－8　薄膜包衣片

四、 问题与思考

某包衣工进行包衣时出现异常，如图 2－8 所示。

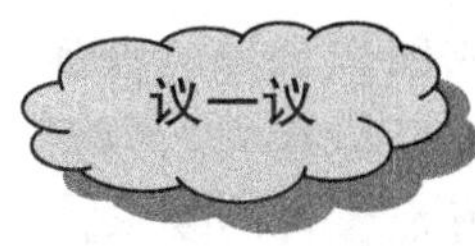

这种异常情况产生的原因是什么？应如何进行调整？

项目十二　硬胶囊填充

一、 学习内容与要求

1. 掌握胶囊填充工艺管理要点及质量控制要点。
2. 了解全自动胶囊填充机的清洁和保养标准操作规程。

二、 实践操作

1. 条件准备。各种生产状态标识牌、领料单、生产操作记录本；洁净服、更衣室、工作用鞋；胶囊填充机、容器、工具、电子天平、物料周转桶；空心胶囊、药物粉末或颗粒、75％乙醇。

2. 操作要点。检查工作场地设备是否合格→更换状态标识→填写领料单并送达操作岗位→对设备进行消毒→开机试填充→调试装量等参数→充填→定期检查胶囊的外观、锁口及装量差异至充填结束→填写生产记录→清场→填写清场记录→提请 QA 检查、签字。

3. 质量控制。

（1）外观：套合到位，锁口整齐，松紧合适，无叉口或凹顶现象，应随时观察，及时调整。

（2）装量差异：是胶囊填充质量控制最关键的环节，应引起高度重视。装量差异与多方面因素有关，应经常测定，及时调整，使装量差异符合内控标准要求。

（3）水分：与空间温湿度、物料及时密封有关，应做好相关工作，使水分符合内控标准要求。

（4）含量：应符合内控标准要求。

（5）均匀度：应符合内控标准要求。

扫一扫　看生产记录册

扫一扫　看附录

三、原理知识

（一）胶囊剂的分类及其质量要求

胶囊剂系指药物装于空胶囊中制成的药剂。根据囊材的性质，胶囊剂分硬胶囊、软胶囊（胶丸）、肠溶胶囊和结肠靶向胶囊等。

《中国药典》2015版要求胶囊剂外观整洁，不得有黏结、变形或破裂现象，并应无异臭。内容物应干燥、松散、混合均匀；装量差异小；水分含量、崩解时限应符合规定；卫生学检查必须符合要求；药物的定性鉴别与含量测定应符合具体胶囊剂各自的要求。

（二）制备工艺

1. 硬胶囊剂生产工艺流程。见图2-9。

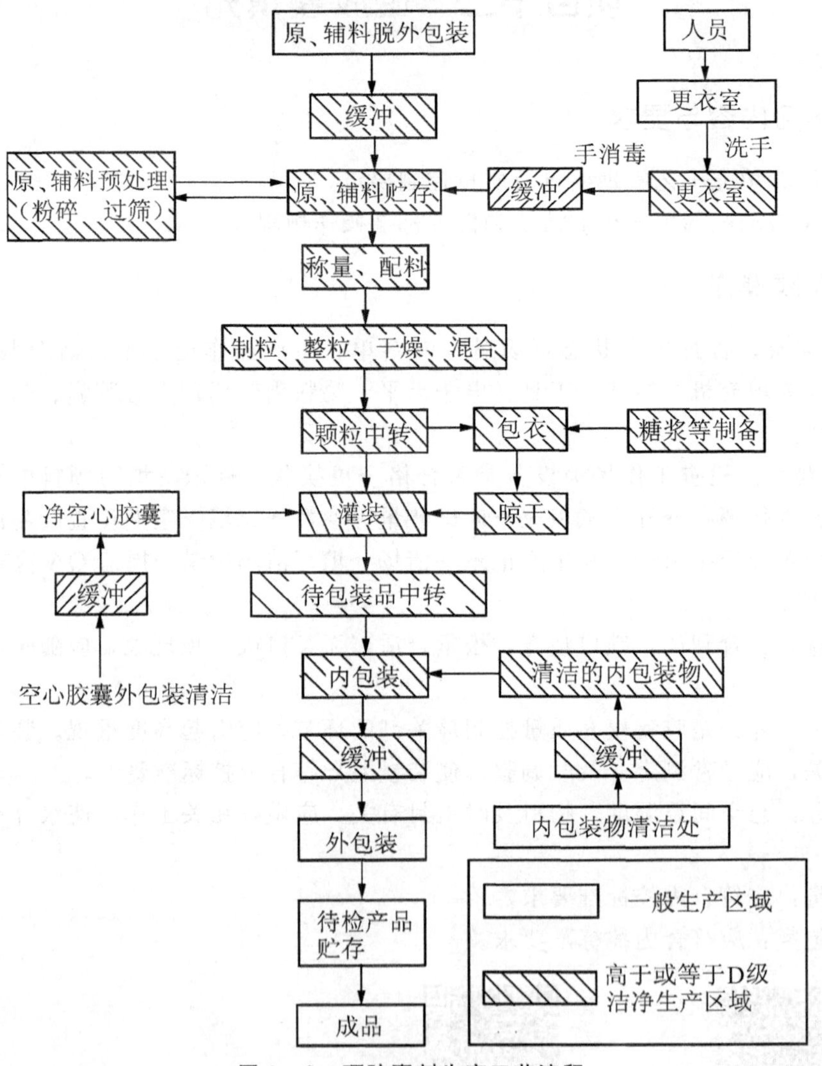

图2-9　硬胶囊剂生产工艺流程

2. 胶囊填充岗位职责。严格执行《胶囊填充岗位操作法》和《胶囊填充设备标准操作规程》；负责胶囊填充所用设备的安全使用及日常保养，防止发生生产安全事故；严格执行生产指令，保证胶囊填充所有物料名称、数量、规格、质量准确无误，胶囊质量符合规定质量要求；自觉遵守工艺纪律，保证胶囊填充岗位不发生混药、错药或对药品造成污染；认真、如实地填写生产记录，做到字迹清晰、内容真实、数据完整，不得任意涂改和撕毁，做好交接记录，顺利进入下道工序；工作结束或更换品种时应及时做好清洁卫生并按有关 SOP 进行清场工作，认真填写相应记录，做到岗位生产状态标识、设备所处状态标识、清洁状态标识清晰、明了。

（三）常用胶囊填充设备

胶囊填充主要设备有半自动胶囊填充机和全自动胶囊填充机，辅助设备有真空泵、空气压缩机、抛光机、吸尘器。主要配件有胶囊模具、螺旋钻头、刮粉板。

1. 半自动胶囊填充机。如图 2－10 所示，主要由机座和电气控制系统、播囊器、充填器、锁紧器、变频调速器组成。半自动胶囊填充机是早期投入使用的药品生产设备，主要功能是向空心胶囊内填充药物，配备不同的模具，填充不同型号的胶囊。采用开放式设计，具有经济、适用性强的特点。但由于粉尘大，容易污染，且效率低，目前主要用于实验或实训。

2. 全自动胶囊填充机。如图 2－11 所示，主要由机座和电控系统、液晶界面、胶囊料斗、播囊装置、旋转工作台（图 2－12）、药物料斗、充填装置、胶囊扣合装置、胶囊导出装置组成。

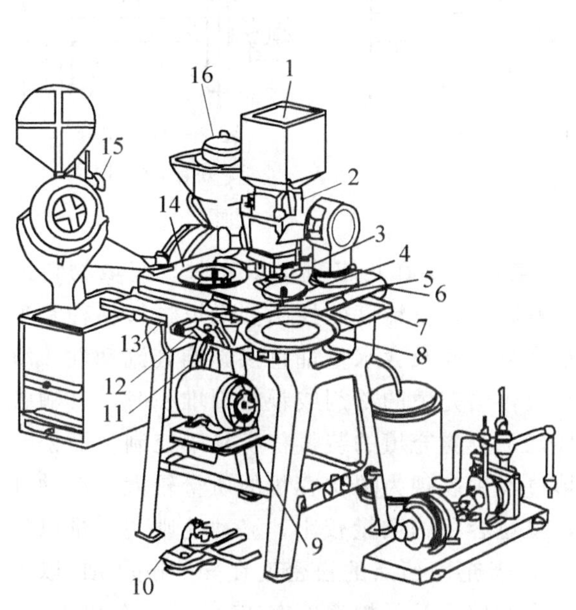

图 2－10 半自动胶囊填充机结构

1. 空胶囊斗；2. 排列矫正器；3. 制动环；4. 载物环；5. 离合器杠杆；6. 机床；7. 工具；8. 塔盘环；9. 电动机；10. 连接器踏板；11. 速度控制器；12. 限程控制器；13. 集尘盘；14. 转动台；15. 结合器；16. 药物料斗

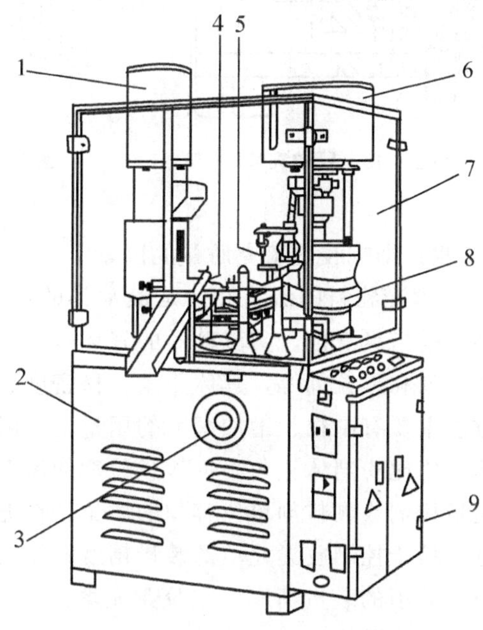

图 2－11 全自动胶囊填充机外形

1. 空胶囊装罐；2. 机座和传动部件；3. 手轮；4. 回转台；5. 充填器；6. 料斗带搅拌器；7. 玻璃防护罩；8. 药粉充填盒；9. 电控箱

全自动胶囊填充机是近年研制开发的新型设备，主要功能是向空心胶囊内填充药物，配备不同规格的模具，能同时完成播囊、分离、充填、剔废、锁紧、成品出料、模块清洗等动作，如图 2－13～图 2－17 所示。机器全封闭设计，符合 GMP 要求，具有结构新颖、剂量准确、生产效率高、安全环保等特点，广泛应用于药品的生产。

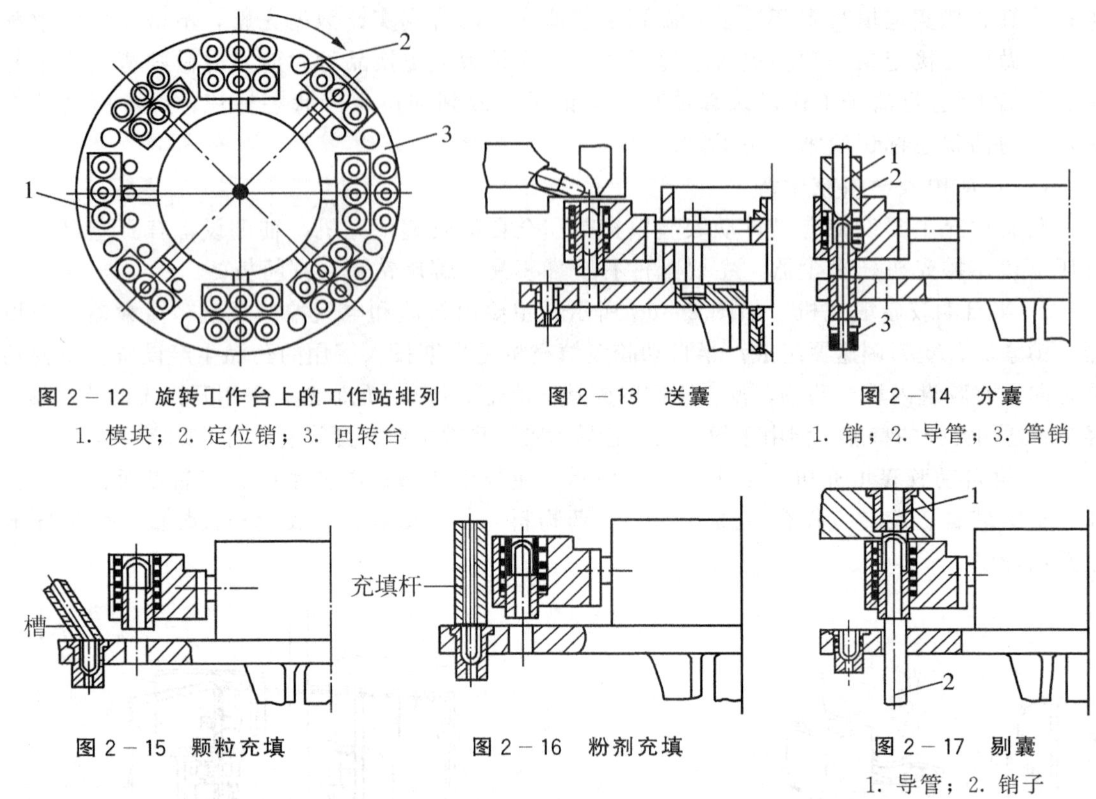

图 2－12　旋转工作台上的工作站排列
1. 模块；2. 定位销；3. 回转台

图 2－13　送囊

图 2－14　分囊
1. 销；2. 导管；3. 管销

图 2－15　颗粒充填

图 2－16　粉剂充填

图 2－17　剔囊
1. 导管；2. 销子

(四) 影响胶囊填充质量的因素

1. 填充物料的流动性。是最常见的影响因素，特别在粉末直接填充时。充填物料的流动性也指爽滑性，其流动性的好坏将直接影响胶囊装量精度的控制。充填物料品种常见的有粉剂和颗粒剂等，其休止角、松密度、粒度分布性及含水量都直接影响其流动性，解决方法主要有制粒、增加润剂的用量。一般来说，当充填的粉剂或颗粒剂堆积时，其颗粒剂休止角比粉剂休止角小，故颗粒剂的流动性好，胶囊充填的装量精度易于控制。而松密度是指粉剂或颗粒剂单位容积的质量，在充填过程中表现为单位容积的质量较大，流动性则好，易于控制胶囊充填的装量精度；反之，单位容积的质量较小，流动性则差，难以控制胶囊充填的装量精度。在胶囊充填的实践中，当充填药品的松密度在 500 mg/mL 以上时，表现为易于控制胶囊充填的装量精度；而当充填药品的松密度在 450 mg/mL 以下时，表现为较难以控制胶囊充填的装量精度。

2. 充填物料的吸湿性。充填物料的吸湿性同样影响胶囊装量精度的控制。充填的粉剂或颗粒剂含水量越高，黏性越大，流动性越差，黏度过大会发生“塞粉”现象（“塞粉”指在一定充填杆压力下计量盘计量孔中粉柱体不能压出现象），一般充填药品在混粉或造粒过程中含水量控制在小于 4%。此外，充填物料的吸湿性与其临界相对湿度有关。一般来说，当充填的粉剂或颗粒剂的纯度不高时，其临界的相对湿度会降低，多组分也会使吸湿性增加。这二者都会使充填过程黏滞性加大，使装量偏大，易发生上述“塞粉”现象。

吸湿量过多还会使药物发生潮解失效。这样在充填过程中就必须控制环境湿度在其临界相对湿度下，而不同药物所对应的相对湿度也有所不同，如青霉素类≤47%较好，而氨基糖苷类≤58%较好。但是胶囊体对湿度又有一定要求，湿度过低胶囊体易破裂，故一般胶囊充填环境的湿度控制在40%～60%。

3. 机器因素。计量盘厚度是否得当，传感器高度是否合适。

4. 环境因素。严格控制车间湿度。

5. 原、辅料。这个因素影响也较大，而且往往容易被忽视。为保证填充量一致性，应使每批原、辅料的水分含量保持一致。

（五）胶囊填充过程的质量控制

1. 外观。随时观察胶囊剂是否套合到位，锁口整齐，松紧合适，无叉口或凹顶现象，发现异常应及时进行调整。

2. 装量。填充过程中随时检测（一般为每15 min取20粒）胶囊的装量，发现异常及时进行调整。

（六）生产中常见问题及处理

1. 锁口过松。胶囊锁口过松是囊体和囊帽套合不到锁口点位置，导致在抛光或分装时体帽松动，容易产生漏粉。原因是套合力度不够。解决办法是调大套合力度。

2. 叉口或凹顶。叉口是囊体和囊帽在套合时对不准，囊体未完全套进囊帽中，导致外观不整齐的现象。原因主要是空心胶囊的质量问题或胶囊模具不标准。解决办法是选用合格的空心胶囊，更换模具。凹顶是在囊体或帽的顶部有凹陷的现象。原因主要是空心胶囊的圆顶厚度不够，或者套合的力度太大。解决办法是选用合格的空心胶囊或者调整套合的力度。

知识拓展

每批生产完毕或换品种，必须对胶囊填充机进行清洁；对直接接触药物的部件，应拆下来用清水洗尽，表面用75%乙醇消毒；对不能拆下来的部件，可用吸尘器吸除残留药粉，用湿布抹干净，再用75%乙醇消毒；当需要更换配件模具时，也要进行清理，可用湿布或脱脂棉蘸75%乙醇擦拭干净；要经常将机器传动件的油污擦净，以便清楚地观察运转情况；真空系统的过滤器要定期清理，如发现真空度不够不能打开胶囊时，应仔细检查真空管路，并清理堵塞的污物；当机器较长时间停用时，应尽可能拆下各部件，进行彻底清洗、消毒。胶囊填充机的维护保养按设备维修保养管理规定进行，以预防、保养为主，维修与检查并重，通过维修保养使设备经常保持清洁、安全有效的良好状态。检查紧固各部位连接螺栓是否牢固；检查润滑部位，加注润滑油脂，轴承、滑动轮、凸轮、滚轮涂润滑脂；检查运动部位是否清洁；检查真空过滤器、管路是否清洁；检查传动链松紧度；做好运行情况及故障情况等记录；发现问题及时与维修人员联系，进行维修；维修完毕应进行试车验收；试车机器运转应平稳、无异常振动、无杂音并符合生产要求。

3. 装量差异超限。装量差异超限是胶囊的装量超出内控标准或药典标准的范围。原因主要是料斗中的药粉量时多时少，药粉的均匀性、流动性不好，充填装置未调节好，机器转速太大或空心胶囊规格不标准。解决办法是保证料斗中的药粉量，前工序混合制粒要控制好药粉的均匀性、流动性，选用合格的空心胶囊并调整好充填装置和机器转速。

四、 问题与思考

胶囊填充过程中，每 15 min 收集 20 粒胶囊进行装量差异检查，结果如表 2 - 10 所示。

表 2 - 10　胶囊装量检测结果

时间/min	每粒装量/g（标示量 0.35 g/粒）									
15	0.3543	0.3522	0.3532	0.3522	0.3532	0.3530	0.3540	0.3533	0.3524	0.3533
	0.3532	0.3521	0.3543	0.3531	0.3543	0.3520	0.3530	0.3541	0.3532	0.3520
30	0.3501	0.3492	0.3481	0.3472	0.3482	0.3493	0.3482	0.3470	0.3484	0.3493
	0.3472	0.3493	0.3482	0.3472	0.3481	0.3494	0.3473	0.3482	0.3470	0.3490
45	0.3333	0.3322	0.3312	0.3303	0.3312	0.3314	0.3324	0.3333	0.3214	0.3222
	0.3290	0.3226	0.3125	0.3124	0.3121	0.3121	0.3021	0.3099	0.3098	0.3098

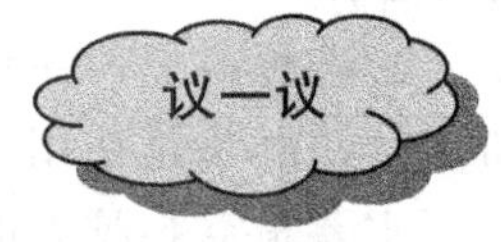

如果你是胶囊填充工，你认为应怎样调整？

项目十三　固体制剂包装

任务一　固体制剂泡罩包装

一、 学习内容与要求

1. 掌握药品包装生产工艺管理要点与质量控制要点。
2. 了解 DPP - 100 型行程可调式平板铝塑泡罩包装机的清洁、保养。

二、 实践操作

1. 条件准备。各种生产状态标识牌、领料单、生产操作记录本；洁净服、更衣室、工作用鞋；泡罩包装机、铝箔、塑料卷材、原型包装物。

2. 操作要点。检查工作场地设备是否合格→更换状态标识→填写领料单并送达操作岗位→对设备进行消毒→接进、出水口→接进气管→更换模具→安装准备 PVC 包材→安装准备铝箔材→调试机器至塑料、铝箔成型良好→调试水流量→预热机器→空包装至产品符合要求→包装→定期检验质量至包装结束→填写生产记录→清场→填写清场记录→提请 QA 检查、签字。

3. 质量控制。操作中应随时观察包封的产品外观，确保泡眼完好性、批号压痕位置正确、包封的密封性能良好。

扫一扫 看附录

三、原理知识

(一) 药品包装材料简介

常用的药品包装材料有纸、塑料、玻璃、陶瓷、金属、复合膜和橡胶等几大类，如表2－11所示。

表2－11 常用药品包装材料

	特点	质量要求	常用药包材	应用
纸类药包材	优点： (1) 原料广泛、价格低廉 (2) 安全卫生 (3) 加工性能好 (4) 易制成复合材料 (5) 装潢适印性好 (6) 绿色环保 缺点：透过性大、防潮防湿性能差、易燃、力学强度不高	(1) 纸的外观要求纸面平整洁净，不允许有褶子 (2) 纸的物理性质符合要求 (3) 纸的安全性符合要求	(1) 药品包装用纸，如普通食品包装纸、蜡纸、玻璃纸和其他药品包装用纸 (2) 药品包装用纸板，如白纸板、箱纸板和瓦楞纸板	(1) 纸袋 (2) 纸盒 (3) 瓦楞纸箱 (4) 其他应用，如药瓶封口纸、药瓶填充纸和印刷标签、说明书等
玻璃类药包材	(1) 化学稳定性高，耐药物腐蚀，与药物相容性较好 (2) 卫生安全，无毒无异味，吸附小 (3) 阻隔性优良、不透气、不透湿 (4) 光洁透明，造型美观	(1) 鉴别 (2) 理化性能 (3) 规格尺寸 (4) 外观 (5) 化学成分及有害物质	(1) 高硼硅玻璃 (2) 国际中性玻璃 (3) 低硼硅玻璃 (4) 钠钙玻璃	(1) 安瓿 (2) 输液瓶 (3) 模制注射剂瓶和管制注射剂瓶 (4) 玻璃药瓶
金属类药包材	优点： (1) 机械性能好、具有良好的强度和刚性 (2) 阻隔性优良、密闭性好、货架期长 (3) 加工成型性能好 (4) 具有特殊的金属光泽 缺点：耐腐蚀性能低，金属离子可影响药品质量、危害人体健康，金属药包材须镀层或涂层，且材料价格较高	(1) 外观 (2) 理化性质 (3) 生物性质	(1) 锡 (2) 马口铁 (3) 铝	(1) 铝箔 (2) 包装容器：铝管和铝瓶 (3) 瓶盖

续表

	特点	质量要求	常用药包材	应用
塑料类药包材	优点： （1）密度小，质量轻 （2）可透明，也可不透明 （3）阻隔性良好，耐水耐油 （4）化学性能优良，耐腐蚀 （5）有适当的机械强度，韧性好，结实耐用 （6）易热封和复合，便于成型、加工 （7）价格较便宜 缺点：耐热性差，在高温下易变性，易于磨损或变脆，废弃物不宜分解和处理，易造成对环境的污染	（1）外观 （2）理化性质 （3）生物性质	（1）聚乙烯 （2）聚丙烯 （3）聚氯乙烯（PVC）等	（1）塑料薄膜与塑料片材 （2）塑料容器，如塑料瓶、塑料输液瓶 PVC 软袋、非 PVC 输液袋和塑料软管 （3）塑料瓶盖
复合药包材	（1）力学性能优良，阻隔性好、保护性强 （2）机械包装适应性好 （3）使用方便 （4）促进药品销售 （5）使用方便	（1）外观尺寸 （2）密封阻隔性能 （3）机械性能 （4）卫生性能	（1）普通复合膜 （2）药用条状、易撕的包装材料 （3）纸铝塑复合膜 （4）高温蒸煮膜 （5）多层共挤复合膜	（1）复合膜制袋 （2）复合膜包装 （3）双铝包装 （4）泡罩包装 （5）聚烯烃多层共挤输液袋 （6）复合软管

（二）包装岗位职责

进岗前按规定着装，做好操作前的一切准备工作；根据生产指令按包装指令和规定程序领取原料和包装材料，核对所过筛物料的品名、规格、产品批号、数量、生产企业名称、物理外观、检验合格等，准确无误，质量符合要求；严格按工艺规程及包装标准操作程序进行待包装物料和包装材料处理；按工艺规程要求对须进行包装的药品严格按《DPP－100 型行程可调式平板铝塑泡罩包装机操作规程》进行操作；生产完毕，按规定进行物料移交，并认真填写工序记录及生产记录；工作期间，严禁串岗、脱岗，不得做与本岗位无关之事；工作结束或更换品种时，严格按本岗位清场 SOP 进行清场，经质监员检查合格后，挂标识牌；注意设备保养，经常检查设备运转情况，操作时发现故障及时排除并上报。

（三）常用设备

药品泡罩包装机是将塑料硬片加热、成型、药品充填，与铝箔热封合、打字（批号）、压断裂线、冲裁和输送等多种功能在同一台机器上完成的高效率包装机械。目前常用的药用泡罩包装机有 3 种型式：平板式泡罩包装机、滚筒式泡罩包装机和滚板式泡罩包装机。

1. 平板式泡罩包装机。典型结构示意见图 2－18。工作原理是 PVC 片通过预热装置预热软化，在成型装置中吹入高压空气或先以冲头预成型再加高压空气成型泡窝。PVC 泡窝片通过上料机时自动充填药品于泡窝内，在驱动装置作用下进入热封装置，使得 PVC 片与铝箔在一定温度和压力下密封，最后由冲裁装置冲剪成规定尺寸的板块。平板式泡罩包装机不易实现高速运转，热封合消耗功率较大，封合牢固程度不如滚式封合效果好，适用于中小批量药品包装和特殊形状物品包装。

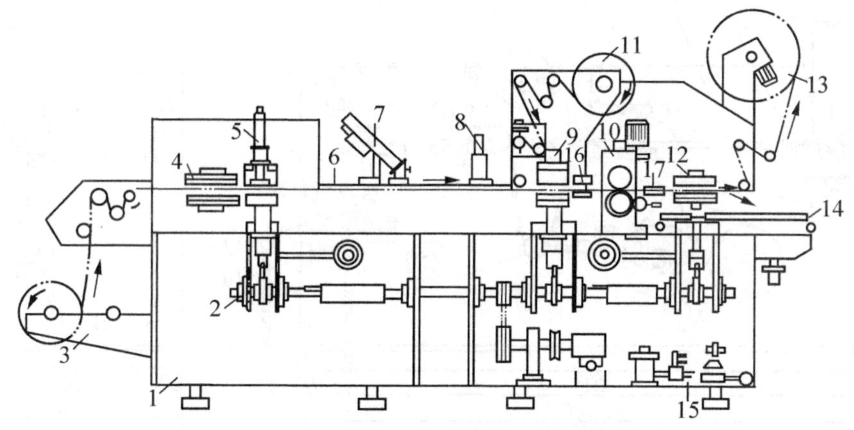

图 2－18　平板式泡罩包装机结构示意

1. 机体；2. 传动系统；3. 成型模辊组；4. 预热装置；5. 成型装置；6. 导向平台；7. 上料装置；8. 压平装置；9. 热封装置；10. 驱动装置；11. 覆盖模辊组；12. 冲裁装置；13. 废料辊组；14. 输送机；15. 气控装置；16. 冷却系统；17. 电控系统

2. 滚筒式泡罩包装机。工作示意见图 2－19。该种包装机主要用来包装各种规格的糖衣片、素片、胶囊、胶丸等固体口服药品。工作原理是卷筒上的 PVC 片穿过导向辊，利用滚筒式成型模具的转动将 PVC 片匀速放卷，半圆弧形加热器把紧贴于成型模具上的 PVC 片加热到软化程度，成型模具的泡窝孔型转动到适当的位置与机器的真空系统相通，将已软化的 PVC 片瞬时吸塑成型。已成型的 PVC 片通过料斗或上料机时，药片充填入泡窝。连续转动的热封合装置中的主动辊表面上制有与成型模具相似的孔型，主动辊拖动充有药片的 PVC 泡窝片向前移动，外表面带有网纹的热压辊压在主动辊上，利用温度和压力将盖材（铝箔）与 PVC 片封合。封合后的 PVC 泡窝片利用一系列的导向辊，间歇运动通过打字装置时在设定的位置打出批号，通过冲裁装置时冲切出成品板块，由输送机传送到下道工序，完成泡罩包装作业。滚筒式泡罩包装机具有结构简单、操作维修方便等优点，适合于同一品种大批量的包装作业，是目前国内制药厂普遍使用的机型。

3. 滚板式泡罩包装机。综合了滚筒式包装机和平板式包装机的优点，克服了两种机型的不足，是近年工业发达国家广为流行的一种高速泡罩包装机。它采用平板式成型模具，压缩空气成型，使得成型泡罩的壁厚均匀、坚固，适合于各种药品包装。滚筒式连续封合，PVC 片和铝箔在封合处为线接触，在较低的压力下可以获得理想的封合效果。有高速运转的打字、打孔（断裂线）和无横边废料冲裁机构。因此，滚板结合泡罩包装机具有高效率、节省包装材料、泡罩质量好等特点。

（四）泡罩包装过程的质量控制

（1）包装操作室必须保持干燥，室内呈正压。

（2）包装设备可用清洁布擦拭，必要时与药品及包装材料接触的部分用 75%乙醇擦拭消毒。

（3）包装过程中随时注意设备声音。

（4）生产过程所有物料均应有标识，防止发生混药、混批。

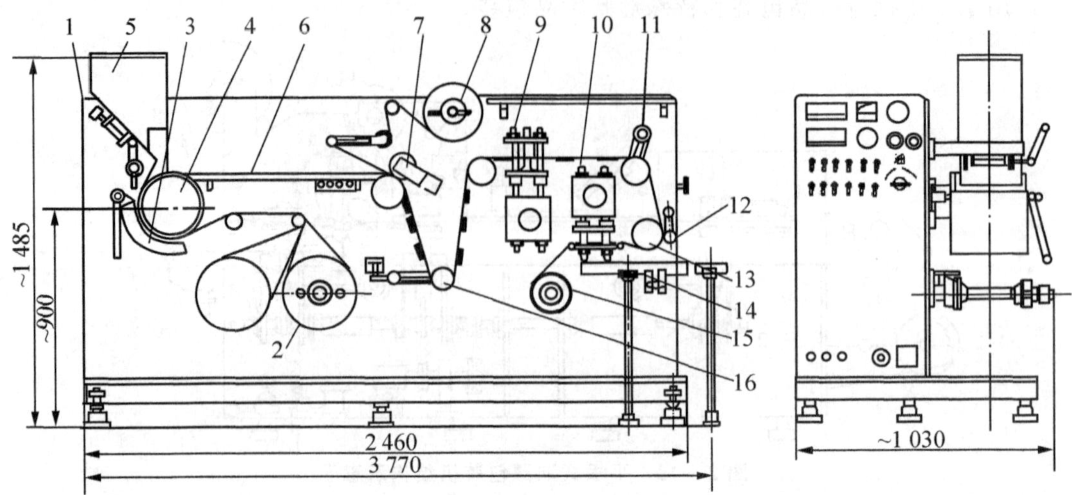

图 2－19 滚筒式泡罩包装机示意（单位：mm）

1. 机体；2. 薄膜卷筒（成型模）；3. 远红外加热器；4. 成型装置；5. 上料装置；6. 监视平台；7. 热封合装置；8. 薄膜卷筒（复合膜）；9. 打字装置；10. 冲裁装置；11. 可调式导向辊；12. 压紧辊；13. 间歇式给辊；14. 输送机；15. 废料辊；16. 油辊

包装设备的清洁

清理操作台面上的残留药物；拆下下料器，用纯化水湿润过的抹布将其擦拭一遍后，用75％乙醇湿润的抹布进行擦拭；用75％乙醇湿润的洁净抹布擦拭主机、成型板、输送带；更换品种时应卸下能拆下的部件，送清洗室用饮用水清洗干净后，用纯化水淋洗两遍，然后用洁净的干毛巾擦拭干净，星形毛刷及柱形毛刷甩干水后用压缩空气吹干；主机及不能卸下的部件，先用压缩空气吹净，再用75％乙醇湿润的洁净抹布擦拭，最后用压缩空气吹干机器表面；挂上清洁状态标识并填写记录。

四、问题与思考

1. 使用泡罩包装机时应注意的事项。
2. 泡罩包装机重要部件的运动规律。

任务二 固体制剂瓶装

一、学习内容与要求

1. 掌握固体制剂瓶装的生产工艺流程与质量控制。
2. 了解固体制剂瓶装设备的基本组成和结构。

二、 实践操作

1. 条件准备。各种生产状态标识牌、领料单、生产操作记录本；洁净服、更衣室、工作用鞋；塑料瓶瓶装联动线、塑料瓶、瓶盖、纸卷材、铝箔、标签。

2. 操作要点。检查工作场地设备是否合格→更换状态标识→填写领料单并送达操作岗位→对设备进行消毒→理瓶→洗瓶→数片（粒）并灌瓶→塞袋状干燥剂（棉花或纸）→旋盖→封口→贴标→检重→药瓶装盒→定期检验质量至瓶装结束→填写生产记录→清场→填写清场记录→提请QA检查、签字。

3. 质量控制。包装操作室必须保持干燥，室内呈正压；包装设备可用清洁布擦拭，必要时与药品及包装材料接触的部分用75%乙醇擦拭消毒；包装过程随时注意设备声音；生产过程所有物料均应有标志，防止发生混药、混批。

三、 原理知识

（一）固体制剂瓶装材料及其性能特点

1. 药用玻璃瓶。生产能耗大、三废严重、劳动强度大、瓶子重、破损多、使用前须清洗后干燥，不利于制药企业的质量管理，目前使用较少。

2. 药用塑料瓶。最大特点是质量轻、不易碎、清洁、美观，制药企业不必清洗烘干即可直接使用。药用塑料瓶的一些技术指标（如耐化学性能、耐水蒸气渗透性、密封性）良好，完全可以对所包装药品在有效期内起到安全屏障的保护作用，是广泛使用的固体制剂瓶装容器。

3. 药用塑料盖。药用塑料盖是药用塑料瓶配套使用的重要组成部分，对气体阻隔、防潮湿、防污染发挥重要作用，能防止瓶内药物的外逸和任何异物进入瓶内，瓶盖的密封性好坏直接影响到瓶中内容物的质量。药用塑料盖大多以聚乙烯（PE）、聚丙烯（PP）为主要原料，最常用的是普通螺纹盖，它通过瓶盖内的螺纹与瓶颈的螺纹相啮合达到密闭的功能。

4. 垫片和铝塑。与瓶盖一起构成包装瓶的密封系统，确保药品在有效期内的稳定性。

5. 袋装干燥剂。经常采用一些干燥剂，如硅胶、活性炭、分子筛、无水氯化钙等放入包装内吸收水蒸气，以降低包装的湿度。其使用方法一般为袋装，即用透气性好的细布袋或纤维纸（无纺布）袋盛装。

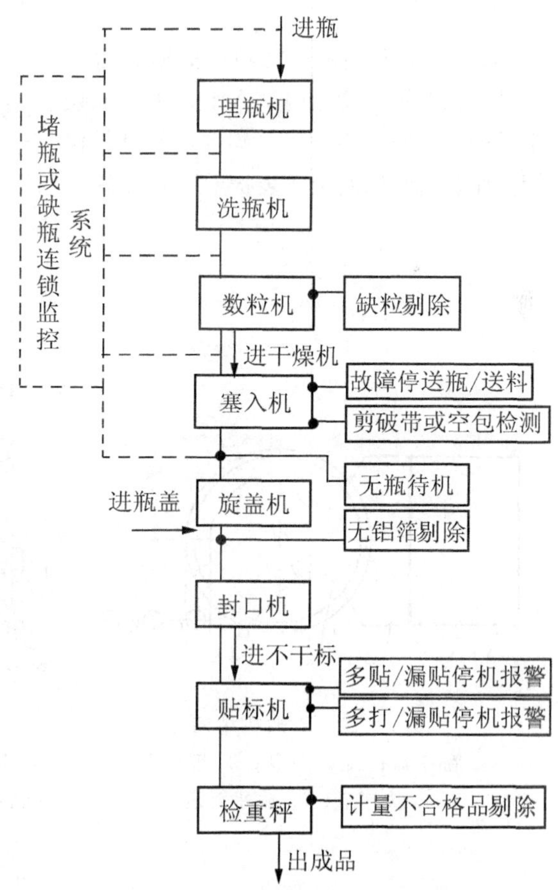

图2－20　固体制剂瓶装生产工艺

6. 纸和棉花。包装瓶内塞入纸，避免药品运送过程中的碰撞而引起的粉化。放置棉花的目的：一方面是避免药品运送过程中的碰撞而引起的粉化；另一方面是阻止水汽进入药瓶。

（二）瓶装生产工艺

图 2－20 所示为固体制剂瓶装生产工艺。

（三）瓶装常用设备

固体制剂瓶装设备一般由理瓶机、洗瓶机、数片机、塞入机、旋盖机、封口机、贴标机与检重秤装置所组成，如图 2－21 所示。

（1）理瓶机(图 2－22)：理瓶机是整线之首，能自动完成理瓶功能，把倾入料仓中杂乱无序的塑料瓶自动排列为瓶口一致向上，并整齐地输入输送带，进入下道工序。

（2）洗瓶机：把经过特殊处理的空气吹入瓶内，使瓶内的尘埃或异物吹出瓶外，并由吸尘装置将其回收。

（3）数片机（图 2－23）：按每瓶装量要求，对片剂或胶囊进行自动计数并灌入瓶内。

（4）塞入机（图 2－24）：根据装瓶工艺要求，在充填药物瓶内塞入纸、棉花或袋状干燥剂，以防药物破碎、潮湿，并延长保质期。瓶装包装以塞纸或袋状干燥剂为多。

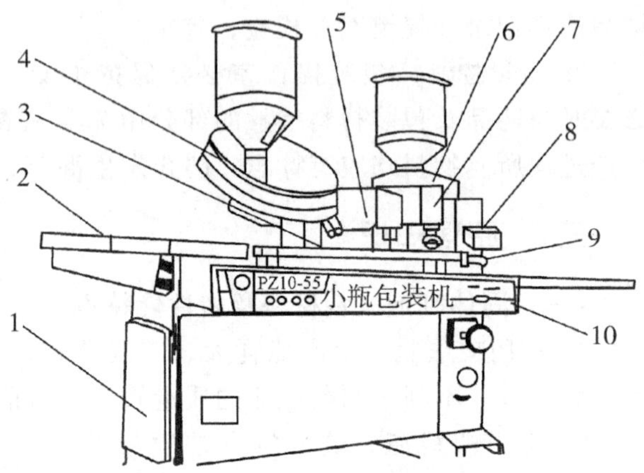

图 2－21　片剂瓶包机简图

1. 机身部分；2. 理瓶机构；3. 输瓶轨道；4. 数片头；5. 塞纸机构；6. 理盖机构；7. 旋盖机构；8. 贴签；9. 打批号机构；10. 电气控制部分

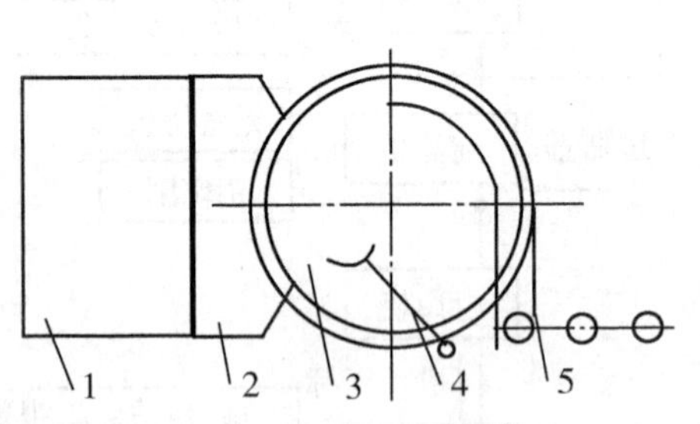

图 2－22　理瓶机结构

1. 翻瓶盘；2. 贮瓶盘；3. 理瓶盘；4. 拨瓶盘；5. 输瓶轨道

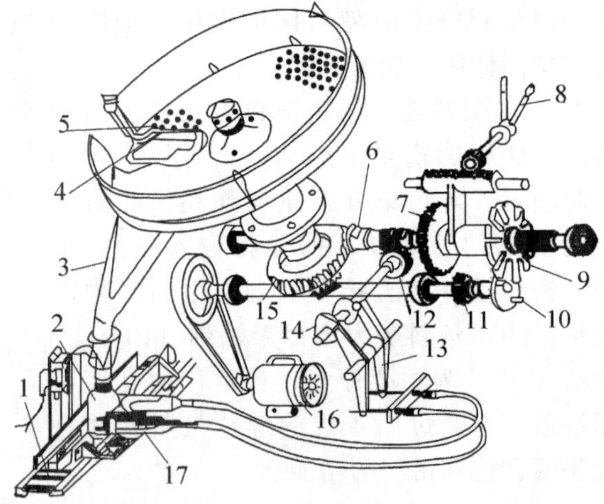

图 2－23　圆盘式数片机结构

1. 输瓶带；2. 药瓶；3. 落片斗；4. 托板；5. 带孔转盘；6. 蜗杆；7. 直齿轮；8. 手柄；9. 槽轮；10. 拨销；11. 小直齿轮；12. 蜗轮；13. 摆动杆；14. 凸轮；15. 大蜗轮；16. 电动机；17. 定瓶器

(5) 旋盖机：由理盖、提盖、旋盖、输送与剔除等机构构成，把瓶盖对准瓶口，并旋紧。图 2－25 所示为旋盖头结构。

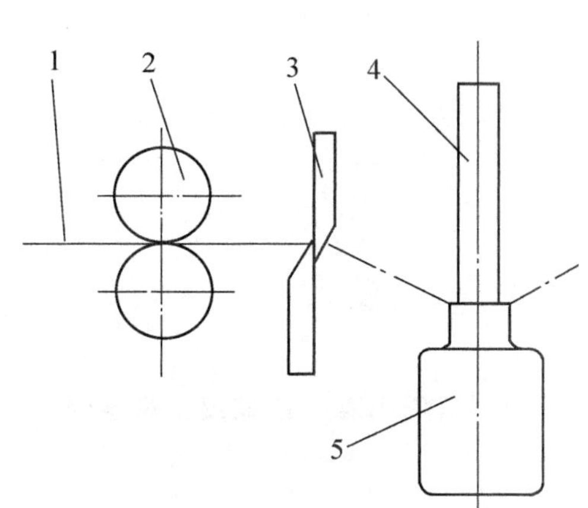

图 2－24　卷盘纸塞纸机结构

1. 条状纸；2. 送纸轮；3. 切刀；4. 塞杆；5. 瓶子

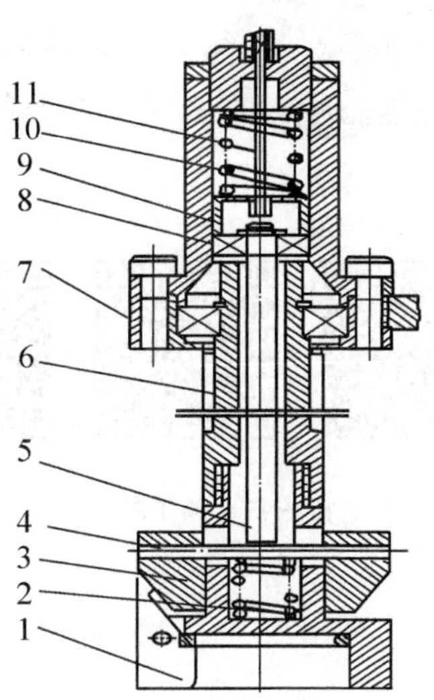

图 2－25　旋盖头结构

1. 爪；2、10. 弹簧；3. 压头；4. 销；5. 推杆；6、9. 套；7. 座；8. 轴承；11. 线闸

(6) 封口机：对瓶口上的铝箔加热，使铝箔黏合在瓶口上，以达到密封的效果。

(7) 贴签机：能自动完成分瓶、送标带、热打印日期及批号、同步分离标签、贴标签的系列程序。

(8) 检重秤装置：此装置可提高成品计量准确率，装瓶后的成品经过检重秤，合格的送回原有输送带，不合格的予以剔除。

(四) 瓶装过程的质量控制

瓶装过程的质量控制：一是装量的准确率；二是向瓶中塞入纸、棉花或袋状干燥剂的正确性与质量，要求纸塞入时不能外露，干燥剂不能破碎；三是旋盖松紧度，要求用手轻力旋瓶盖，不得有瓶盖松动现象；四是铝箔封合的密封性，要求铝箔封口应严密、洁净，封口严密度达 100%；五是要保证不干胶贴标质量与批号、有效期等信息的打印质量。

对包装设备，须定期检查其所有外露螺栓、螺母并拧紧，保证机器各部件完好、可靠；设备外表及内部应洁净无污物聚集；各润滑油杯和油嘴每班加润滑油和润滑脂；发现异常声响或其他不良现象，应立即停机检查；机器必须可靠接地。

四、 问题与思考

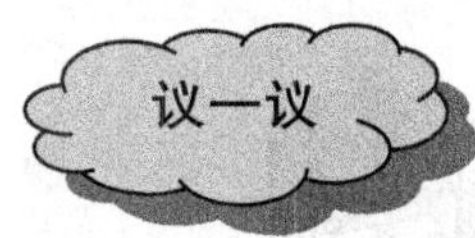

1. 固体制剂瓶装生产线由哪些设备构成？具有什么功能？
2. 药品包装怎样进行分类？

扫一扫　看 PPT

（周小雅　覃乾汉　李宇伟）

液体制剂生产

项目十四　洗　瓶

一、 学习内容与要求

通过学习，掌握玻璃容器的洗涤方法与质量要求，了解常用的容器洗涤设备。

二、 实践操作

1. 条件准备。10 mL 安瓿、理瓶机、超声波洗瓶机、隧道式干燥灭菌烘箱、生产用状态标识牌，管道输送的饮用水、纯化水。

2. 操作要点。进入洗瓶间，检查生产场所、设备状态标识→检查设备运行情况，更换状态标识牌→检查安瓿外观，剔除外观不合格者→将待洗安瓿放入理瓶机→开启电源，运行理瓶机和洗瓶机→取出洗好的安瓿置于干燥灭菌烘箱→开启烘箱运行→取出干燥安瓿送到灌装岗位→填写生产记录。

3. 质量控制。

(1) 操作中随时观察理瓶机和洗瓶机的工作状态，发现理瓶不顺或安瓿输送不顺时，立即停机调整。

(2) 随时抽样检查洗瓶质量，及时清除破瓶、碎瓶。

(3) 严格按操作规程执行干燥器规定的温度与干燥时间。

(4) 调整设备的速度，使洗、灌、封等环节的操作协调，防止物料在某一环节积压。

三、 原理知识

(一) 药品包装简介

1. 包装的含义。包装的内涵包括 3 个方面：包装材料、包装形式与包装容器。药品包装与一般商品包装的主要区别，一是对包装材料性质的特定的要求，药品包装必须能够保持药品的稳定，本身对被包装的药物无影响，同时本身性能也不受被包装药物的影响；二是包装的形式应有利于药品的使用，特别是在药品使用剂量方面，应能保证药品使用剂量的准确性；三是包装相关的信息要求比较严格，能够有效防止药品混淆，对药品的使用范围、使用方法和用量等须严格界定，某些药品还须使用特殊标识等。这些要求在药事管理法规中均有明确要求。

2. 药包材。药包材是药品包装材料的总称。药品包装的保护功能常常是由药包材的性能及结构来实现的。

3. 药品标识物。药品包装、标签、说明书等统称为药品标识物。标签与说明书是药品信息的重要载体，其基本要求见表 3－1。

表 3－1 不同标签的内容与要求

标签类别	内容要求	应用
内包装标签	必须标明药品名称、规格、生产批号。尽可能标明药品名称、适应证或功能主治、用法用量、规格、贮藏、生产日期、生产批号、有效期、生产企业等内容	用于药品的内包装
中包装标签	应注明药品名称、主要成分、性状、适应证或功能主治、用法用量、不良反应、禁忌证、规格、贮藏、生产日期、生产批号、有效期、批准文号、生产企业等。由于包装尺寸原因不能注明不良反应、禁忌证、注意事项时，均应注明“详见说明书”字样	用于药品的中包装
外包装标签	应注明药品名称、规格、贮藏、生产日期、生产批号、有效期、批准文号、生产企业，以及说明书规定以外的必要内容，包括包装数量、运输注意事项或其他标记等	用于药品的外包装

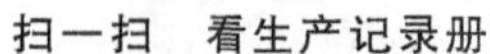
扫一扫 看生产记录册

扫一扫 看附录

（二）液体制剂包装

液体制剂的包装包括包装容器、胶塞、铝盖及包装标识物、外包装盒（箱）等。包装容器的规格、形状、材质均有所不同，能适应不同类型的液体制剂的包装（图 3－1）。某些包装可带计量器以方便分剂量，或者带阀门系统以便于药物使用。

图 3－1 各种液体包装容器

口服液与注射剂的包装容器通常称为“安瓿”。注射剂的包装容器又可以细分为小容量注射剂用安瓿、西林瓶等。这些容器通常都用玻璃或塑料材质生产，有些配以胶塞、铝盖对药液进行密封包装。小容量注射剂用安瓿也可以不用胶塞而以火焰烧灼的方式进行熔封（图3-2）。大输液则开始选用高分子材料制成的输液瓶对输液进行“软”包装，部分输液瓶还附带输液器。

图3-2　玻璃安瓿熔封包装

知识拓展

塑料输液瓶（袋）可用制瓶（袋）机通过吹塑、注塑、注拉吹、挤拉吹等方法进行生产。制瓶机也可与灌装机联动。新制成的包装瓶不需要进行洗涤，而是通过输送轨道直接送达灌封岗位使用。

（三）包装材料的处理

1. 洗瓶。无论普通液体制剂的包装瓶还是口服液、注射剂用的安瓿，包装瓶的洗涤大多采用超声波洗瓶机进行洗涤，并用干燥器进行干燥。由于经洗涤合格的药瓶须立即进行灌装与密封，故企业生产中常将理瓶机、洗瓶机、干燥机、灌封机联动，如图3-3所示。

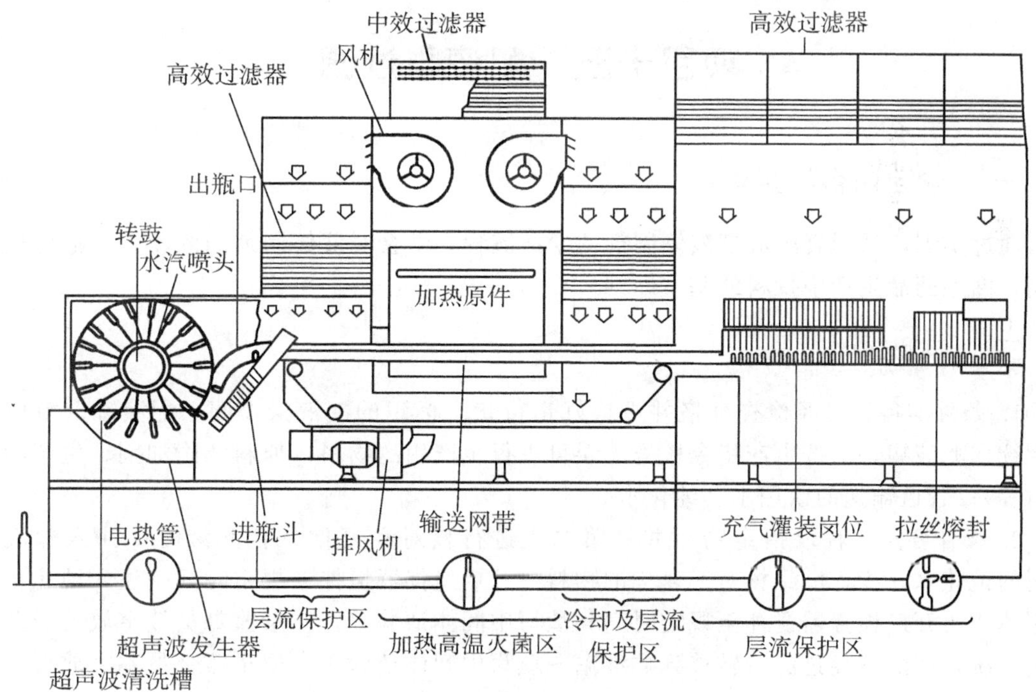

图3-3　洗灌封联动生产线

2. 胶塞与铝盖的处理。胶塞主要用橡胶制成，为改善天然橡胶的性能以适应药品包装的要求，常在加工过程中加入各种添加剂。胶塞处理的主要内容是对胶塞进行酸、碱、纯化水或注射用水的煮、搓、揉、冲等操作，将胶塞表面附着的微粒、杂质、微生物予以清除而得到符合洁净要求的胶塞，用于液体制剂的包装。不同剂型的包装材料的实际处理方法按经过验证的操作规程进行。

铝盖的处理主要是除去铝盖的外包装后，将其用臭氧灭菌器进行灭菌，通过物料传递窗送达灌封岗位或轧盖岗位使用。

（四）质量控制

（1）不同制剂对洗瓶岗位的生产环境要求不同，故一般口服液与外用制剂洗瓶可在相同环境中完成，但必须与注射剂、输液剂的洗瓶间分开。

（2）不同制剂洗瓶所用工艺对用水的要求也不同，非无菌液体制剂包装容器的清洗必须采用纯化水洗涤；无菌液体制剂包装容器的清洗必须采用过滤后的注射用水洗涤。安瓿或玻璃小瓶的初洗应用纯化水；安瓿或玻璃小瓶、输液瓶最后一次洗涤，应采用通过微孔滤膜精滤的注射用水。

（3）通过联动生产线完成的包装容器处理，须按规定对处理结果是否达到相应制剂的标准要求予以验证。经确认的生产工艺相关参数，必须在操作中严格执行。

四、 问题与思考

如果你顶岗实习的第一个岗位是包装或洗瓶岗位，你有什么想法或看法？

项目十五　配液与过滤

一、 学习内容与要求

通过实训，掌握真溶液型液体制剂的生产流程，学会对液体制剂的浓度、澄清度进行控制，熟悉药品生产中投料的基本原则。

二、 实践操作

1. 条件准备。已经检查合格并更换好运行状态标识的配液操作间、配液罐及液体滤过系统、贮液罐；已按生产指令核查无误可进行生产用的物料（原料、附加剂、生产辅助材料等）；管道输送的饮用水、纯化水。

2. 操作要点。称取指定物料并经第二人进行核对和复称→在配液罐中注入配液量80%的纯化水→投入已经核对、复称的物料→开启搅拌器搅拌至规定时间→注入纯化水至规定体积→开启搅拌器搅拌至规定时间→填写中间体请验单，质量监督员签字放行→开启滤过系统，使滤液经过滤后转移到贮液罐→填写中间体请验单，质量监督员签字放行→开启真空泵，将药液泵入灌封岗位的高位罐中→灌封结束后，更换状态标识，进行清场。

3. 注意事项。

（1）根据GMP的相关规定，为避免差错，投料岗位必须设两人，对生产指令中的物料名称、物料外观形态、物料合格证及质量监督员的放行标签进行核对，同时对称取的物料须由第二人进行复称以确保投料的准确性。

（2）填写中间体请验单时，应更换物料状态标识牌，标识物料处于待验状态。经检验合格被批准放行时，再更换运行牌，进行下一环节的操作。

（3）搅拌时间影响药物的溶解及药液浓度的均匀性，故配液中搅拌操作须按经验证的操作规程严格执行。

（4）如配液操作规程中规定溶解过程需要加热，则按操作规程执行，并严格控制加热的温度与加热时间。

扫一扫　看生产记录册

扫一扫　看附录

三、原理知识

（一）液体制剂简介

简而言之，液体制剂是以液体形态贮存和使用的药物制剂，由于使用途径与使用方法不同，又有普通液体制剂、注射剂、大输液、滴眼剂之分，普通液体制剂还有口服与外用之别。注射剂、大输液、滴眼剂因质量标准中有无菌的要求，故又常常被合称为无菌制剂。

与制剂工艺密切相关的液体制剂分类，是以分散相的大小细分为真溶液型、胶体溶液型、乳剂和混悬剂四个大类。不同类别的液体在配液岗位的工艺流程、操作方法、生产设备均有所不同，处方组成亦有极显著的差别。真溶液型液体配液以溶解为主，在配液罐中进行，加热或搅拌以加速溶解过程。为稳定制剂，常加入增溶剂、抗氧剂、防腐剂，如为口服液体还会加入矫味剂、着色剂等附加剂。乳剂的配液实质上是一个液体的分散过程，需要分散效率较高的乳匀机或胶体磨等设备才能实现，由于分散后形成的粗分散体不稳定，故除可能添加抗氧剂、防腐剂、矫味剂及着色剂外，还必须添加乳化剂。混悬液的配制与乳剂相似，也是一个分散过程，区别在于混悬液被分散的部分是固体。同理，为保证分散后形成的粗分散体稳定，常常需要加入助悬剂、絮凝剂、润湿剂等。

（二）配液岗位职责

在实际生产中，液体的配制与过滤常常是在同一个工作环境中完成的。配液岗位人员的职责是配制浓度、澄明度合格的液体，并将合格液体输送到灌封岗位进行灌装。如果是制备乳剂或混悬剂，则要求配制的中间体不仅浓度合格，还要求其分散微粒的粒度、均匀度检查也合格。

（三）配液方法

1. 溶解法。药物的溶解有浓配与稀配两种工艺。

（1）浓配法：浓配法是指将物料溶解于少量溶剂中，溶解后进行过滤，在滤液中加入足量的溶剂稀释到需要浓度，再进行过滤，至澄清度检查合格的操作过程。这种方法在溶解时常采用加温、搅拌或将物料预先进行粉碎处理等方法以加速溶解，同时可加入活性炭或滑石粉、蛋清等吸附剂、助滤剂，能有效地清除因原料纯度不高而产生的杂质，或者在高浓度条件下，溶解度较小的杂质不易溶解，在过滤中更容易除去。配液过程中经过两次分级过滤，能更有效地提高过滤速度与滤液质量。

（2）稀配法：稀配法操作通常是将物料投入配制量80％的溶剂中搅拌溶解，再加溶剂至规定体积，过滤得到浓度与澄明度合格药液的操作过程。稀配法适用于质量好、杂质少的原料制备溶液，配液过程中也可能根据实际需要加热、搅拌以加速溶解。

2．分散法。分散法可用于亲水性高分子溶液与混悬剂的制备。制备亲水性高分子溶液的过程与溶解过程相似，但因高分子特殊结构的影响，其溶解过程常常比较慢，或者因水化膜的阻滞作用，使分子不能完全扩散到分散媒中而影响溶解质量。为此，制备高分子胶体溶液时须先将高分子物质用少量水浸泡，使其充分吸水、膨胀，完成“溶胀”后再加热，可搅拌使其完全溶解，从而有效地提高溶解速度和溶解质量。

用分散法制备混合液，其原理是通过设备的作用使机械能转化为表面自由能，从而使粒径较粗的物料分散成粒度符合混合剂质量要求的状态，并在分散媒中保证均匀分散。为避免微粒因表面自由能所导致的“饱和”影响分散效果，在操作中常将物料与一定量的分散媒及助悬剂混合进行研磨，可提高分散效率，使混悬微粒更加细腻、均匀。

3．凝聚法。凝聚法用于制备溶胶剂与混悬剂。操作过程是将两种含有物料的澄明的液体混合，使药物发生化学反应生成不溶性的微粒，或因溶媒变化改变了药物的溶解度而析出药物微粒。由于药物的析晶过程受到液体浓度、温度、搅拌速度等因素的影响，故在工艺中通过温度、混合速度、搅拌速度与时间等工艺参数的控制，使凝聚析出的晶体符合溶胶剂或混悬剂的粒径要求，即可制成相应的液体制剂。

4．乳化法。乳化法用于乳剂的制备。操作中须将两种不相混溶的液体与乳化剂共同研磨，使机械能转化为表面能，而使一种液体以微小的液滴形式分散于另一种液体中形成乳剂。其工作原理与分散法类似。

（四）常用设备

1．溶解设备。溶解主要在配液罐中进行。配液罐须附带搅拌器、液位计、温度计，最好有视镜以便于观察药物的溶解情况。为方便加热，还须有夹层，可通过蒸汽或导热油进行加热。图3－4所示为液体制剂配液设备。

图3－4 液体制剂配液设备

2．分散设备。分散设备主要有胶体磨、乳匀机等。

3．过滤设备。配制好的原液中有多种杂质，须通过过滤将其除去。过滤是液体制剂生产流程中重要的操作环节，对液体制剂质量有重要影响。常用的过滤设备有板框式压滤机、微孔滤膜滤器、砂滤器及垂熔玻璃滤器等。这些滤器通过屏障滤过、深层滤过或者架桥作用，将不溶性原液中的微粒截留而得到澄明的滤液。不同的滤器所用的滤材不同，滤过的效率与滤液质量也有所差异。

（1）砂滤器：由糠灰、黏土、白陶土、废砂棒等经高温烧结而成。按滤速快慢依次为粗号、中号和细号。这种滤器质量轻、滤速快，适用于黏度高、浓度大的药液粗滤。

（2）钛滤器：是用钛粉加工制备的滤棒或滤板，质量轻、滤速高，常用于脱碳处理，多个滤器并联组装，效率更高。

（3）垂熔玻璃滤器：由中性玻璃烧结而成，型号按滤孔大小予以区分，3 号常用于常压过滤，6 号孔径为 2 μm 以下，可用作无菌过滤。这种滤器稳定性较好，对药液质量影响小，可热压灭菌，但价格高、易破损。

（4）板框式压滤器：由框架与滤材板组装而成。滤过面积大，截留固体量多，经济耐用。

（5）微孔薄膜滤器：由支架与高分子膜组成。滤孔孔径为 0.22～0.8 μm，可适应不同的滤过要求，且孔隙率大、滤程短，故滤过速度快、质量高。

知识拓展

在过滤时，为加快过滤速度，常常需要加压或减压，使滤器两侧的压力差增加，主要使用真空泵。但泵的启动与停机瞬间常出现压力波动而可能导致微粒泄漏，故对澄明度要求较高的注射剂、输液等，通常将药液泵入高位罐，以液体自身的静压力为动力，再次过滤后进行灌装。各种滤器与泵的连接及与高位罐的配合使用，构成了各种滤过装置。

（五）质量控制

1．浓度控制。配制得到的原液浓度须经浓度检查合格、QA 签字放行后才能进行过滤。影响浓度准确性的因素主要是投料量。工艺设计时为保证物料平衡，需要考虑损耗及原料含量等因素的影响。同时，为保证制剂使用剂量的准确性，在每一个小包装中，要根据药液的性质适当增加灌装量（表 3－2），从而使实际的配液量大于理论配液量。

表 3－2　注射液装量增加量

标示装量/mL	增加量	
	易流动液体/mL	黏稠液/mL
0.5	0.10	0.12
1	0.10	0.15
2	0.15	0.25
5	0.30	0.50
10	0.50	0.70
20	0.60	0.90
50	1.0	1.5

原料的实际投料量＝实际配液浓度×实际配液体积÷原料实际含量

实际配液浓度＝指定配液浓度×成品标示量的百分数

实际配液量＝指定灌装量＋规定的增灌量＋损耗量

其中，指定配液浓度和指定灌装量均在生产指令中，以制剂规格的形式呈现；成品标示量的百分数是药品标准中规定制剂浓度允许偏离的范围；损耗量常以损耗率的形式呈现，则

损耗量＝(指定灌装量＋规定的增灌量)×损耗率

其中，损耗率是企业进行绩效管理的重要经济指标。

2. 澄明度控制。药液经滤过后，须进行澄明度检查，合格后才能放行到下一岗位进行灌装。澄明度检查结果反映的是过滤过程的设备性能状况与操作规程执行的质量，最终可形成“返工率”的高低而成为绩效管理的参照指标。

3. 其他检测指标控制。根据生产指令的要求，配制的药液可能还要对其 pH 值、色泽等项目进行检查。

4. 工艺参数控制。配液过程中影响质量的工艺参数包括配液温度、pH 值、搅拌时间、过滤时的压力等。这些因素经工艺确认后形成生产操作规程，必须严格执行。

四、 问题与思考

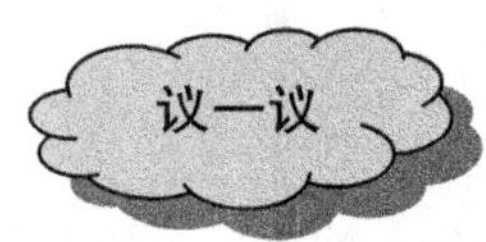

配液时常常需要加入各种附加剂，如抗氧剂、防腐剂、增溶剂等。这些附加剂应如何加入？

项目十六　液体灌封

一、 学习内容与要求

通过学习，掌握液体制剂的灌装操作方法，并能有效控制灌装量。

二、 实践操作

1. 条件准备。经检查，生产环境与生产设备均处于正常状态，可以放行进入灌装操作流程的液体制剂灌装室；按生产指令要求可以放行进入灌装程序的中间体；已经完成清洗、干燥、灭菌，经检查合格并准予放行灌装的液体包装材料（含安瓿、胶塞、铝盖）；装量检查用干燥注射器。

2. 操作要点。按进入灌装操作程序前检查的要求核查并确认相关标识与相关文件→根据生产指令调整灌装机的灌装量→试机、调整至灌装量完全合格→开机灌装→定期检查装量，随时检查封口情况至灌装结束→填写生产记录→将物料送达中间体站→清场。

3. 注意事项。

(1) 灌装前检查，要求工作间相对湿度、温度、压力差等参数符合 B 级洁净室要求，灌封设备标识为绿色“正常”牌，操作间标识为绿色“运行中”。生产文件除生产指令与生产记录外，须有 QA 签字放行单及相关项目的中间体检验合格证副本。

(2) 灌封操作中，随时检查安瓿外观质量及其清洁度，随时检查封口的牢固性，定期检查装量。

(3) 随时观察传送带的送瓶情况，随时整理，及时调整灌装速度。

(4) 配液后检查合格的药液，须及时灌装、灭菌，通常要求在 4 h 内完成。

扫一扫　看生产记录册

扫一扫　看附录

三、 原理知识

(一) 灌封岗位职责

灌封岗位的工作任务是按生产指令的要求，将合格的药液灌装到清洗合格的药品包装材料内并进行封口。灌装操作人员对灌装后产品的装量、澄明度等质量指标负责，并有责任控制灌装的损耗率，防止发生混淆与差错等质量事故。

(二) 灌封常用设备

根据生产的品种不同，灌封设备有安瓿拉丝灌封机（图 3 - 5），安瓿洗、烘、灌、封联动生产线及输液灌装机、盖膜机、盖塞机、翻塞机、轧盖机等，输液塑料瓶生产线则将制瓶、灌装、封口 3 道工序在一台机器上完成。

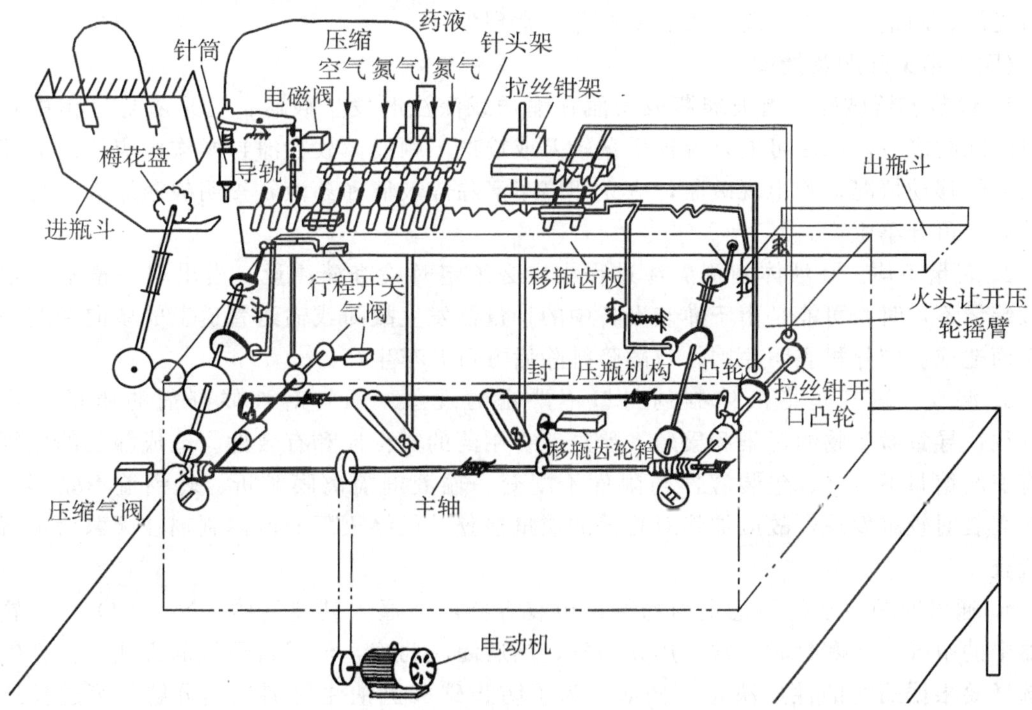

图 3 - 5　安瓿拉丝灌封机结构示意

（三）灌封质量要求

1. 对工作环境的要求。药品可分为非无菌药品与无菌药品，两类药品对生产区域洁净度的要求不同。非无菌制剂包括口服制剂、皮肤和黏膜外用的液体制剂，如口服液、糖浆剂、滴耳剂、滴鼻剂、洗剂、搽剂等。无菌液体制剂通常包括安瓿剂、输液剂、供角膜创伤或手术用滴眼剂、眼用注射剂等。除根据剂型及是否最终灭菌等因素划分洁净室标准外，对洁净度的要求还与装量多少有关。

2. 对灌装物料的要求。可以进入灌装工序的待装物料主要是安瓿和药液。这些物料须经中间体检验合格，并有 QA 的放行标识才能进入灌装程序。在生产文件中须附有中间体检验报告副本及 QA 放行签字。

3. 对操作过程的要求。操作中主要是对设备运行状况进行监测，并按操作规程随时或定期进行相关项目的检查。由于灌封岗位对生产环境洁净度要求较高，且生产人员对洁净室的质量有明显影响，故操作过程中应严格限制进入灌封室的工作人员数量。

4. 对灌封所得产品的要求。灌装后的产品通常在灌装操作过程中就随时或定期检查装量、澄明度及封口质量。①装量检查定期进行：随机抽取 3～5 支灌装好的安瓿，用干燥注射器抽取药液，不得有 1 支低于标示装量。②澄明度检查随时进行，主要是通过肉眼观察产品的外观是否有可见性异物，如发现异物须停止灌装，待查明原因并进行妥善处理，接到放行指令时才能重新灌装。③封口质量随时进行检查，主要是检查轧盖机的工作状态，方法是取有轧口的产品，用手捏紧瓶口旋转，如发现瓶口松动，表明封口异常，须停机进行调整。如果是用玻璃安瓿通过熔融拉丝方法封口的产品，则须检查安瓿的封口处是否光滑、圆整，是否出现变黑、变黄等异常现象。

（四）常见问题及处理

1. 包装容器破碎。指玻璃瓶或安瓿在输送或灌注时发生破碎，这是灌封过程中较为常见的问题之一，原因可能是容器质量较差或输送不顺畅。故在灌封操作中应注意玻璃瓶或安瓿的移动情况，若出现破瓶，应立即停车清除碎玻璃和药液，查明破瓶原因，将故障排除后方可开车生产。

2. 装量不均。在液体制剂灌注过程中，必须定时检查灌注量。当出现装量不稳定而导致装量不均时，可能是由于灌装设备中的计量器发生故障或输送管道上的单向活塞关闭不全而造成。应停机查明原因，将故障排除后方可开车生产。

3. 漏气。漏气是指液体制剂封口不严密的现象。漏气对液体制剂的质量影响极大，往往导致微生物的污染和繁殖，严重危害用药的安全性和有效性。造成漏气的原因主要有安瓿熔封不合格、包装容器与附件不配套、输液剂隔离膜皱折、轧铝盖不紧等。漏气在灌装时较难发现，故应加强对轧盖的质量检查，最终灭菌的液体制剂在灭菌后进行漏气检查。

4. 通气问题。某些不稳定的药物，包装容器内须通入其他气体（N_2、CO_2）以置换容器中的空气，如灌封时，常采用先通气，然后灌注药液，最后再通气的方法。惰性气体的选择要根据药物的性质决定。例如，为了防止碳酸氢钠注射剂受热分解，可选择通入 CO_2；对于一些碱性药物或钙制剂，则不能使用 CO_2。

5. 安瓿灌封问题。

（1）冲液：冲液是指在灌注药液过程中，药液从安瓿内冲溅到瓶颈上方或冲出瓶外的现象，会造成药液浪费、污染设备、灌液量不准、封口焦头、封口不严及瓶口破裂等问题。解决方法：①将注液针头出口端制成三角形开口、中间并拢的“梅花形”针端，使药液注入时，沿瓶身下流，不直冲瓶底，减弱液体注入瓶底的反冲力。②调节注液针头进入安瓿的最佳位置。③改进使针头托架运动的凸轮轮廓，加长针头吸液和注液的行程，缩短非注液时的空行程，确保针头出液先急后缓。

（2）束液不好：束液是指药液灌注结束时，针尖上不得留挂液滴的现象。若束液不好，则液滴易沾湿安瓿颈，既影响注射剂的容量，又会出现焦头、封口不严及瓶口破裂等问题。解决方法：①改进灌液凸轮的轮廓，使其在注液结束时返回行程缩短，速度快。②使用有毛细孔的单向玻璃阀，使注液结束后对针筒的药液有倒吸作用。③在贮液瓶和针筒连接的导管上夹一只螺钉夹，控制束液。

（3）封口质量：安瓿封口应严密、不漏气，颈端应圆整、光滑，无尖头和泡头。常见不合格的封头有：①焦头。产生焦头的原因是产生冲液和束液不好、针头不正，碰到安瓿内壁、瓶口粗细不匀，碰到针头、灌注与针头行程未配合好、针头升降不灵、火焰进入安瓿内等。解决方法：调换针筒或针头，选用合格的安瓿，调整、修理针头升降机构，强化操作规程等。②泡头。泡头的原因是火焰太大而使药液挥发、预热火焰太高、主火头摆动角度不当、压瓶滚轮松动、安瓿未压住并上爬、钳子太低造成钳去的玻璃太多等。解决方法：调小火焰、调高钳子、适当调低火头位置、调整火头摆动角度为1°～2°。③瘪头。瘪头的原因是瓶口有水迹或药迹，拉丝后因瓶口液体挥发、压力减小，外界压力大而瓶口倒吸形成平头等。解决方法：调节针头位置和大小，不使药液外冲；调节退火火焰，不使已圆口的瓶口重熔等。④尖头。尖头的原因是预热火焰、加热火焰太大，使拉丝时丝头过长；火焰喷嘴离瓶口过远，使加热温度太低；压缩空气压力过大，使火力过急，以致温度低于玻璃软化点等。解决方法：调小煤气量、调节中层火头；对准瓶口，离瓶3～4 mm；调小空气量等。

四、问题与思考

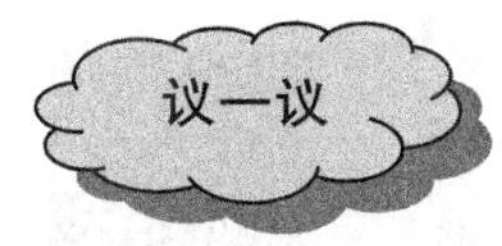

安瓿剂灌封后进行澄明度检查，结果如表3－3所示。该产品是否可以进行贴标和外包，为什么？应如何进行纠正和预防？

表3－3 澄明度检查统计

玻屑/支	装量不足/支	漏液/支	色点、块/支	其他异物/支
0	10	0	100	20
灯检总数/支	不合格品总数/支	合格品总数/支	灯检开始时间	灯检结束时间
10 000	130	9 870	10:30	14:30

项目十七　灭　菌

任务一　热压灭菌

一、 学习内容与要求

1. 通过对口服液灭菌的实践操作，掌握热压灭菌操作的技术要点。

2. 熟悉热压灭菌的质量控制要点。

二、 实践操作

1. 条件准备。一般生产区、待灭菌口服液、热压灭菌检漏器、操作人员、色水。

2. 操作要点。①审核生产指令，核对待灭菌物品的名称、规格、批号、数量、物料状态等，应准确无误。及时灭菌，不得延误。②检查操作间是否有清场合格证，并在有效期内；检查热压灭菌设备是否完好，是否有“合格”标牌、“已清洁”标牌；检查水、电、汽供应情况。③在生产操作前，将生产状态标识“生产中”挂于显眼位置，同时要将设备的“完好备用”标识取下，改悬挂“正常使用”标识。④打开电源开关，打开进蒸汽阀、供水阀。⑤放入待灭菌产品（药物装锅要倒置），按药品生产工艺要求设定工作参数后关门。⑥按“启动”键，设备运行。⑦在温度上升的同时开启排放截止阀，使室内冷空气及冷凝水排放出来，加快使室内温度均匀，排放 2～3 min 后，关闭截止阀。⑧灭菌结束后，关闭进汽阀、供水阀。⑨将灭菌物品用冷水喷淋使温度降低，然后抽真空，再喷入有色液体，进行检漏。⑩切断电源。打开排泄管上的手动球阀，接通排泄管路，排泄室内蒸汽和水，待灭菌室内温度低于 60 ℃、压力降至零，打开柜门，戴上手套拉出内车，取出灭菌产品。

3. 质量控制。

(1) 安全性：严格执行设备安全操作规程，防止安全事故发生；注意选择适当的灭菌操作条件，以最大限度降低爆瓶率，提高成品率。

(2) 灭菌度：确认关键参数如灭菌温度和时间符合工艺规程要求标准，以保证灭菌效果。

扫一扫　看生产记录册

(3) 药品含量：设定灭菌条件，必须考虑药品的稳定性。

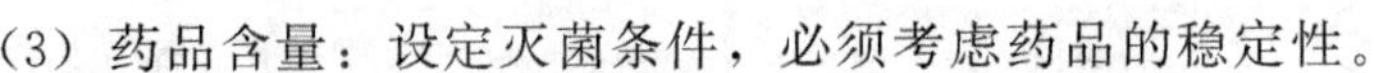

三、 原理知识

（一）热压灭菌的原理

热压灭菌是指用高压饱和水蒸气加热杀死微生物的方法。因微生物在湿热的环境中，其一些重要的蛋白发生变性和凝固，导致其死亡，从而达到灭菌的目的。较之干热灭菌，在湿热的条件下，微生物可在相对较低的温度下被杀死。该法具有很强的灭菌效果，灭菌可靠，能杀灭所有细菌繁殖体和芽孢，适合耐高温和高压蒸汽的所有药物制剂、玻璃容器、金属容器、瓷器、橡胶塞、滤膜、过滤器等。

热压灭菌器为高压设备，操作人员必须持“高压设备操作证”上岗。

（二）常用的热压灭菌器

热压灭菌设备主要有两种类型：一是以蒸汽为灭菌介质的灭菌柜，如卧式热压灭菌器（图3－6）、快速冷却式热压灭菌柜（图3－7）；二是以过热水为介质的喷淋式灭菌柜（图3－8）。

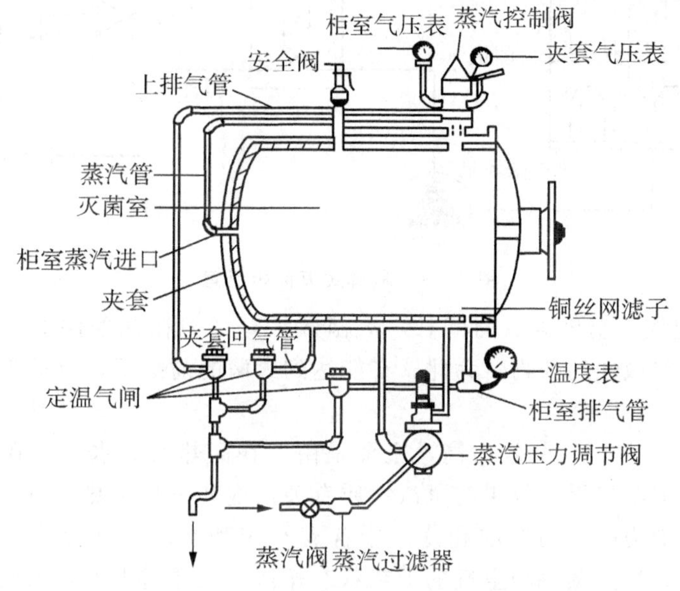

图3－6　卧式热压灭菌器示意

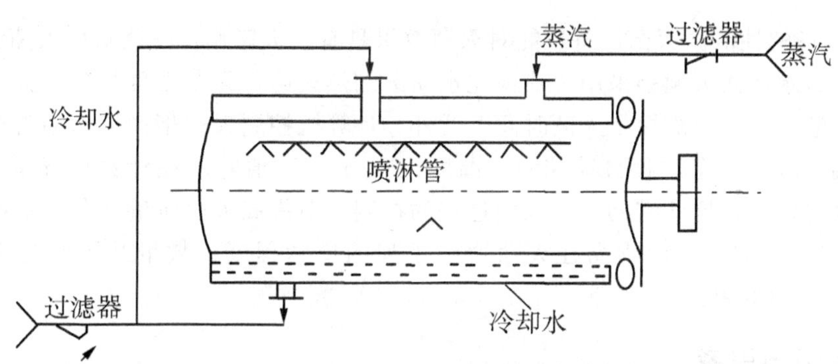

图3－7　快速冷却式热压灭菌柜示意

在一般情况下，热压灭菌所需的温度（蒸汽比表压）与时间的关系为：115 ℃（67 kPa）30 min；121 ℃（97 kPa）20 min；126 ℃（139 kPa）15 min。在特殊情况下，可以通过实验确认适合的灭菌时间。

（三）影响湿热灭菌的因素

1. 微生物的种类与数量。各种微生物对热的抵抗力相差很大，同一种微生物处于不同发育阶段，所需灭菌的温度与时间也不相同。繁殖期的微生物对高温比衰老期的抵抗力小得多，细菌芽孢的耐热性最强。

2. 介质的性质。药液中若含有营养性物质如糖类、蛋白质等，对微生物可能有一定的保护作用，能增强其抗热性。此外，药液的 pH 值对微生物的活性也有影响。一般微生物在中性溶液中耐热性最大，在碱性溶液中次之，酸性溶液最不利于微生物的发育生长。所以，pH 值较低的注射液，用流通蒸汽灭菌即可。

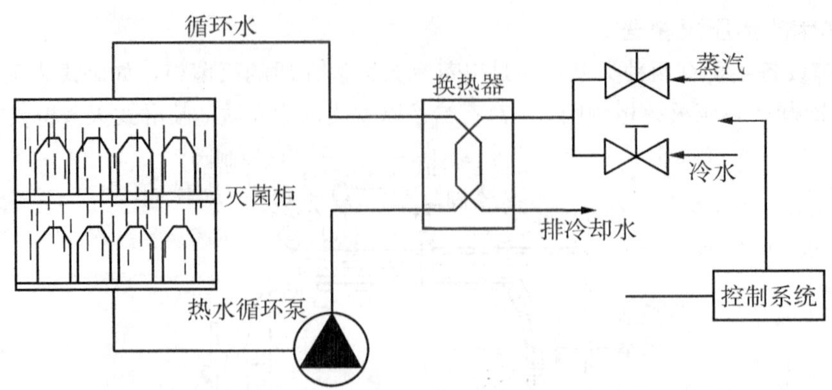

图 3－8　喷淋式灭菌柜示意

3. 药物的稳定性。温度高、时间长，灭菌效果好，但在此条件下，药物化学反应速度加快，尤其是对热敏性的药物。为此，在能达到灭菌的前提下，可适当降低温度和缩短灭菌时间。

4. 蒸汽的性质。湿热灭菌效力高，主要是由于在高热时有水分存在，能加速对菌体内蛋白质的凝固。但湿热灭菌效果与蒸汽性质有关，饱和蒸汽中热含量高、潜热大，热穿透力亦较大，灭菌效力高。而湿饱和蒸汽中含有雾沫和水滴，其含热量较低，穿透力较差，灭菌效力较低。过热蒸汽与空气的干热状态相似，其穿透力差，因此灭菌效力不及饱和水蒸气。

5. 灭菌设备的性能。灭菌设备性能对灭菌效果具有较大影响，一些新型灭菌设备如水浴式灭菌柜、回转水浴式灭菌柜采用过热纯化水喷淋加热灭菌，灭菌温度均匀，尤其是回转水浴式灭菌柜药液传热快，缩短了灭菌时间。此外，计算机控制灭菌柜循环水通过热交换器加热升温、恒温、冷却，全过程自动控制，温度、压力、F_0 值等均在计算机屏幕上显示，灭菌参数可自动打印等，这些有助于对灭菌过程的控制，对提高灭菌质量具有重要意义。

6. 其他因素。如被灭菌物品在灭菌器内排列的松紧程度、数量及操作是否得当等因素，也能影响灭菌效果。

四、问题与思考

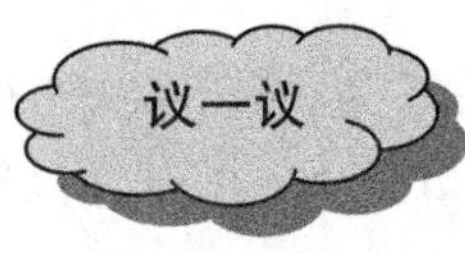

1. 2006 年震惊全国的“欣弗事件”是什么原因导致的？
2. 如果灭菌效果达不到工艺规程规定的要求会有什么风险？如果灭菌强度超过工艺规程规定的要求，又会有何风险？
3. 为什么正在灭菌的时候不能打开柜门？
4. 为什么从灭菌柜中出来的药品要用水冲洗？

任务二　干热空气灭菌

一、学习内容与要求

1. 掌握干热空气灭菌操作的技术要点。
2. 熟悉干热灭菌的原理，了解常用的干热空气灭菌设备。

二、 实践操作

1. 条件准备。一般生产区、待灭菌安瓿、隧道式层流干燥灭菌机。

2. 操作要点：①检查操作间是否有清场合格证，并在有效期内。②检查灭菌设备是否完好，是否有“合格”标牌、“已清洁”标牌。③打开总电源，依次打开灭菌段、预热段、保温段、风机及网带电源开关。④顺时针方向旋转触摸屏上的红色电源开关，触摸屏显示初始画面。触摸“参数”键，进入参数设定状态。触摸“手动”键，根据工艺要求设定好各段的工作温度（预热段 250 ℃，灭菌段 350 ℃，保温段 180 ℃，冷却段 35 ℃）。各种参数设定好后，触摸“返回”键回到初始画面，再触摸“自动”键，设备进入自动运行状态，进口风机、冷却风机、排风机同时打开。⑤调节好进瓶口压差 150～250 MPa、加热段两端无压差、冷却段压差 100～150 MPa。预热段、灭菌段、保温段开关开启，设备开始进行加热升温。扭动电流转换开关，检查各段的电流是否均匀（检查加热管是否完好及工作情况）。达到灭菌温度后（工艺要求的设定值），网带开关开启，开始送瓶。⑥网带的速度可依照变频器说明书进行调整（最高频率 50 Hz）。⑦生产结束即尾瓶全部进入无菌分装岗位后，依次关闭预热段开关、灭菌段开关、保温段开关，进行降温处理。当灭菌段温度降至 250 ℃以下时，关闭网带开关。温度降到 120 ℃以下，可关闭进风开关、排风开关。最后按下红色电源开关，切断总电源。

3. 质量控制。灭菌温度和时间应符合工艺规程要求标准。

三、 原理知识

（一）干热空气灭菌的原理

干热空气灭菌法是指用高温干热空气灭菌的方法，通过高温使微生物的蛋白质凝固变性而达到灭菌的目的。在干热状态下，由于热穿透力较差，微生物的耐热性较强，必须长时间受高温的作用才能达到灭菌目的。因此，干热空气灭菌法采用的温度一般比湿热灭菌法高。为了保证灭菌效果，通常采用的灭菌温度与相应时间为 160～170 ℃灭菌 120 min 以上、170～180 ℃灭菌 60 min 以上或 250 ℃灭菌 45 min 以上。

（二）常用的干热灭菌器

常用的干热灭菌器有烘箱、干热灭菌柜、隧道灭菌系统等，主要用于玻璃容器、耐高温器具的干燥、灭菌。非水性物质、极黏稠液体或易被湿热破坏的药物，如油类、软膏基质或粉末等需要灭菌，也常用本法。

干热灭菌器的工作原理是通过高温的干热空气杀灭微生物。热层流式干热机能将高温的热空气经空气过滤器过滤，获得洁净度为 100 级的空气，以保证已经经过清洗的容器不被污染，主要用于注射剂联动生产线上，如图 3－9 所示。

在联动生产线上的灭菌机按其功能可分为彼此独立的 3 个组成部分：预热区、高温灭菌区与冷却区（图 3－10）。灭菌器的前端与洗瓶机相连，后端设在无菌作业区。控制温度在 0～350 ℃内任意设定，并有控制温度达不到设定温度时停止网带运转的功能，能可靠地保证安瓿在设定温度时通过干燥灭菌机。前、后层流箱及高温灭菌箱均为独立的空气净化系统，能有效保证进入隧道的安瓿始终处于 100 级空气的保护下。机器内压力高于外界大气压 5 Pa，使外界空气不能侵入。整个过程均在密闭情况下进行。

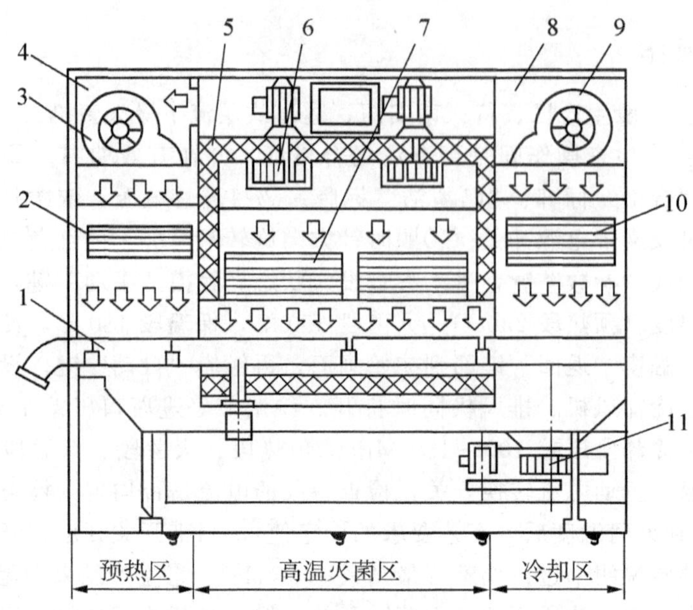

图 3－9　热层流式干热灭菌柜

1. 传送带；2. 空气高效过滤器；3. 前层流风机；4. 前层流箱；5. 高温灭菌箱；6. 热风机；7. 热空气高效过滤器；8. 后层流箱；9. 后层流风机；10. 空气高效过滤器；11. 排风机

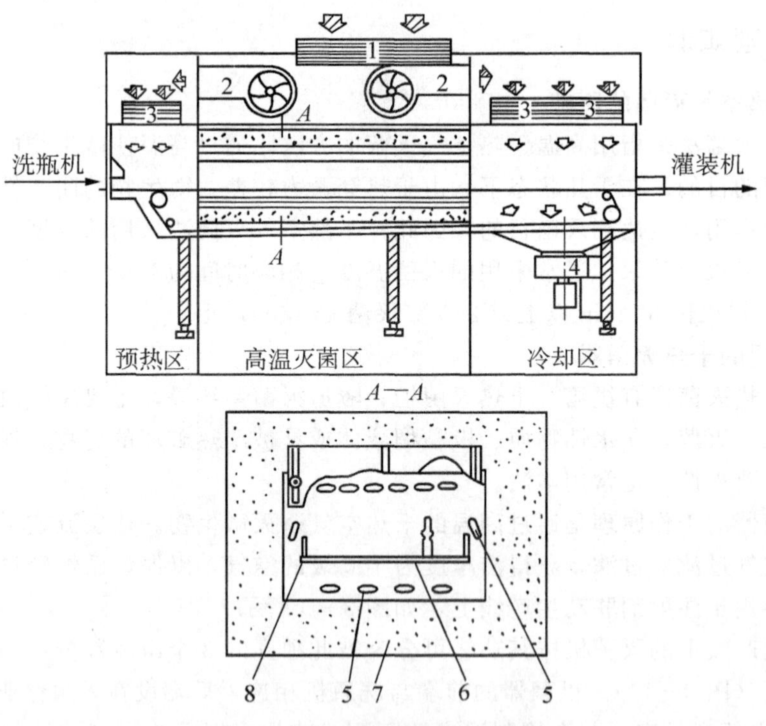

图 3－10　电热隧道灭菌烘箱

1. 中效过滤器；2. 送风机；3. 高效过滤器；4. 排风机；5. 电热管；6. 水平网带；7. 隔热材料；8. 竖直网带

四、问题与思考

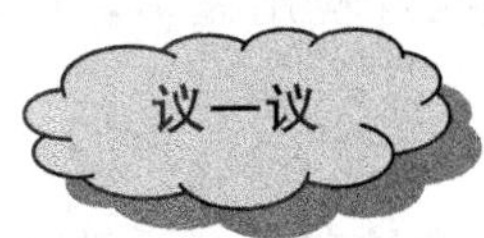

1. 橡胶、塑料等物品可否用于热空气灭菌？
2. 干热空气灭菌操作的注意事项有哪些？

任务三　空气灭菌

一、学习内容与要求

1. 掌握臭氧空气灭菌、紫外线灯照射空气灭菌、空气熏蒸灭菌的操作要点。
2. 了解各种灭菌方法的原理。

二、实践操作

(一) 臭氧空气灭菌

1. 条件准备。D级（或D级以上）的洁净室、臭氧发生器。

2. 操作要点。①臭氧灭菌操作之前，确保生产人员全部离开洁净区，保证生产人员安全。②洁净区空气臭氧灭菌操作前，空气调节（HVAC）系统操作人员必须先关闭洁净区局部外排风口，将组合空调器调至“值班”状态，调整新风进口保持10%的进风量，使HVAC系统与洁净区形成内循环状态。③在HVAC系统处于“值班”状态下，检查洁净压缩空气气源，确认气压、通气量等参数符合要求，接通臭氧发生器控制柜电源，电源指示灯（红）亮，电压表显示电源电压，机器进入准备工作状态。④按下启动按钮（绿），工作指示灯（绿）亮，电源指示灯（红）灭，测定回风总管内臭氧浓度达到10×10^{-6}～15×10^{-6}，开始计时60 min，定时器开始计时（通入臭氧时间是根据《洁净区空气灭菌验证报告》中规定的时间设定的），电流表显示工作电流，机器已进入正常工作。⑤机器工作至预定时间（消毒灭菌结束），自动停机。此时工作指示灯（绿）灭，电源指示灯（红）亮，机器恢复准备工作状态。⑥关闭臭氧发生器控制柜电源及洁净区压缩空气气源。⑦操作人员如实填写记录。

3. 质量控制。应湿度适当。臭氧的灭菌效果在湿度为70%～80%的条件下最理想，在湿度低于45%时较差，使用中应注意在环境中适当增加湿度。

按照卫生部消毒技术规范的要求，对空气消毒的臭氧浓度是5×10^{-6}，但事实上，洁净区的消毒不仅是对空气的消毒，实际上还包括了对物体表面的消毒，所以，设计时的浓度一般应大于10×10^{-6}。每天上班前开机器1～2 h，下班后开机器1 h，就可以保证一天内洁净区内的浮游菌和沉降菌达到GMP的要求。

(二) 紫外线灯照射空气灭菌

1. 条件准备。D级（或D级以上）的洁净室、紫外线灯。

2. 操作要点。①紫外线灯灭菌操作之前，确保生产人员全部离开洁净区，保证人员安全。②每天工作前开紫外线灯 20 min 照射，开启紫外线灯时工作人员不得入内，以免灼伤眼睛及皮肤。③关灯 10 min 后方可进入工作间工作。④紫外线灯使用完毕，填写洁净室空气灭菌操作记录。

3. 质量控制。

（1）遇到特殊情况，紫外线灯照射时间可延长至 30 min（如每逢星期一，照射时间可延长）。

（2）对较易染菌的操作部位或较易染菌的物料，在操作前 4 h 内紫外线灯照射 30 min。

知识拓展

紫外线灯灯管表面的灰尘和油垢会阻碍紫外线的穿透，使用中应注意灯管的擦拭与保洁。新灯管使用前，可先用75%乙醇棉球擦拭。使用过程中一般每2周擦拭一次。发现灯管表面有灰尘、油污时，应随时擦拭，保持灯管的洁净和透明，以免影响紫外线的穿透及辐射强度。

（三）洁净区空气熏蒸灭菌

1. 甲醛溶液熏蒸。

（1）条件准备：D 级（或 D 级以上）的洁净室、40%的甲醛溶液（30 mL/m³）、25%氨水（9 mL/m³）。

（2）操作要点：①按卫生清洗规程做好卫生。②风机运行 2 h 以上，确保生产人员全部离开洁净区，保证生产人员安全。将进入洁净区一更门锁上，并挂上“消毒”状态标识。③切断洁净区内电源。关闭空调系统，打开风柜门。④采用蒸汽加热夹层锅，使液态甲醛汽化成蒸气，经蒸气出口送入总进风道，由鼓风机吹入无菌室，连续 3 h 后，密闭熏蒸 12～24 h。⑤密熏完毕后将 25%氨水（9 mL/m³）从总风道送入无菌室约 15 min，以吸收甲醛蒸气；开启总出风口排风，并通入经处理过的无菌空气直到室内无甲醛为止。⑥灭菌完毕，填写洁净室空气灭菌操作记录。

（3）质量控制。湿度应保持 60%以上，室温应保持 25 ℃以上，以免低温导致甲醛蒸气聚合附于冷表面，从而降低空气中的甲醛浓度，影响灭菌效果。

2. 乳酸（丙二醇或过氧乙酸）熏蒸。

（1）条件准备：D 级（或 D 级以上）的洁净室、乳酸（1～1.5 mL/m³）、丙二醇（1 mL/m³）或过氧乙酸（1 g/m³）。

（2）操作要点：①按卫生清洗规程做好卫生。②风机运行 2 h 以上，确保生产人员全部离开洁净区，保证生产人员安全。将进入洁净区一更门锁上，并挂上“消毒”状态标识。③切断洁净区内电源，关闭空调系统，打开风柜门。④采用蒸汽加热夹层锅，使液态乳酸（丙二醇或过氧乙酸）汽化成蒸气，经蒸气出口送入总进风道，由鼓风机吹入无菌室，连续 3 h 后，密闭熏蒸 12～24 h。⑤灭菌完毕，填写洁净室空气灭菌操作记录。

（3）质量控制：消毒时最适宜的相对湿度为 60%～80%，低于 60%时效果下降。

三、 原理知识

（一）空气灭菌的意义

通过采用物理或化学的方法进行空气灭菌，将所有致病和非致病的微生物、细菌的芽孢全部杀死，使洁净室达到一定的洁净度，以满足制备各类药剂的需要。

（二）空气灭菌的方法及原理

常用空气灭菌的方法主要有臭氧消毒法、紫外线灭菌法、甲醛（乳酸、丙二醇、过氧乙酸）熏蒸法。

1. 臭氧消毒法。臭氧是一种强氧化剂，臭氧氧化分解了细菌体内的葡萄糖氧化酶；直接与细菌、病毒作用，破坏其细胞壁的DNA和RNA，分解蛋白质、脂质类及多糖等大分子物质，使细菌的物质代谢和生长、繁殖遭到破坏；渗透细胞膜组织，侵入细胞膜内作用于外膜脂蛋白内部的脂多糖，使细胞发生通透性畸变而导致细胞变性死亡。

通过在洁净室内安装臭氧发生器，即可配合紫外线灯共同或交替完成洁净室的空气灭菌。此外，此种方法亦可用于物体表面、生产用具设备的灭菌。

2. 紫外线灭菌法。该方法是通过紫外线作用于细胞DNA，使DNA链上相邻的嘧啶碱形成嘧啶二聚体（如胸腺嘧啶二聚体），抑制了DNA复制，同时使空气中产生微量臭氧而达到灭菌目的的一种物理灭菌法。波长在220～300 nm的紫外线称为“杀生命区”，其中以260 nm的杀菌力最强。

紫外线的灭菌效果受以下因素影响：①辐射强度：紫外线为直线传播，其强度与距离平方成比例地减弱，一般在6～15 m^3 的空间可装置30 W紫外灯一只，灯距地面距离以1.8～2.0 m为宜。②微生物对紫外线的敏感性：微生物种类不同，对紫外线的耐受性不同。紫外线对酵母菌、真菌的杀菌力较弱。③温度和湿度：空气的湿度过大，紫外线穿透力降低，因而灭菌效果降低。紫外线灭菌以空气的相对湿度在45%～60%较为适宜，温度宜于在10～55 ℃范围。④使用时限：各种规格的紫外线灯都有规定有效使用时限，一般在2 000 h。故每次使用应登记开启时间，并定期进行灭菌效果检查。灭菌效果达不到要求或超过规定有效使用时限时，应更换紫外线灯。⑤照射时间：以照射时间30～60 min为宜。人体照射紫外线时间过久，易产生结膜炎、红斑及皮肤烧灼等现象，因此必须在操作前开启，操作中不宜使用紫外线照射。⑥其他因素：紫外线灯灯管必须保持无尘、无油垢，否则辐射强度将大为降低；空气中的尘粒可吸收紫外线，因而空气洁净度也对紫外线灭菌效果产生影响；普通玻璃可吸收紫外线，故装在玻璃容器中的药物不能用紫外线进行灭菌；紫外线能促使易氧化的药物或油脂等氧化变质，此类药物不宜采用紫外线灭菌。

3. 甲醛熏蒸法。甲醛与真菌、细菌蛋白质结合，可使之变性致死。乳酸能将菌体物质分解以致其各种生物功能受到破坏。而过氧乙酸则具有很强的氧化作用，可将菌体蛋白质氧化而使微生物死亡。

灭菌用的消毒剂必须在层流工作台上用0.22 μm过滤膜过滤后方可使用。

（三）细菌耐药性的预防

为保证灭菌效果，避免长期使用同一种消毒液而产生耐药性，应每月一次用消毒剂进行空气灭菌，且各种消毒剂交替使用。

四、 问题与思考

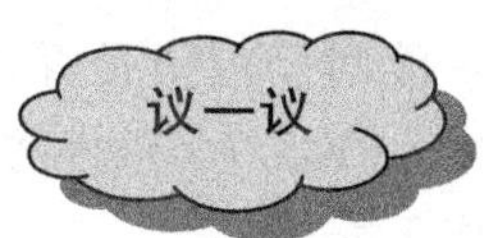

某洁净室，刚刚湿拖地和擦桌面后立即进行紫外线灭菌，灭菌后经平皿暴露法采样检测，比较灭菌前后的菌落数，发现灭菌效果并不理想。试分析原因，应如何处理？除了紫外线灭菌方法外，还可以采取何种方法进行空气灭菌？

项目十八　灯检与外包

任务一　灯　检

一、学习内容与要求

通过实训，掌握口服液和小容量注射剂的灯检方法。

二、实践操作

1. 条件准备。待灯检的口服液（或小容量注射剂）1 000 支，生产场所相关参数、设施与设备相关标识均合格。

2. 操作要点。接收生产指令→按入场操作规程更衣入场→核对生产指令信息→检查生产场所的设备标识是否合格→检查现场相关文件→调试生产设备→执行灯检岗位标准操作法进行灯检→填写生产记录→移交产品到中间站或不合格品区→填写物料交接单→清场→更衣出场。

3. 质量控制。

(1) 灯检设备照度须控制在规定范围，必要时用照度检测仪检测确认。

(2) 用澄明度检测仪进行灯检时，操作者对样品应有足够的观察时间，视线从下往上移动。工作一段时间后应休息片刻，以免因视力疲劳造成误检或漏检。

(3) 发现不合格品应及时剔除并按不合格原因分类放置，以便进行计数和统计分析，为工艺验证与改进提供依据。

扫一扫　看生产记录册

三、原理知识

（一）灯检的含义

口服或外用的真溶液型液体制剂，如果存在肉眼可见异物或沉淀，即使可能对制剂的有效性与安全性无不良影响，但也容易造成患者疑虑。因此，除特别的液体制剂允许有少量沉淀可在药品说明书或标签标注外，一般情况下，企业会将灯检作为企业内部标准而设计相应的生产工序，如药典规定需要进行澄清度检查的制剂则另当别论。

小容量注射剂因使用途径与使用方法上存在一定的安全性风险，故对制剂中是否含有异物或沉淀有特殊的要求。因此，澄明度检查作为中间体放行条件之一而成为小容量注射剂包装前必须全面实施的常规性检测项目，由专职或兼职的灯检操作工完成。

（二）灯检设备

1. 口服液灯检设备。如图 3－11 所示，样品置于设备的轨道上，按一定速度匀速经过具有一定光照强度照射的区域，操作借助设备上的透镜进行观察，即可发现制剂中可能存在的不溶性异物或沉淀而将其剔除。

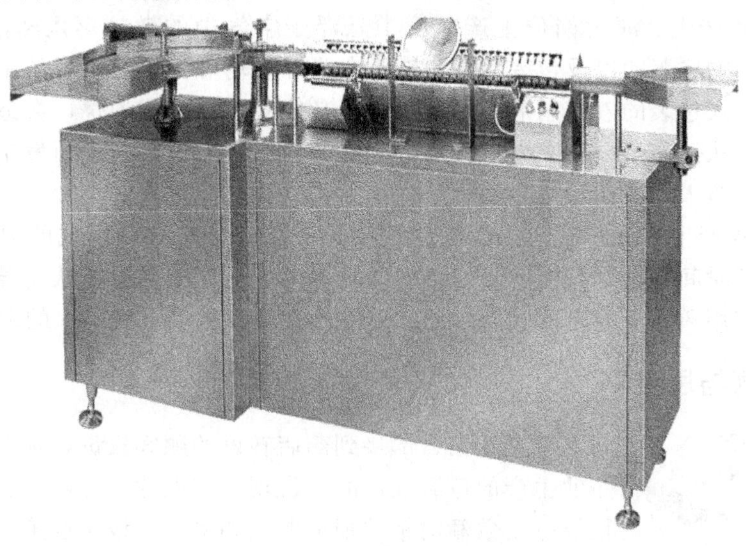

图 3－11　口服液灯检设备

2. 澄明度检测仪。小容量注射剂的灯检设备采用澄明度检测仪（图 3－12）。操作人员在规定照度范围内将样品置于特定背景下，轻轻倒置翻转，由下至上进行观察，从而分拣、剔除含有异物或沉淀的样品。

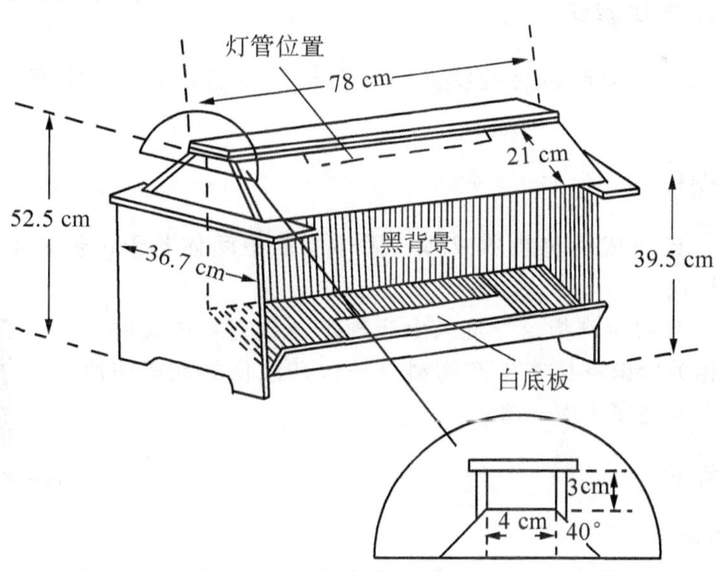

图 3－12　澄明度检测仪

（三）灯检不合格原因分析

样品中含有肉眼可见的异物即可判断为灯检不合格，这些异物包括碎玻片、白点、白块、纤维等。这些异物的来源与以下几个环节密切相关。

1. 过滤操作失效。过滤是控制药液澄明度的关键性工序，主要通过滤材的过筛或吸附作用来实现固液分离。过滤操作过程中，工艺条件控制不当，特别是过滤压力产生波动或压力差过大，容易造成滤渣层松动甚至造成滤膜破损而泄漏，使药液中的固体微粒清除不彻底。

2. 灌封过程产生。灌封岗位生产环境中悬浮于空气中的微粒落入药液中造成污染，或灌装设备的异物脱落，以及包装容器清洁不合格等，均可导致灌封后的中间体灯检不合格。对以熔封方式包装的液体制剂，因熔封过程必须经高温火焰灼烧，会造成黏附于安瓿颈的药液碳化，从而产生异物。因设备运行不协调造成灌注针头与安瓿发生碰撞，也可能使安瓿破碎碎片落入药液而形成异物。

3. 灭菌过程产生。液体制剂灭菌常采用湿热灭菌法，将多种组成的混合液体共置于同一高温环境长时间加温，可能导致一系列的物理反应与化学反应，从而导致不溶性微粒的产生。如果使用质量不稳定的安瓿，还有可能出现安瓿玻璃“脱片”的现象。

四、 问题与思考

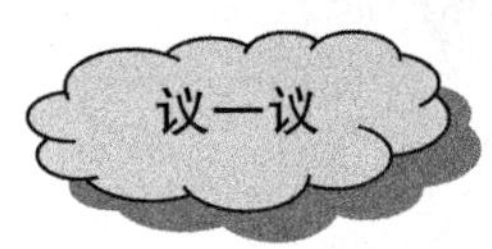

某企业销售部接到药店转诉的顾客投诉，称在此药店购买该企业生产的口服液产品中发现了玻璃片，并要求企业给予物质赔偿及一定数额的精神损失费。如果你是该企业第一个接到此电话信息的员工，你应该怎么做？请详细叙述你处理这一事件的全过程。

任务二　外　包

一、 学习内容与要求

通过制剂外包，了解药包材的特性、分类与包装信息要求，掌握包装人员生产操作规范。

二、 实践操作

1. 条件准备。已完成内包装的液体或固体制剂中间体若干；包装生产场所、设施、设备及相关生产标识。

2. 操作要点。接收生产指令→进入生产现场→核查生产文件→检查现场环境及相关标识→核查生产物料→按包装岗位标准操作法实施包装→办理产品交接入库→清场。

扫一扫　看生产记录册

三、 原理知识

（一） 包装的功能

“包装”指在流通过程中为保护产品、方便储运、促进销售，按一定的技术方法所用的容器、材料和辅助物等的总体名称；也指为达到上述目的在采用容器、材料和辅助物的过程中施加一定技术方法等的操作活动。

包装的作用体现在以下几个方面：

（1）实现商品价值和使用价值，而且是增加商品价值的一种手段。

（2）保护商品，使其免受日晒、风吹、雨淋、灰尘沾染等自然因素导致的侵袭，避免挥发、渗漏、熔化、沾污、碰撞、挤压、散失及盗窃等损失。

（3）给流通环节贮、运、调、销带来方便，如装卸、盘点、码垛、发货、收货、转运、销售计数等。

（二）包装材料

包装材料（主要是指内包材）本身的毒性要小，与所包装的产品不起反应，以免污染产品和影响人体健康；包装材料应无腐蚀性，并具有防虫、防蛀、防鼠、抑制微生物等性能，以保护产品安全；包装材料应对水分、水蒸气、气体、光线、芳香气、异味、热量等具有一定的阻挡作用。

包装材料分类如下：

（1）Ⅰ类药包材：指直接接触药品且直接使用的药品包装用材料、容器。

（2）Ⅱ类药包材：指直接接触药品，但便于清洗，在实际使用过程中，经清洗后需要并可以消毒灭菌的药品包装用材料、容器。

（3）Ⅲ类药包材：指Ⅰ、Ⅱ类以外其他可能直接影响药品质量的药品包装用材料、容器。

（三）外包操作环节及要求

1. 包装材料的领用。车间技术员根据带包装产品的数量计算出本批需要用的各种包材的数量，由技术员开批包装生产指令。包装岗位人员根据批包装指令到包材管理室领用包材，包材管理员与岗位操作人员共同核对品名、规格、批号、数量，并填写包材台账。发放包材数量不是整箱、整卷、整包或整袋时，以包材的最小包装规格发放。

2. 包装材料的退回。整批包装生产结束时，岗位操作人员退回剩余包材，剩余包材应装在带有合格证的袋子中。包材管理员和岗位操作人员一起称重或点数、核对品种后，指定托盘摆放并核对包装材料卡片。再使用前经 QA 人员检查确认后方可发放。称重包材包括塑料瓶、盖、铝箔、PVC、PE 膜、复合膜、烟膜。点数包材包括盒、说明书、签、箱皮、纸托、合格证。

3. 废包材的处理。所有废弃包材由岗位操作人员统计数量后退回包材管理员处，由包材管理员放于不合格品室统一保管，包材的销毁应在质量管理部门的监督下进行。

四、问题与思考

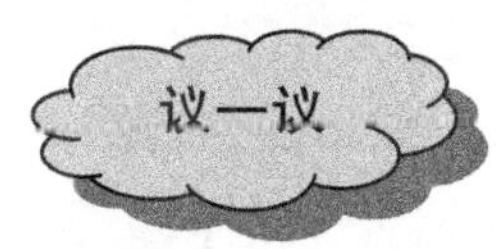

包装岗位操作是否因为技术“含量”低而没有必要进行现场巡查？有什么措施可以防范包装生产中的差错与混淆风险？

扫一扫 看 PPT

（周小雅 杨建德 李雪倩 郭 双）

第四章 中药制剂生产

项目十九 中药提取

任务一 煎煮法提取

一、 学习内容与要求

1. 通过煎煮法提取练习，能规范地运用多功能提取罐进行中药材煎煮提取。
2. 通过煎煮法提取练习，掌握煎煮法提取质量控制要点和生产管理要点。
3. 学会进行正确清场，对提取设备进行正常维护和保养。

二、 实践操作

1. 条件准备。提取车间、多功能提取罐、磅秤、不锈钢桶、生产状态标识牌、合格中药饮片。

2. 操作要点。

（1） 备料。称取加工炮制合格的中药饮片。

（2） 浸泡。将中药饮片置于多功能提取罐中，加适量冷水使浸没药材，浸泡至规定时间（一般浸泡 0.5～1 h）。

（3） 煎煮提取。加热至沸腾，保持微沸浸出至规定时间，分离出煎出液，药渣再加水煎煮，提取 2～3 次。

（4） 合并煎液。合并各次煎出液，稍静置后再滤过，得提取液。

（5） 清场。生产完毕按清场操作规程的要求对生产场所、设备及生产用具进行清洁、清场。

3. 质量控制。

（1） 生产操作中应按工艺规定，控制用水量。

（2） 记录开始煮沸的时间、温度。

(3) 煎煮操作过程中，须严格执行《煎煮岗位操作法》和《煎煮设备标准操作规程》。注意观察设备运转情况，发现温度异常并超出工作要求的参数或出现异常噪声时，应停止操作。

(4) 煎煮完毕时，宜放至一定温度后，再分离煎出液和药渣，避免烫伤。

扫一扫　看生产记录册

扫一扫　看附录

三、 原理知识

中药制剂是在中医理论的指导下，根据药品标准、制剂规范或其他规定的处方，将中药原料药加工制成的具有一定剂型、规格，可以直接用于防病治病的药品。中药制剂原料主要为中药材，品种繁多，成分复杂，这些原料使用前须进行必要的加工处理，如净制、软化、切制、炮制、干燥、粉碎等，使药材的药性、疗效、毒副作用、形状等发生变化，以达到中药制剂所需的质量标准。

净制预处理包括大小分档，除去杂质、虫蛀和霉变品及非药用部位等，主要采用挑选、风选、筛选和水洗等方法。

软化药材的目的是便于切制，主要采用喷淋法、淘洗法、泡法、漂法、润法等。

炮制包括炒、炙、煮、蒸、炖、烊、煨、烫、制霜、制炭、水飞、复制、发酵、发芽、提净等操作。

中药提取是中药制剂生产中基本的单元操作之一，是指利用适当的溶剂和方法，从药材中提取可溶性有效成分的操作过程。中药材中所含成分十分复杂，按作用可分类为：①有效成分，是指能起主要药效的物质。②辅助成分，是指本身没有特殊疗效，但能增强或缓和有效成分作用的物质，或指有利于有效成分的浸出或增加药物制剂稳定性的物质。③无效成分，本身无效甚至是有害成分。④组织物，构成药材细胞或其他不溶性物质等。中药提取应根据处方中原辅料的性质及生产的剂型的要求等，选用适宜的提取方法。常用的提取方法主要有煎煮法、浸渍法、渗漉法、水蒸气蒸馏法、回流提取法等。

煎煮法系指用水为溶剂，将药材加热煮沸一定的时间以提取其所含成分的一种方法。它是应用最早和最常用的一种浸出方法，适用于有效成分能溶于水，且对湿、热均稳定的药材的浸提。该法操作简单易行，浸出成分广，可杀死微生物，但煎出液杂质较多，且易霉败变质。

1. 煎煮提取常用设备。常用的煎煮提取设备有多功能提取罐、可倾式反应锅等。多功能提取罐是一种可调节温度、压力的密闭间隙式提取器，主要由罐体、夹层、加料门、出渣门、提升汽缸、出渣门汽缸、冷凝器等组成。出渣门上设有不锈钢滤网，可使药渣与浸出液自动分离。加料门和出渣门的启闭均用压缩空气作动力，由控制箱中的气控阀控制汽缸活塞，操作方便。

2. 煎煮提取工艺流程。煎煮提取工艺流程为：备料→药材→浸泡→煎煮→合并滤液→煎出液。

煎煮提取操作要点：①称取处理加工炮制合格的药材饮片或粗粉。②置于适宜的煎煮器具中，加水浸没药材，浸泡 0.5～1 h。③加热至沸，保持微沸浸出一定时间，分离煎出液，药渣再依法煎出 2～3 次。④合并煎出液，滤过后备用。

3. 质量控制。

（1）有效成分及辅助成分的浸出率主要由溶剂用量、煎煮时间及煎煮提取次数决定。提取时应严格控制用水量、煎煮时间及煎煮次数，以保证浸出率。

（2）严格控制煎煮时的温度和压力，以免有效成分被破坏或糊化。

（3）合并各次煎出液，药液总量应符合要求，药液性状应符合规定。

知识拓展

中药制剂多为复方制剂，一般中药材可同时入煎，但部分中药材由于质地较特殊，为使有效成分能最大限度地煎出，对质地特殊的药材，煎药时采用特殊处理方法。常用处理方法如下：

（1）先煎：质地坚硬的药材，如矿物类药物代赭石、石膏、赤石脂等，贝壳类药材石决明、牡蛎等，甲壳类药材龟板鳖甲等，骨类药材豹骨等，有效成分较难煎出，宜先煎，再入他药同煎。另外，一些毒性较大的药材如附子、川乌、草乌等，先煎以减少其毒性，提高安全性与疗效。

（2）后下：花、叶类及一些气味芳香含挥发性成分多的药材，如藏红花、番泻叶、薄荷等，煎煮时有效成分易挥散或被破坏而不耐久煎，待他药煎煮将成时投入，煎沸 5～10 min 即可。

（3）包煎：将某种药材用纱布等包起来，再和其他药一起煎煮，即为包煎。质地过轻，煎煮时易漂浮在药液面上的药材，细小种子类药材，有绒毛的药材，含淀粉、黏液质较多的药材，如车前子、葶苈子、青葙子、旋覆花、辛夷、山药等，须包煎。

（4）另煎：虫草、鹿茸、人参、三七、羚羊角等比较贵重的药材宜另煎，以免煎出的有效成分被其他药渣吸附，造成损失。

（5）烊化：系指胶类药材经熔化后与煎液混合的方法。如鹿角胶、阿胶等胶类药，易黏附于锅底及其他药渣，易烧焦，使有效成分损失，故另行烊化，再与煎液混合。

煎煮液的色泽、相对密度、不溶物等项目的检查方法参见现行版《中国药典》一部。

四、问题与思考

阅读下列操作规程及相关生产记录：

（一）煎煮提取操作规程

1. 接收生产指令。

2. 领料与配料。

（1）按生产指令称量领取原料药材，核对名称、用量、批号、规格及检验合格证。

（2）根据生产指令配料，应一人称量，一人复核。

3. 煎煮操作。

（1）操作前准备：检查生产区域是否已清洁，不得存在任何与现操作无关的物料；多功能提取罐上是否挂有“完好”及“清洁合格”状态标识卡；检查提取罐的管道是否连接好，各阀门是否处于正确位置，安全阀、压力表是否完好；挂上生产状态标识牌，标明品名、批号、日期。

（2）开始操作：关紧提取罐下盖；打开罐口进料盖，投入原料药材，关盖，密闭，加入 500 L 水；缓慢开启进汽阀开始加热，同时启动冷凝冷却水循环系统，控制夹层压力不超过 0.25 MPa，并保持夹层温度稳定；加热至沸后，记录开始煮沸时间、温度；保持沸腾 2 h，关闭蒸汽阀，开启提取罐的出液泵，将煎煮液全部滤入贮液罐，记录出液时间、数量；再往罐内加入 400 L 水，重复操作，煎煮，提取 1.5 h，将煎煮液全部滤入贮液罐；打开排渣口盖，排尽药渣。

（3）结束操作：合并提取液存放于贮液罐中，挂上状态标识牌，标明品名、批号、日期，移交下一生产工序；及时、如实填写煎煮岗位生产记录。

（4）清场：生产完毕按清场操作规程进行清洁、清场。填写好清场记录、清场合格证等，并及时挂好状态标识。

（二）煎煮岗位生产记录

煎煮岗位生产记录表如图 4－1 所示。

产品名称：板蓝根颗粒		生产批号：20111006		规格：15 g/袋		生产日期：2011 年 10 月 16 日	
下达批生产指令文号：03				下达日期：2011 年 10 月 15 日			
生产前检查							
执行标准文件号		物料		现场		检查人	
设备、岗位 SOP 文件号	01	品种		清洁、清场合格标识	√	张华	
清洁、清场 SOP 文件号	02	数量		设备、容器具清洁完好	√	复核人	
各种记录表格	√	合格证		计量器具清洁完好	√		
配料单编号		包装完好		其他	√	结论：	
药材名称	板蓝根						
炮制批号							
数量/kg	150						
投料人	张华	复核人		投料总量/kg	150	投料时间：2011 年 10 月 16 日	
	质量监控项目	提取罐号 (1)	(2)	(3)	合计		
	投入药材量/kg	150					
	加水量/L	400				操作人	
	沸腾起止时间					张华	
第一次	温度/℃	100				复核人	
	出液时间	10:30					
	药液贮罐号	1				工时	
	出液量/L	512					

图 4－1　煎煮岗位生产记录表

续表

第二次	加水量/L	500		备注
	沸腾起止时间			
	温度/℃	100		
	出液时间	12:55		
	药液贮罐号	1		
	出液量/L	416		
出药液总量/L：928				
质量检验	结论：合格		质检员：王希	日期：2011 年 10 月 16 日
移交数量：928 L	贮罐号：1	移交人：张华	接收人：李力	日期：2011 年 10 月 16 日

图 4－1　煎煮岗位生产记录表（续）

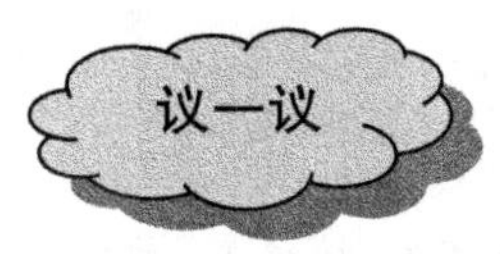

煎煮提取生产记录存在哪些问题？

任务二　浸渍法提取

一、 学习内容与要求

1. 通过浸渍法提取练习，能规范地运用浸渍提取设备进行中药材浸提。
2. 通过浸渍法提取练习，掌握浸渍法提取质量控制要点和生产管理要点。
3. 学会进行正确清场，对浸渍提取设备进行正常维护和保养。

二、 实践操作

1. 条件准备。不锈钢罐或搪瓷罐、压榨机、磅秤、各种生产状态标识牌、合格中药饮片。

2. 操作要点。

（1）备料：称取加工炮制合格的中药饮片。

（2）浸渍提取：将中药饮片置于不锈钢罐或搪瓷罐中，加规定量溶剂浸没药材，浸渍至规定时间，并定期搅拌。

（3）取上清液：浸渍至规定时间后取上清液，过滤。

（4）压榨药渣：用压榨机将药渣中残留的药液压出，使有效成分充分浸出。

（5）合并药液：将压榨液过滤，与上清液合并，收集至洁净的容器内密封。

（6）清场：生产完毕按清场操作规程的要求对生产场所、设备及生产用具进行清洁、清场。

3. 质量控制。

（1）浸渍过程中防止溶剂挥发。

（2）控制浸渍温度，热浸渍提取时一般控制温度在 40～60 ℃。

（3）定期搅拌，提高有效成分溶出率。

（4）控制浸渍时间，使浸出效果达到最佳。

扫一扫　看生产记录册

三、原理知识

浸渍法系指用规定量的溶剂，在一定的温度下，将药材粗颗粒或饮片密闭浸泡一定时间，使药材有效成分浸出的一种方法。该法操作简单，浸出液澄明度好，但操作时间较长，浸出效果差，有效成分浸出不完全。通常选用不同浓度的乙醇或白酒作溶剂，不宜直接用水作溶剂。此法适用黏性药材、无组织结构的药材、新鲜药材及易膨胀的药材，不适用于贵重药材、毒性药材、有效成分含量低的药材或高浓度制剂的制备。

（一）提取方法

浸渍法根据提取的温度和浸渍次数可分为冷浸渍法、热浸渍法和重浸渍法。

1. 冷浸渍法。系将药材置于密闭容器中，加入规定量的溶剂，常温密闭浸渍至规定时间，并适时搅拌，取滤液和压榨液。该法操作简单，药液澄明度较好，但浸提效率较低。

2. 热浸渍法。系将药材置于可加热的密闭容器内，加入规定量溶剂，加热使温度保持在 40～60 ℃浸渍至规定时间，适时搅拌，取滤液和压榨液。该法浸提时间较短，浸提效率较高，但药液澄明度稍差。

3. 重浸渍法。系将浸渍用的溶剂分成几份，先用其中一份浸渍药材，药渣再用第二份溶剂浸渍，如此重复 2～3 次，最后合并各次浸提液。该法浸提效果较好，但操作烦琐，费时较长。

（二）常用设备

常用的浸渍提取设备有多功能提取罐、不锈钢制密闭容器等。

（三）质量控制

浸渍时严格控制溶剂浓度、用量，浸渍的温度、时间、次数及浸渍过程的搅拌，以保证浸出液数量与质量符合要求。

知识拓展

浸渍液的乙醇量、总固体等项目的检查方法参见现行版《中国药典》一部。

四、问题与思考

某药厂生产××酊剂，用浸渍法进行提取，原工艺规程要求常温下浸泡时间为 15 天，现因市场需求量大，生产常常供不应求，故生产部拟对工艺进行修改，新工艺规程改为采用加热浸渍提取，温度为 60 ℃，时间为 1 天。议一议，新工艺设计是否合理？为什么？如果要实施新工艺，还需要做哪些工作？

任务三　渗漉法提取

一、 学习内容与要求

1. 通过渗漉法提取练习，能规范地运用渗漉罐进行中药材渗漉提取。

2. 通过渗漉法提取练习，掌握渗漉法提取质量控制要点和生产管理要点。

3. 学会进行正确清场，对提取设备进行正常维护和保养。

二、 实践操作

1. 条件准备。提取车间、渗漉罐或多功能提取罐、各种生产状态标识牌、合格中药粗粉、乙醇。

2. 操作要点。

（1）配料：按生产指令配备经前处理合格的药粉。

（2）润湿：将药粉置于有盖可密闭的容器中，加入适量溶剂使药粉均匀润湿，密闭放置一定时间。

（3）装筒（或罐）：将已充分润湿膨胀的药粉分次投放到渗漉罐中，并用 T 形棒层层压匀，投至渗漉罐的 2/3～3/4 处即可。

（4）排气：打开渗漉罐下方的放料阀，从渗漉罐上部缓缓加入溶剂，以溶剂的压力将药粉间隙中的空气自渗漉罐下部排出，除尽罐内空气。

（5）浸渍：待溶剂自放料阀流出时关闭放料阀，继续加溶剂至高出药材面数厘米，密闭浸渍 24～48 h。

（6）渗漉：浸渍达到工艺规定时间后，打开放料阀进行渗漉。调节渗漉速度为每分钟流出 1～3 mL/kg 或 3～5 mL/kg 为宜。

（7）收集渗漉液：按产品工艺规程规定，采用适宜的收集方式收集渗漉液。漉液的收集可采用两种方式：一是先收集药粉量 85%的初漉液另器保存，续漉液经低温浓缩后与初漉液合并，调整至规定标准，静置，取上清液；另一种收集方式是直接收集漉液至渗漉完全，再按规定处理漉液。

（8）清场：生产完毕按清场操作规程的要求对生产场所、设备及生产用具进行清场，填好清场记录。

3. 质量控制。

（1）为保证投料量准确，称量时必须实行双人核对制度。

（2）溶剂液面高度控制：加入的溶剂必须始终高出药面，否则药粉柱容易干涸、开裂，再添加溶剂时易从裂隙间流过，从而影响提取效果。

（3）注意控制渗漉速度，以保证有效成分充分渗出。

（4）如实记录相关的工艺参数，包括溶剂浓度、渗漉时间、温度、速度等。

三、 原理知识

渗漉法是将适宜的药材粉末装入渗漉装置中，在药面上连续添加溶剂，使其渗过药粉，自下部流出口收集浸出液的一种浸出方法，所得的浸出液称为漉液。渗漉法提取属于动态浸出，渗漉时，浸出液自上而下移动，具有良好的浓度梯度，使扩散能较好地进行，有效成分浸出完全。该方法适用于贵重药材、毒性药材、有效成分含量较低药材的浸出或制备高浓度的制剂。常用的渗漉方法有单渗漉法、重渗漉法、逆流渗漉法和加压渗漉法。渗漉提取是中药制剂生产重要的操作单元之一。

（一）单渗漉法

目前生产常用单渗漉法。

1. 单渗漉法提取工艺流程。单渗漉法提取工艺流程为：配料→润湿→装筒（或罐）→浸渍→渗漉→渗漉液。

2. 渗漉提取操作要点。①配备经前处理合格的药粉。②润湿：将药粉投入有盖可密闭的容器中，加入适量溶剂使药粉均匀润湿，密闭放置一定时间，使其充分润湿膨胀。溶剂用量以能将物料粉末充分润湿但不渗出液体为宜，习称为“握之成团，触之即散”。润湿时间据药粉性质而定，组织致密、溶剂不易渗透的需要较长时间；质地蓬松的药粉则润湿时间较短，以使药粉完全膨胀为宜。③装筒：将已充分润湿的药粉分次投放到渗漉罐中，并层层压紧，投至渗漉罐的 2/3～3/4 处即可。装筒是渗漉法操作的关键步骤，关系到渗漉的成败和提取的质量。药粉装得太紧，渗漉时速度太慢，影响生产效率；药粉装得太松，渗漉时速度过快，溶剂消耗过多，有效成分提取不完全；如果药粉装得松紧不均匀，则渗漉时溶剂沿松的一侧流下，紧的部分没有溶剂流过，有效成分不能被浸出而造成极大的浪费。④浸渍：打开渗漉罐下出口，从上部缓缓加入溶剂，以溶剂的压力将药粉间隙中的空气自渗漉罐下部排出。排除罐内空气，待溶剂自下出口流出时关闭下出口，继续加溶剂至高出药面数厘米，密闭浸渍 24～48 h，使药粉中的有效成分充分浸出至细胞内外有效成分浓度达到平衡。

3. 常用设备。常用的渗漉设备有渗漉罐或多能提取罐。渗漉罐由不锈钢制成，形状有圆柱形和圆锥形两种，应根据药粉的膨胀性及所用溶剂来选择渗漉罐。易膨胀的药粉或用酸水、碱水为溶剂，宜选用圆锥形渗漉罐，因为圆锥形渗漉罐上部直径较下部大，罐壁的倾斜度能较好地适应其膨胀变异，从而能使渗漉正常进行；不易膨胀性药粉或用乙醇为溶剂，可选择圆柱形渗漉罐。

4. 质量控制。

（1）工艺参数的控制：渗漉提取操作宜对溶剂浓度、浸润时间、渗漉时间、渗漉温度及渗漉速度严格控制，以确保渗漉提取液的质量。

（2）中间产品质量控制：控制提取液的性状和澄明度使其符合标准要求。

（二）其他渗漉方法

1. 重渗漉法。是将浸出液重复用作新药粉的溶剂进行多次渗漉的浸出方法。该法浸提效率较高，但操作较烦琐，费时较长，生产中应用不多。

2. 逆流渗漉法。是指药材与溶剂在浸出容器中，沿相反方向流动，从上口流出渗漉液的一种浸出方法。又称反渗漉法。

3. 加压渗漉法。是指增加粉柱长度，同时对溶剂加压使其顺利渗过药粉，浸出液浓度提高的浸出方法。

渗漉液的色泽、相对密度、不溶物等项目的检查方法参见现行版《中国药典》一部。

四、 问题与思考

1. 渗漉生产中可以选择哪些易于操作的方法判断是否可以结束渗漉？
2. 药粉细度、温度、时间、压力对渗漉质量有何影响？

项目二十 浓缩与精制

任务一 水提液浓缩

一、 学习内容与要求

1. 通过操作练习，熟练掌握浓缩操作工艺。
2. 通过操作练习，掌握浓缩质量控制要点和生产管理要点。
3. 通过操作练习，学会正确进行清场。
4. 通过操作练习，学会对浓缩罐进行正常维护和保养。

二、 实践操作

1. 条件准备。浓缩车间、浓缩罐、贮液罐、提取所得药液、各种生产状态标识牌。

2. 操作要点。

(1) 进料：打开进料阀进料，直至罐内料液量适宜。

(2) 蒸发浓缩：打开进气阀通入蒸汽，对药液进行加热蒸发浓缩。

(3) 补料：随着蒸发浓缩的进行，罐内料液不断减少，打开进料阀及时补料。

(4) 出料：浓缩完成后将浓缩液放出。

(5) 清场：生产完毕按清场操作规程的要求对生产场所、设备及生产用具进行清场，由质量保证人员确认后，填好清场记录。

3. 质量控制。

(1) 应按工艺要求控制好蒸发室内的压力。

(2) 控制好加热蒸汽的压力及时间，以控制加热蒸汽的温度，保证蒸发能顺利进行，同时避免有效成分被破坏。

扫一扫 看生产记录册

扫一扫 看附录

三、原理知识

浓缩是采用加热蒸发的方法，使中药提取液中部分溶剂汽化，从而获得高浓度药液的单元操作。浓缩以蒸发为基础，具体可通过蒸发和蒸馏方式进行。

（一）蒸发

蒸发是指采用加热的方法，使提取液中的部分溶剂汽化并除去，以提高提取液浓度的单元操作。蒸发有自然蒸发与沸腾蒸发两种方式。自然蒸发速度慢、效率低，应用不多。沸腾蒸发速度快、效率高，故提取液浓缩多采用沸腾蒸发。

1. 影响蒸发的因素。

（1）温度差：加热温度与液体温度的温度差大，蒸发速度加快。蒸发浓缩时，宜适当加大热源和提取液间的温度差（一般不应低于 20 ℃），以加快蒸发的速度。但加热温度亦不宜过高，以免有效成分遭到破坏，同时生产成本也会增加。

（2）蒸发面积：在一定温度下，单位时间内的蒸发量与蒸发面积成正比。蒸发面积越大，蒸发速度越快。采用常压蒸发浓缩时，可选用直径大、锅底浅、广口的蒸发锅；亦可使液体形成薄膜，蒸发面积增大，蒸发速度加快。

（3）搅拌：溶剂汽化在液面进行，随着溶剂的蒸发，液体表面的浓度增大易使液面产生结膜现象，从而阻碍溶剂的汽化，对传热和蒸发不利，所以在蒸发时宜加强搅拌，以提高蒸发速度。

（4）液体静压力：液体静压力的大小影响液体的对流与沸点，从而影响蒸发。液层越深，液体的静压力越大，下部液体沸点高于上部，所需热能大。实际生产中可以采用分次投料等措施加以克服。

（5）液体表面压力：液体表面压力愈大，蒸发速度愈慢，故采用减压蒸发可加快蒸发速度。

（6）蒸汽浓度：蒸发速度与液面上的蒸汽浓度有关，蒸汽浓度越大，蒸发速度越慢。因此，在蒸发浓缩时，可采取措施及时移除液面蒸汽，使蒸发速度加快。

2. 蒸发方法。常用的有常压蒸发、减压蒸发与薄膜蒸发。

（1）常压蒸发：系指在 1 个大气压下进行蒸发的方法。因压力大，蒸发时温度较高，故凡是有效成分耐热而溶剂又无燃烧性、无毒与无害、无经济价值者，均可采用此法蒸发。但由于常压蒸发多在敞口设备中进行，不符合 GMP 要求，故在药剂生产中已少用。

（2）减压蒸发：减压蒸发是使蒸发器内形成一定的真空度，使提取液沸点降低而进行沸腾蒸发的操作。其优点是：①压力小，提取液沸点降低，蒸发可在较低的温度下进行，防止或减少热敏性成分的分解，宜用于处理热敏性料液。②能不断地移除二次蒸汽（蒸发过程中溶剂汽化所生成的水蒸气称为二次蒸汽），有利于蒸发的顺利进行。③加热热源的温度可降低，提供了可利用二次蒸汽作热源的可能性。

减压蒸发的缺点是：①为保持蒸发器的真空度，需要增加额外的能量消耗，真空度愈高，消耗的能量也愈大。②提取液沸点下降，随之黏度增大，使对流传热系数减小。应通过经济核算来选择合适的蒸发操作压力。

（3）薄膜蒸发：系指应用薄膜蒸发器进行减压或常压蒸发的一种操作。蒸发的速度与蒸发面积成正比，故增大蒸发面积，是加速蒸发的主要措施。薄膜蒸发具有极大的蒸发表面，热的传递快而均匀，没有液体静压的影响，蒸发温度低，且蒸发过程受热时间短，能较好地避免料液的过热现象，故适用于蒸发处理热敏性料液。此法还可以连续操作，并可缩短生产周期，在药剂生产中应用广泛。

3. 常用设备。

（1）外加热式蒸发器：该设备的工作原理为加热室内的料液沸腾汽化，快速沿壁进入蒸发室，溶液受离心力的作用旋转至分离室下部，经下循环管返回加热室，二次蒸汽从上部排出。该设备常用于常压蒸发和减压蒸发。

（2）升膜式蒸发器：该设备的工作原理为料液在加热管内被加热，迅速沸腾汽化，二次蒸汽于加热管的中部形成蒸汽柱，蒸汽密度急剧变小而快速上升，并拉起料液形成薄膜沿管壁快速向上流动，进行薄膜蒸发，汽液两相在分离器中分离。该蒸发器具有蒸发面积大、蒸发速度快、蒸发效率高等优点，常用于常压或减压蒸发，适用于蒸发量大、热敏性及易产生泡沫的料液的蒸发浓缩。浓度高、黏度较大、易结晶、易结垢的料液不宜使用该设备进行蒸发浓缩。

（3）多效蒸发器：该设备的工作原理为一效的二次蒸汽作为二效的加热蒸汽，二效的加热室为一效的冷凝器；末效连接真空系统，操作压力逐效降低。末效的二次蒸汽进入冷凝器冷凝后移除。该蒸发器多次利用二次蒸汽，节约生产成本、生产效率高、产品质量好，适用于减压蒸发。

（二）蒸馏

蒸馏是指加热使提取液中溶剂汽化，再经冷凝为液体，用以回收浸出溶剂的单元操作。

1. 蒸馏方法。常用的有常压蒸馏、减压蒸馏与精馏。

（1）常压蒸馏：系指在常压下进行的蒸馏。常压蒸馏设备简单，易于操作，但蒸馏时温度较高，蒸馏时间较长，对某些不耐热的料液易产生影响，故主要用于耐热制剂的制备与溶剂的回收。

（2）减压蒸馏：系指在减压条件下，使提取液在较低温度蒸馏的方法。减压后液面真空度愈高，液体的沸点就愈低。减压蒸馏可增加蒸馏效率，缩短蒸馏时间，故此法适用于不耐热料液的处理。

（3）精馏：系利用多次部分汽化和多次部分冷凝以分离液体混合物的操作过程，亦称为分段蒸馏或分馏，目前在药剂生产中多用于回收乙醇。精馏可得到较高浓度的乙醇。

2. 常用蒸馏设备。

（1）常压蒸馏器：药液在常压下进行汽化和冷凝。该设备简单、易于操作，但温度较高、加热时间较长，主要用于耐热提取液的蒸馏。

（2）减压蒸馏器：药液在减压条件下进行汽化和冷凝，具有温度低（真空度愈高，温度愈低）、效率高、时间短的特点，主要用于不耐热提取液的蒸馏。

(3) 精馏器：主要部件为精馏塔，液体混合物在精馏塔内进行多次部分汽化，同时又把产生的蒸汽多次部分冷凝，使混合物得以分离。该设备分离度高，可分离含多种成分的液体混合物，所得分离液纯度高，可采用常压或减压方式操作，主要用于分离含多种成分的液体混合物，回收高纯度的溶剂。

(三) 浓缩质量控制要点

1. 工艺参数的控制。在浓缩过程中应重点对蒸汽压力、真空度、温度、进料速度、时间严格控制，以确保浓缩液符合要求。

2. 中间产品质量控制。控制浓缩液的性状、相对密度及溶化性使符合标准要求。

知识拓展

浓缩液的性状、相对密度及溶化性等项目的检查方法，具体参见现行版《中国药典》一部。

四、 问题与思考

浓缩过程中如何防止浓缩液暴沸跑液？

任务二　乙醇回收

一、 学习内容与要求

1. 通过操作练习，熟练掌握乙醇回收操作工艺。
2. 通过操作练习，掌握乙醇质量控制要点和生产管理要点。
3. 通过操作练习，学会正确进行清场。
4. 通过操作练习，学会对乙醇回流塔进行正常维护和保养。

二、 实践操作

1. 条件准备。乙醇回收车间、乙醇回收塔、贮液罐、含醇药液、各种生产状态标识牌。

2. 操作要点。将含醇药液置于蒸馏器中→按工艺规程进行蒸馏操作回收乙醇→当回收乙醇达规定浓度，停止蒸馏。在贮液罐挂上状态标识卡，标明品名、批号、数量、浓度、日期，移交中间站，并办好移交手续→产品转交：将稠膏和乙醇分别存放入贮液罐中，并挂上状态标识卡，标明品名、批号、数量、浓度、日期，移交下一生产工序，并办好移交手续→生产完毕按清场操作规程的要求对生产场所、设备及生产用具进行清场，由质量保证人员确认后，填好清场记录。

3. 质量控制。操作过程中，严格控制蒸发室的温度、真空度、加热蒸汽压力及时间，使符合工艺规程的要求。

三、原理知识

经乙醇提取所得的药液，浓缩时因含有乙醇而不能直接蒸发排放到大气中，须先进行乙醇回收，这也是减少生产成本的有效途径之一。

（一）工艺流程

乙醇回收操作包括备料、蒸馏回收乙醇、停止蒸馏等步骤。

（二）设备

乙醇回收常用设备为乙醇回收塔，由塔釜、塔身、冷凝器、冷却器、缓冲罐、高位贮罐等6个部分组成，具有良好的耐腐蚀性能，且具有节能、环保、降低生产成本、提高效率的优点。

乙醇回收塔是利用乙醇沸点低于其他溶液沸点的原理，用稍高于乙醇沸点的温度，将须回收的稀乙醇溶液进行加热挥发，经塔体精馏后，析出纯乙醇气体，提高乙醇溶液的浓度，达到回收乙醇的目的。乙醇回收塔用循环冷却水对乙醇气体冷却，冷凝得到回收的乙醇。

（三）注意事项

（1）在进行回收乙醇时应先检查设备各部件、阀门是否完好，冷却水供水系统是否正常，确认正常后方可进行回收。

（2）在乙醇回收的整个过程中，应经常检查，随时留意回收乙醇的度数及数量。

（3）注意控制蒸汽压力及冷却水的流量，以防止蒸汽压力及罐内温度过高而造成乙醇冲出。

（4）打开阀门时宜缓慢进行，切忌过快、过猛，防止事故发生。

知识拓展

乙醇量测定法参见现行版《中国药典》二部。

四、问题与思考

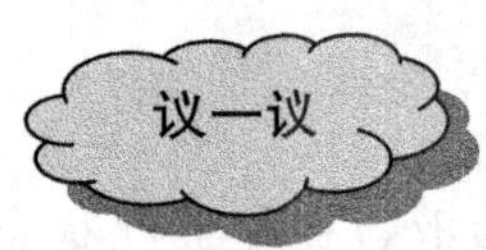

回收乙醇时，何时可以结束蒸馏？

项目二十一　丸剂生产

任务一　蜜丸塑制

一、学习内容与要求

1. 通过操作练习，熟练掌握塑制法制备蜜丸的操作工艺。

2. 通过操作练习，掌握塑制成型工艺质量控制要点和生产管理要点。

3. 学会对塑制丸的质量做出评价。

4. 学会正确进行清场，对生产设备进行正常维护和保养。

二、 实践操作

1. 条件准备。蜜丸制丸车间、可倾式敞口夹层锅、槽型混合机、中药自动制丸机、电子台秤、盛器、各种生产状态标识牌、中药细粉、蜂蜜。

2. 操作要点。蜜丸的塑制分备料、合坨、出条与成丸等工序。

（1）备料：将中药饮片粉碎成细粉混匀或制成浸膏备用；将蜂蜜炼制成适宜的程度备用。

（2）合坨：在捏合机中将药物固体粉末与炼蜜捏合成软硬适中、易于塑制的丸块。

（3）出条：将合好的丸块置于丸条机中塑制成丸条。

（4）成丸：将丸条通过搓丸机切割和揉搓使之成圆球形。

3. 质量控制。

（1）蜜丸生产车间洁净度应达到C级，温度为18～26 ℃、相对湿度为45%～65%。

（2）制丸过程应严格执行生产工艺规程，严格控制工艺管理要点和质量关键点。

（3）操作完毕应严格按清场操作规程的要求清场。

（4）蜜丸的外观、水分、重量差异、装量差异、溶散时限、微生物限度应符合标准规定。

扫一扫 看生产记录册

三、 原理知识

蜜丸系指药材细粉以蜂蜜为黏合剂制成的球形或类球形制剂。其中每丸质量在0.5 g（含0.5 g）以上的称为大蜜丸，每丸质量在0.5 g以下的称为小蜜丸。蜜丸常用的黏合剂为炼蜜或糖浆。

（一）生产工艺流程

蜜丸的制备常用塑制法进行，其工艺流程为：物料的准备→合坨→出条→成丸→包装。

1. 物料的准备。包括：①药材经炮制后粉碎成细粉，混匀过六号筛。②蜂蜜按处方中药材的性质，炼制成适宜程度的炼蜜。

蜂蜜的炼制系将蜂蜜加热熬炼的操作，得到的制品称为炼蜜。

（1）炼蜜目的：①杀灭微生物，破坏酶。②除去悬浮性、不溶性杂质及蜡质。③除去部分水分以增加黏性。

（2）炼蜜工艺：将适量纯化水加入生蜜中，搅匀、过滤，以除去蜂蜜中的杂质。滤液置于适宜容器中加热熬炼，随时除去浮沫，并炼至规定程度。

炼蜜由于炼制程度不同分为3种规格，即嫩蜜、中蜜、老蜜，可根据处方中药材的性质选用。炼蜜的规格与适用范围如表 4－1 所示。

表 4－1 炼蜜的规格与适用范围

规格	炼蜜温度	外观	含水量	黏度	相对密度	适用范围
嫩蜜	105～115 ℃	无明显变化	18%～20%	略有黏性	约 1.34	适用于含淀粉、黏液质、胶质、糖类及脂肪较多的药粉制丸
中蜜	105～115 ℃	淡黄棕色，产生“鱼眼泡”	14%～16%	用手拈之，黏性较强，但不能拉出长丝	约 1.37	适用于黏性适中的药粉制丸
老蜜	119～122 ℃	红棕色，“牛眼泡”，滴水不散	10%以下	用手拈之，甚黏手，能拉出白色长丝	约 1.40	适用于黏性差的矿物药或富含纤维的药粉制丸

2. 合坨。也称和药，系将混合均匀的药粉与适宜的炼蜜混合成软硬适宜、可塑性较大的丸块的操作，是塑制法制备蜜丸的最关键工序。合坨时下蜜温度和用蜜量非常关键。

(1) 下蜜温度：一般用热蜜和药。含有较多树脂、胶类、糖、黏液质类的药物如没药、乳香、阿胶、血竭、熟地、白及等黏性较强，以 60～80 ℃温蜜和药为宜；含有芳香性药物如麝香、冰片等，也宜用温蜜和药，以防药物挥散。处方中药粉黏性很差，则用老蜜趁热和药。

(2) 用蜜量：蜜与药粉的比例一般是（1∶1.5）～（1∶1）；一般含糖类、胶类及油脂类等的药粉，用蜜量宜少；含纤维质较多或质轻而黏性差的药粉，用蜜量宜多，可高达 1∶2或更多。

3. 出条。指将和好的丸块置于丸条机中塑制成丸条。

4. 成丸。通过搓丸机的切割和揉搓使蜜丸成圆球形。操作中可使用适量的润滑剂，如花生油等。

5. 包装。蜜丸一般用塑料小盒或蜡皮包装。蜡皮的原料为蜂蜡与石蜡。

（二）常用设备

蜜丸制备常用的设备主要有捏合机、出条机、轧丸机，可分别完成合坨、出条和成丸操作。大规模生产时也使用中药自动制丸机，可使上述操作整合在一台机器中进行。

（三）质量控制的要点

蜜丸容易污染微生物，这是蜜丸的主要质量问题。因为蜜丸所用物料大多是药材粉末，其中存有活的微生物，同时蜜丸中含有蛋白质、糖、无机盐及水等物质，也为微生物的生长繁殖创造了有利条件，所以，微生物数量超标是蜜丸最常见的质量问题。应从以下几个方面进行质量控制：

(1) 严格执行中药材前处理规程，这是制备蜜丸防止微生物污染的最关键操作工序。具体可通过清洗、干燥、灭菌等流程的设置减少原料导致污染的现象。

(2) 严格控制制丸全过程的污染：①蜂蜜使用前必须炼制。②对生产环境洁净度与操作人员操作规范控制，避免生产过程的污染。

(3) 成品宜采用适当的方法进行灭菌，如 $^{60}Co-\gamma$ 射线照射法、微波加热灭菌法等，以控制成品中微生物的数量。

蜜丸的质量评定

【外观】应圆整均匀、色泽一致、细腻滋润，软硬适中。

【水分】按照《中国药典》2015年版四部“水分测定法”（通则0832）检查，蜜丸所含水分不得超过15.0%。

【重量差异】按照《中国药典》2015年版四部“丸剂重量差异检查法”（通则0108）检查，应符合规定。

【装量差异】单剂量包装的蜜丸，按照《中国药典》2015年版四部“丸剂装量差异检查法”（通则0108）检查，应符合规定。

【装量】装量以重量标示的多剂量包装的蜜丸，按照《中国药典》2015年版四部“最低装量检查法”（通则0942）检查，应符合规定。

【溶散时限】按照《中国药典》2015年版四部“溶散时限检查法”（通则0108）检查，除另有规定外，小蜜丸应在1h内全部溶散；除另有规定外，大蜜丸不做此项检查。

【微生物限度】按照《中国药典》2015年版四部“微生物限度检查法”（通则0108），“微生物计表法”（通则1105）、“控制菌检查法”（通则1106）、非无菌药品微生物限度标准（通则1107）检查，应符合规定。

四、问题与思考

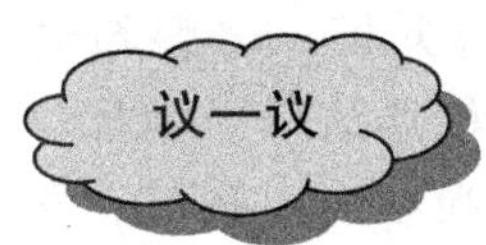

1. 炼蜜的目的是什么？炼蜜的程度如何判断？
2. 合坨是塑制成型工艺的关键，合坨操作过程中如何判断丸块符合要求？

任务二　水丸泛制

一、学习内容与要求

1. 通过操作练习，掌握泛制法制备丸剂的操作工艺。
2. 通过操作练习，掌握泛制成型工艺质量控制要点和生产管理要点。
3. 学会对水丸的质量做出评价。
4. 学会正确进行清场，对生产设备进行正常维护和保养。

二、实践操作

（一）条件准备

小丸连续成丸机、选丸机、电子台秤、盛器、各种生产状态标识牌、中药细粉。

（二）操作要点

利用水的润湿作用诱导出药粉的黏性，使药粉相互粘连成细小的颗粒，并在此基础上层层加大而成丸模→将已筛选均匀的模子继续泛制使其体积逐渐加大至接近成品丸粒的大小→将已经加大、筛选均匀的丸粒用盖面材料继续泛制至成品大小，使丸粒表面致密、光洁、色泽一致→盖面后的丸粒立即在温度 80 ℃左右进行干燥，含挥发性成分的丸粒干燥温度不宜超过 60 ℃→通过筛分把符合要求的丸粒与大小不匀和不规则的丸粒分开。

（三）质量控制

水丸生产车间洁净度应达到C级，温度为 18～26 ℃、相对湿度为 45%～65%。水丸的外观、水分、重量差异、溶散时限、微生物限度应符合标准规定。

三、 原理知识

水丸系指药材细粉以水（或根据制法用黄酒、醋、稀药汁、糖液等）为黏合剂制成的球形或类球形制剂。

（一）工艺流程

制备水丸的工艺流程为：起模→成型→盖面→干燥→选丸→（包衣）→包装。

1. 起模。亦称起母，是利用水的润湿作用诱导出药粉的黏性，使药粉相互粘连成细小的颗粒，并以此为基础层层加大而成丸模的过程。

起模是泛丸成型的关键环节，也是制备水丸圆整、规范的关键要素，因为模子的形状直接影响丸剂的圆整度。起模的方法有药粉加水起模、湿粉制粒起模和喷水加粉起模 3 种：①药粉加水起模：是先将少许药粉置于泛丸锅（或匾）中，转运泛丸锅（或匾），药粉随之转动，喷水于药粉上，借设备的转动和人工搓揉使药粉分散，全部均匀地受水润湿，继续转动片刻，部分药粉成为细粒状，再撒布少许干粉，搅拌均匀，使药粉黏附于细颗粒表面，再喷水润湿。如此反复操作，使丸模逐渐增大至直径为 0.5～1.0 mm 的较均匀的圆球形小颗粒，筛去过大或过小及异型的粉粒，即得丸模。②湿粉制粒起模：为改进的起模法，是将起模用的药粉放泛丸锅内喷水，开动机器滚动或搓揉，使药粉均匀、润湿，成为握之成团、按之即散的软材状。用 8～10 目筛制成小颗粒，再将小颗粒放入锅内旋转摩擦，撞去棱角成为圆形，筛去过大或过小及异型的粉粒，即得丸模。③喷水加粉起模：在泛丸锅（或匾）中喷水（或处方中规定的润湿剂），使润湿均匀，然后撒入少量药粉，均匀地粘于锅壁上，转运泛丸锅（或匾），用刷子在锅内沿转动相反的方向刷下，使其成为细小的颗粒，再喷水、撒粉，在加水加粉后搅拌、搓揉，使黏着颗粒分开，如此反复操作，丸模逐渐增大至直径为 0.5～1.0 mm，成为较均匀的圆球形小颗粒，过筛分等即得丸模。

为保证丸粒大小规格能符合要求，必须控制起模的用粉量，手工操作起模用粉量为处方药粉总量的 1%～5%。大量生产时可用下式计算：

$$X = 0.625 \times D/C$$

其中，C 为成品水丸 100 粒的干重；D 为处方中的药粉总重。起出的模子 100 粒的标准质量为 0.625 g。

2. 成型。系指将已筛选均匀的丸模继续泛制，使其体积逐渐加大至接近成品丸粒大小的操作。方法与起模相同，在丸模上反复加水润湿，撒粉、滚圆、筛选。需要注意的是：加入的药粉要适当控制，易挥发的、有特殊气味的粉末及刺激性药粉应泛制在丸粒的中层，可避免挥发或掩盖不良气味。

3. 盖面。盖面是指将已经加大、筛选均匀的丸粒用盖面材料继续泛制至成品大小，使丸粒表面致密、光洁、色泽一致的操作，是泛丸成型的最后一个环节。常用的盖面方法有以下几种：①干粉盖面：干粉盖面的丸粒干燥后，丸粒表面色泽均匀、美观。具体操作方法如下：先将丸粒充分润湿撞紧，然后 1 次或分几次将药粉撒在丸上，快速转动，使均匀分布，至丸粒润湿、光亮即可取出。用于盖面的药粉可从药粉中筛取出细粉供使用，或根据处方规定选用方中特定的药物细粉。②清水盖面：操作方法与干粉盖面基本相同，不同在于最后不需要留有干粉，而以冷开水充分润湿、打光，并迅速取出，立即干燥。③浆头盖面：操作方法与清水盖面基本相同，可用废丸块溶成糊浆稀释使用。本法仅适用于一般色泽要求不高的品种。④清浆盖面：本法操作与清水盖面基本相同。主要区别是清浆盖面在盖面用水中加了适量干粉，调成粉浆，待丸面充分润湿后迅速取出，以免丸粒表面呈深浅不一的色斑，习称“花面”。

4. 干燥。水丸因含水量较大，容易引起发霉变质，盖面后的丸粒立即在温度 80 ℃左右时进行干燥，含挥发性成分的丸粒干燥温度不宜超过 60 ℃。

5. 选丸。泛丸过程中常出现不规则或大小不匀的丸粒，干燥后应过筛分等，选出符合要求的丸粒。

（二）设备

泛制法制备水丸常用的设备有小丸连续成丸机、选丸机等。

（三）质量控制

泛制法制备水丸的操作方法、设备与滚转法包衣基本一致。操作过程中的质量控制要点可参见片剂的包衣。

知识拓展

水丸的质量评定

【外观】应圆整均匀、色泽一致。

【水分】按照《中国药典》2015 年版四部“水分测定法”（通则 0832）检查，蜜丸所含水分不得超过 9.0%。

【重量差异】按照《中国药典》2015 年版四部“丸剂重量差异检查法”（通则 0108）检查，应符合规定。

【装量差异】单剂量包装的水丸，按照《中国药典》2015 年版四部“丸剂装量差异检查法”（通则 0108）检查，应符合规定。

【装量】装量以质量标示的多剂量包装的水丸，按照《中国药典》2015 年版四部“最低装量检查法”（通则 0942）检查，应符合规定。

【溶散时限】按照《中国药典》2015 年版四部“溶散时限检查法”（通则 0108）检查，除另有规定外，小蜜丸应在 1 h 内全部溶散；除另有规定外，大蜜丸不做此项目检查。

【微生物限度】按照《中国药典》2015 年版四部“微生物限度检查法”（通则 0108），“微生物计数法”（通则 1105）、“控制菌检查法”（通则 1106）、“非无菌药品微生物限度标准”（通则 1107）检查，应符合规定。

四、 问题与思考

成型操作过程中如何保持丸粒的圆整度和硬度？

任务三　滴丸生产

一、 学习内容与要求

1. 通过学习，掌握滴制法制备丸剂的操作工艺。

2. 通过操作练习，掌握滴制成型工艺质量控制要点和生产管理要点，学会对滴制丸的质量做出评价。

二、 实践操作

1. 条件准备。滴丸机、电子台秤、盛器、各种生产状态标识牌、药液、基质。

2. 操作要点。将主药溶解、混悬或乳化在适宜的基质内制成药液。将药液移入加料漏斗，保温（80～90 ℃）→调节滴液定量阀门，使药液以适宜的速度滴入冷却剂中→取出丸粒，清除附着的冷却剂→已清除冷却剂的滴丸置于石灰缸内干燥→剔除废次品，选取符合标准要求的滴丸。

3. 质量控制。

（1）工艺条件的控制。药液的温度要恒定，冷却剂的温度应适宜，滴管的内径、滴口与冷却剂液面间的距离、滴速等均应严格控制。

（2）中间产品质量控制。滴丸大小均匀，色泽一致，无粘连现象，表面无黏附的冷凝液；滴丸的重量差异、溶散时限、微生物限度应符合标准规定。

扫一扫　看生产记录册

三、 原理知识

滴丸剂是指固体或液体药物与基质加热熔融混匀后，滴入不相混溶的冷却液中收缩冷却凝固成丸的一种制剂。

（一）基质与冷凝剂及选择原则

滴丸剂的基质可分为水溶性与非水溶性两大类，常用的水溶性基质有聚乙二醇类、甘油明胶、泊洛沙姆、聚氧乙烯单硬脂酸酯、硬脂酸钠等；非水溶性基质有单硬脂酸甘油酯、硬脂酸、十八醇、氢化植物油等。实际生产中也常将水溶性和非水溶性基质混合使用，混合基质可容纳更多的药物，还可调节溶出速度或溶散时限。

冷凝液亦分为水溶性和非水溶性两类。水溶性冷凝液有水及不同浓度的乙醇，适用于非水溶性基质的滴丸；非水溶性冷凝液有二甲硅油、液状石蜡、植物油、汽油或它们的混合物等，适用于水溶性基质的滴丸。

（二）制备方法

滴丸剂采用滴丸机以滴制法制备。滴出方式有下沉式和上浮式两种，冷凝方式有流动冷凝与静态冷凝两种。熔化可在熔料锅或滴丸机中进行，可根据生产实际选择。

滴丸剂的生产工艺流程为：药物＋基质→熔融或混悬→滴制→冷却→洗丸→干燥→选丸→质检→包装。

（三）质量控制

1. 丸重。滴丸的理论丸重＝$2\pi r\sigma$，r 为滴管口的半径，$2\pi r$ 为滴管口周长，σ 为药液的表面张力（由上向下滴）或冷却液的表面张力（由下向上滴）。滴丸的实际质量与理论质量有一定差距，采用由上向下滴制，从滴出口滴下的部分比理论丸重要轻，约为理论丸重的60%。而由下向上滴时，实际丸重比理论丸重大。

影响丸重的因素有滴出口的半径及管壁的厚度、药液温度、滴制速度、滴出口与冷却液液面间的距离等，实际操作中应视具体情况进行调整。

2. 成丸。在滴制过程中滴丸能否成丸形，主要取决于药液的内聚力（W_C）是否大于药液与冷却液间的黏附力（W_A），即成型力＝W_C-W_A，当成型力为正值时液滴才能成丸形。内聚力是将药液分离为两部分所需的力，应为药液表面张力（R_A）的2倍，即 $W_C=2R_A$。药液与冷却液间的黏附力为分离这两种流化所需的力，即 $W_A=R_A+R_B-R_{AB}$（其中：R_A、R_B 分别为药液、冷却液的表面张力；R_{AB}为二者间的界面张力）。因此，滴丸的成型力可用下式表示：

$$成型力=W_C-W_A=2R_A-(R_A+R_B-R_{AB})=R_A+R_{AB}-R_B$$

为保证有足够大的成型力，宜选用表面张力小的冷却液。

3. 圆整度。药液的液滴在冷凝液中由于表面张力的作用形成球形，但由于影响因素较多，实际制得的滴丸不一定是圆球形。为保证得到外形规则、美观的圆球形滴丸，制备过程中应注意：①调节滴丸在冷却液中运动的速度，通过减小药液与冷却液之间的密度差和增大冷却液的黏度来改善滴丸的圆整度。②控制冷凝液的温度，使所得滴丸圆整。③控制好液滴的大小，滴丸大小不同，单位质量的面积亦不同，小丸的面积大于大丸的面积，面积大的更易收缩成球形，圆整度较好些，故滴丸时液滴不宜过大，以保证圆整度。

知识拓展

滴丸剂质量评定

【外观】应圆整均匀，色泽一致，无粘连现象，表面无冷凝介质黏附。

【重量差异】按照《中国药典》2015年版四部“丸剂重量差异检查法”（通则0108）检查，应符合规定。

【装量差异】单剂量包装的滴丸剂，按照《中国药典》2015年版四部“滴丸剂装量差异检查法”（通则0108）检查，应符合规定。

【溶散时限】按照《中国药典》2015年版四部“溶散时限检查法”（通则0108）检查，除另有规定外，小蜜丸应在1h内全部溶散，除另有规定外，大蜜丸不做此项检查。

【微生物限度】按照《中国药典》2015 年版四部“微生物限度检查法”（通则 0108），“微生物计数法”（通则 1105）、“控制菌检查法”（通则 1106）、“非无菌药品微生物限度标准”（通则 1107）检查，应符合规定。

四、 问题与思考

滴丸偏重、偏轻的可能原因分别是什么？解决的办法有哪些？

扫一扫　看 PPT

（赵卫杰　杨建德　李雪倩）

第五章

其他制剂生产

项目二十二　软膏剂配制及灌装

一、 学习内容与要求

1. 通过实训，掌握软膏剂的制备工艺与灌装方法。
2. 熟悉软膏剂配制及灌装的相关设备。

二、 实践操作

1. 条件准备。已完成净化的制剂生产车间、加热罐、配料罐、真空乳化搅拌机、灌装机等各种状态标识牌。

2. 操作要点。进入制剂生产现场，识读现场各项设施与设备的名称及其功能；根据现场提供的洁净状况、各种标志等信息判断生产现场状态；根据配制处方进入现场准备配制、灌装操作。

3. 质量控制。软膏生产过程中须注意控制混合分散的温度、时间，这些因素会影响软膏剂的外观等方面的质量。分装时须定期检查包装软管的外观、密封性及装量是否符合标准要求。

扫一扫　看生产记录册

三、 原理知识

(一) 含义及其分类

软膏剂系指药物与适宜基质混合制成的半固体外用制剂。软膏剂是以局部治疗为主的剂型，但也能通过透皮吸收而产生全身治疗作用。

软膏剂根据生产工艺的特殊性可分为一般外用软膏、外伤用软膏、眼膏剂等。

(二) 软膏剂的质量要求

软膏剂的质量要求为：①均匀、细腻，涂于皮肤上无粗糙感。②有适当的黏稠性，易于涂布于皮肤或黏膜上，但不熔化，黏稠度随季节气温的变化应很小。③性质稳定，无酸败、异臭、变色、变硬及油水分离等变质现象。④无刺激性、过敏性及其他不良反应。

⑤用于大面积烧伤和严重损伤的皮肤时，应进行无菌处理。⑥必要时可加入乳化剂、保湿剂、防腐剂、抗氧剂及皮肤促进剂等附加剂。⑦所用的内包装材料，不应与药物或基质发生理化作用。⑧除另有规定外，软膏剂应置遮光容器中密闭贮存，无菌处理的软膏剂应密封贮存。

（三）工艺及设备

1. 软膏剂一般生产工艺流程。如图 5－1 所示。

基质的处理

↓

药物的处理→配制→质量检查→灌装→封口→包装→入库

↑

容器的处理

图 5－1　软膏剂一般生产工艺流程

2. 基质的处理。基质处理主要是针对油脂性基质，若质地纯净，可直接使用；若混有机械性异物或工厂大量生产时，都要进行加热过滤及灭菌处理。具体方法是将基质加热熔融，用细布或七号筛趁热过滤，继续加热至 150 ℃约 1 h。忌用直火加热以防起火，多用蒸汽夹层锅加热。

3. 软膏剂中药物的处理及加入基质中的方法。

（1）可溶性药物、水溶性药物：①与水溶性基质混合时，可直接将药物水溶液加入基质中。②与油脂性基质混合时，一般应先用少量水溶解药物，以羊毛脂吸收，再与其余基质混匀。油溶性药物可直接溶解在熔化的油脂性基质中。

（2）不溶性固体药物：应先制成细粉、极细粉或微粉，先与少量基质研匀，再逐渐添加其余基质并研匀，或将药物细粉加到不断搅拌下的熔融基质中，继续搅拌至冷凝。

（3）中药提取液：可浓缩至稠浸膏，再与基质混合。

（4）共熔成分：如樟脑、薄荷脑、麝香草酚等并存时，可先研磨使共熔后，再与冷却至 40 ℃左右的基质混匀。

（5）挥发性或热敏性药物：应在熔融基质降温至 40 ℃左右时，再与药物混合均匀。

4. 软膏剂常用生产设备。软膏剂配制设备包括加热罐（图 5－2）、配料罐（图 5－3）、输送泵、乳化和混合设备及制膏机（图 5－4）等。而常用乳化、混合设备品种有石磨、球磨、胶体磨、乳化机等，其中以胶体磨最为先进。灌装设备为软膏剂软管自动灌装机，主要有输管、灌装、封底等功能。

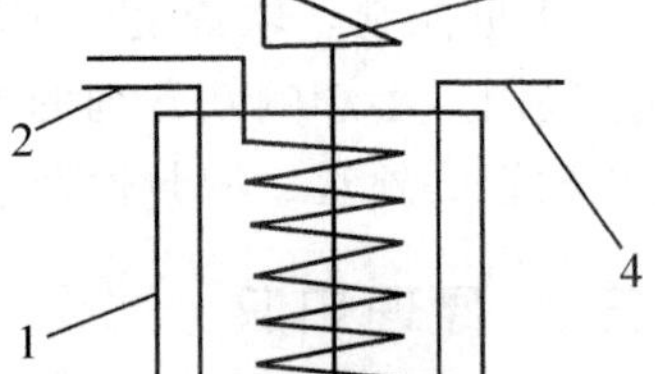

图 5－2　加热罐示意

1. 加热罐壳体；2. 蛇管加热器；3. 搅拌器；4. 真空管

5. 生产中常见问题及处理方法。

（1）主药含量低：某些药在高温下会分解，软膏剂配制时要根据主药的理化性质控制油、水两相温度，以防止由于温度过高而分解。

（2）主药含量均匀度不好：在投料时应考虑主药的性质，根据主药在基质中的溶解性能将主药与油相或水相混合，或先将主药与少量基质混匀，再加入其余基质混合均匀。

（3）粒度过大：不溶性固体物料，应先磨成细粉，过 100～120 目筛，再与基质混匀，以免成品中药物粒度过大。

(4) 装量差异大：软膏剂会随着贮料罐内料液的减少而逐渐变轻，故应经常检查贮料罐中料液的高度，以防止料液高度变化大而造成装量差异。

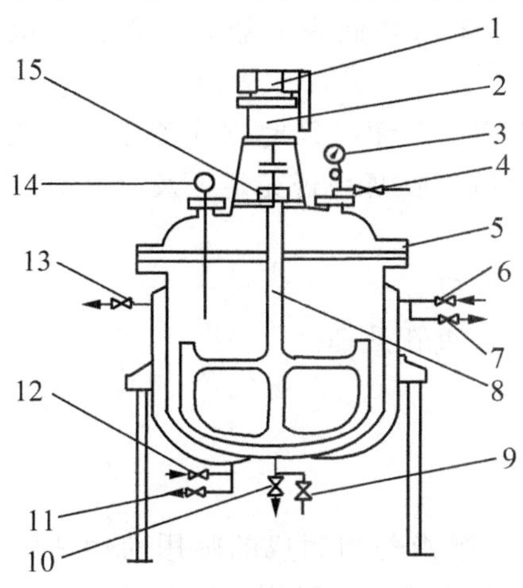

图 5－3　配料罐结构示意

1. 电动机；2. 减速器；3. 真空表；4. 真空阀；
5. 密封圈；6. 蒸汽阀；7. 排水阀；8. 搅拌器；
9. 进泵阀；10. 出料阀；11. 排气阀；12. 进水阀；
13. 放气阀；14. 温度计；15. 机械密封

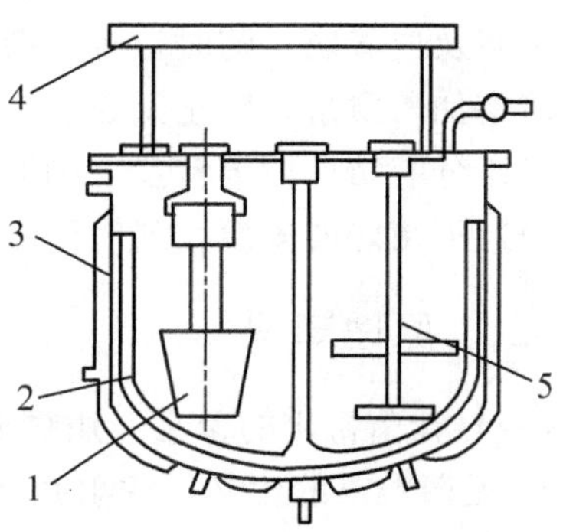

图 5－4　新型制膏机示意

1. 胶体磨；2. 带刮板框式搅拌器；
3. 夹套锅体；4. 液压提升装置；
5. 桨式搅拌器

四、问题与思考

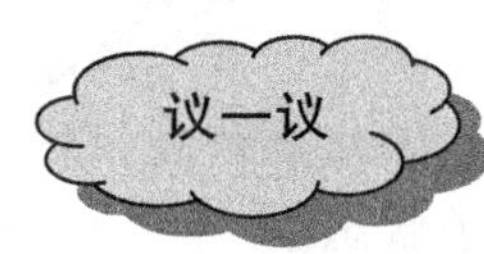

根据软膏的质量要求，制备软膏剂用的原料如何处理或达到什么标准才能放行投料与基质混合？

项目二十三　粉针剂分装

一、学习内容与要求

1. 掌握注射用无菌粉末的生产工艺。
2. 掌握粉针剂质量要求。

二、实践操作

1. 条件准备。已完成净化的制剂生产车间、工具、容器、配制设备等各种状态标识牌均合格。要按一定程序进行检查：一是场所相关参数，二是场所与设备标识，三是物料，四是生产用文件。这些检查均无误后方可开始进行分装、加盖和轧口。

2. 操作要点。按无菌粉末分装洁净室入场规程进入洁净室→检查生产场所、设备标识是否合格→核对生产物料及相关文件→调试粉末分装机→按生产指令投料，开机进行分装、加盖和轧口。

3. 质量控制。

（1）洁净室的相关参数，应控制在分装、压塞及无菌内包装材料最终处理后的暴露环境洁净度为A级；称量、精洗瓶等工序的环境洁净度要求最低为B级；轧盖、灯检等工序的环境洁净度要求最低为C级。

（2）分装过程中应定期检查装量差异；随时检查安瓿质量，及时剔除破瓶、锈瓶、歪瓶、污瓶及白雾瓶；随时检查分装机粉斗、塞斗中原粉和胶塞是否充足，及时补充；随时检查胶塞加盖质量，防止漏盖。

（3）分装结束前等转盘上的瓶子全部走完后才能关机。

（4）灭菌好的安瓿存放时间不能超过12 h，否则须重新处理。

三、 原理知识

（一）无菌粉末的含义、质量要求与分类

1. 无菌粉末的含义。注射用无菌粉末简称粉针，系指药物制成的临用前用适宜的无菌溶液配制成澄清溶液或均匀混悬液的无菌粉末或无菌块状物。可用适宜的注射溶剂配制后注射，也可用静脉输液配制后静脉滴注。适用于在水中不稳定的药物，特别是对湿热敏感的抗生素及生物制品。凡是在水溶液中不稳定的药物，如某些抗生素（青霉素G、先锋霉素类）、一些酶制剂（胰蛋白、辅酶A）及血浆等生物制剂，均须制成注射用无菌粉末。注射用无菌粉末，应标明注射溶剂。

热原系指由微生物产生的能引起恒温动物体温异常升高的致热物质。

2. 注射用无菌粉末的质量要求。注射用无菌粉末的质量要求与注射液基本相同，直接用于无菌分装的原料药，除应符合《中国药典》对注射用原料药物的各项规定外，还应符合下列要求：粉末应无异物，配成溶液后澄明度检查应符合规定；粉末细度或结晶度应适宜，便于分装；无菌、无热原。注射用冻干制品应为完整的块状物或海绵状物，外形饱满、不萎缩，色泽均匀，干燥，多孔性好，加水后能迅速恢复冻干前状态。

3. 注射用无菌粉末的分类。根据生产工艺不同可分为两类：第一类，无菌分装产品系将已经用灭菌溶剂法或喷雾干燥法精制而得的无菌粉末，在无菌条件下直接进行无菌分装，密封贮存，临用前配成水溶液或水混悬液使用。第二类，冷冻干燥制品系将药物配制成无菌溶液或混悬液进行无菌分装，再进行冷冻干燥，除去水分后呈冻干粉末（块）状，密封贮存，临用前配制。

（二）分装工艺及设备

1. 注射用无菌分装工艺（图5－5）。

原、辅材料→ 分装→密封→质量检查→贴签→ 产品
↑ ↑
安瓿或小瓶　胶塞及铝盖

图5－5　注射用无菌分装工艺

2. 常用分装设备。目前分装的机械设备有插管分装机、螺旋自动分装机、真空吸粉分装机等。此外，青霉素分装车间必须采用专用和独立的厂房、生产设施和设备，不得与其他抗生素分装车间轮换生产，以防止交叉污染。

3. 注射用冻干制品。制备冻干无菌粉末前药液的配制基本与水性注射剂相同，其冻干粉末的制备工艺流程如图 5－6 所示。

注射用水（→溶解）　安瓿或小瓶（→灌注）

原、辅材料 → 溶解 → 滤过 → 灌注 → 冷冻干燥 → 密封 → 质量检查 → 贴签 → 包装 → 成品

图 5－6 注射用冻干制品生产流程

4. 无菌冻干粉针注射剂设备。无菌冻干粉针注射剂的关键生产设备为液体灌装机和冻干机。

知识拓展

散剂分剂量的方法有目测法、质量法和容量法。散剂在大量生产时多采用容量法分剂量，散剂定量分包机就是利用容量法分剂量的原理设计的。颗粒剂在生产中常用的分装设备是自动颗粒包装机。

（三）影响分装的因素

（1）物料的热稳定性：确定产品最后能否进行灭菌处理。

（2）物料的临界相对湿度：生产中分装室的相对湿度必须控制在临界相对湿度以下，以免吸潮变质。

（3）物料的粉末晶型与松密度等：应使之适于分装。

（四）分装过程中常见问题及处理办法

1. 无菌分装中存在的问题与解决办法。

（1）装量差异：物料流动性差是其主要原因。物料含水量和吸潮及药物的晶态、粒度、比容与机械设备性能等均会影响流动性，以致影响装量，应根据具体情况分别采取措施。

（2）澄明度问题：由于药物粉末经过一系列处理，污染机会增加，导致澄明度不合要求。应严格控制原料质量及其处理方法和环境，防止污染。

（3）无菌度问题：由于产品系无菌操作制备，稍有不慎就有可能受到污染，而且微生物在固体粉末中的繁殖慢，不易被肉眼所见，危险性大。为解决此问题，一般都采用层流净化装置。

（4）吸潮变质：一般认为是由于胶塞透气性和铝盖松动所致。因此，一方面要进行橡胶塞密封性能的测定，选择性能好的胶塞；另一方面，铝盖压紧后瓶口应烫蜡，以防水汽透入。

2. 冻干过程中存在的问题与处理方法。

（1）含水量偏高：装入容器的药液过厚，升华干燥过程中供热不足，冷凝器温度偏高或真空度不够，均可能导致含水量偏高。可采用旋转冷冻机及其他相应的方法解决。

（2）喷瓶：如果供热太快、受热不匀或预冻不完全，则易在升华过程中使制品部分液化，在真空减压条件下产生喷瓶。为防止喷瓶，必须控制预冻温度在共熔点以下 10～20 ℃，同时加热升华，温度不宜超过共熔点。

（3）产品外形不饱满或萎缩：一些黏稠的药液由于结构过于致密，在冻干过程中内部

水蒸气逸出不完全，冻干结束后，制品会因潮解而萎缩，遇到这种情况通常可在处方中加入适量甘露醇、氯化钠等填充剂，并采取反复预冻法，以改善制品的通气性，产品外观即可得到改善。

知识拓展

无菌粉末的装量差异限度

平均装量	装量差异限度
0.05 g 以下至 0.05 g	±15%
0.05 g 以上至 0.15 g	±10%
0.15 g 以上至 0.5 g	±7%
0.5 g 以上	±5%

四、 问题与思考

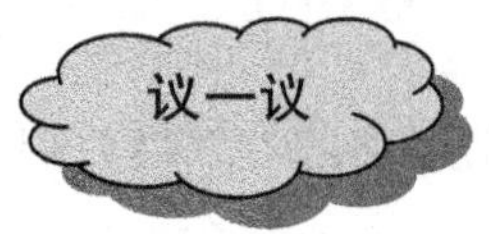

注射用无菌粉末在进行无菌分装时常存在哪些问题？如何解决？

项目二十四　软胶囊填充

一、 学习内容与要求

1. 通过实训掌握软胶囊的制备工艺操作。
2. 熟悉软胶囊生产的相关设备。

二、 实践操作

1. 条件准备。检查核实清场情况，检查清场合格证；对设备状况进行检查，确保设备处于合格状态；对电子天平、电子秤进行核准；对生产用工具的清洁状态进行检查；按生产指令领取药液、明胶液；按生产工艺规程制定标准，核实所用辅料。

2. 操作要点。

（1）化胶操作：①依据胶液比例，根据胶液的需用量，用流量计设定出所需纯化水量，置于化胶罐内。关闭排气阀和上盖，开启搅拌机、真空泵，将称量好的甘油、明胶等依次通过真空用吸料管吸入化胶罐内。如需加防腐剂，可同步加入。吸料完毕，关真空泵。②待明胶在罐内完全吸水膨胀，搅拌至均匀，开启热水循环泵，将煮水锅的热水不断循环至化胶罐夹层，开始加热。③当罐内胶液温度（温度计指示）达到 65～70 ℃时，开启负压真空泵，对化胶罐内的胶液脱泡。抽真空操作时，应先将缓冲罐的冷冻水阀打开，让其循环后，再将真空阀打开进行抽真空。④通过视镜窗不断观察罐内的化胶情况，脱泡至最少量为止。关闭真空泵，打开排气阀。⑤根据生产品种的不同，加入不同颜色的色素，继续搅拌 15 min 至均匀后，关闭搅拌。如不加色素则可进入下一步。⑥打开化胶罐底部的出料口，出料口下放置 60 目双层尼龙滤袋，滤过胶液到保温贮胶罐中，55～60 ℃保温备用。⑦贮胶罐外挂物料标识，填写品名、批号、规格、生产日期、填写人。QA 检查合格，签发“中间产品递交许可证”后，递交至下一工序。

(2) 软胶囊内容物的配制：①严格按照生产指令核对配制药液所有物料名称、数量、规格、外观。②将原料和部分辅料倒入配料罐中，用余下的辅料分 3 次荡洗原料容器，洗液倒入配料罐中，关闭顶盖，启动搅拌桨。③每间隔 0.5 h，开启放料开关放出少许物料，开启顶盖，倒入罐内。④按生产指令的要求搅拌物料至规定的时间，通知 QC 抽检。⑤检验合格后，将物料全部放出至中转罐保存。中转罐外挂物料标识，填写品名、批号、规格、生产日期、填写人。QA 检查合格，签发“中间产品递交许可证”后，递交至下一工序。

(3) 软胶囊剂的成型：①物料的接收与核对：对配料工序送来的药液，核对“中间产品递交许可证”，药液罐上的产品名称、规格，有无 QA 签字，复称质量；对化胶工序送来的胶液，核对“中间产品递交许可证”，保温胶罐上的胶液名称、规格，有无 QA 签字。由班组申请 QA 检查，检查合格后领取 QA 签发的“准产证”。②加料：用加料勺或药液泵将药液移入盛料斗，注意不要加得过满，盖上盖子。③将胶罐的保温温度调至 60～70 ℃，打开胶罐的放料口放出少量胶液，以保证胶液流出顺畅。将胶罐的出料口用塑料管与主机明胶盒连接，胶罐进气口连接压缩空气接口，压缩空气压力为 0.05 MPa（或根据明胶液的黏稠度做适当调整）。塑料管外包加热套用以保温（塑料管应提前 20 min 开始加热）。主机明胶盒温度设定为 50～60 ℃。④根据工艺要求的内容物质量进行调节装量。取样检测压出软胶囊的夹缝质量、外观、内容物重及胶皮厚度，并及时调整，直至符合工艺要求为止。⑤正常开机，每排转模压出的软胶囊每小时取样 1 次，检查夹缝质量、外观、内容物重，每班检测胶皮厚度，在批生产记录上记录检查结果，如有偏离控制范围的情况应及时调整。⑥开启滚筒开关，边压制软胶囊边进行滚筒定型干燥。⑦每班每隔 4 h，将滚筒中的软胶囊取出放至干燥间，挂上已填写内容的物料标识。生产过程中，定时将产生的胶网用容器盛装，放于指定地点，等待进一步处理。⑧软胶囊中间产品移交下个工序时，应在规定的天平称取该次移交的湿丸的平均丸重。称重移交时，干燥操作工应在场同时进行复核。

(4) 软胶囊剂的干燥与清洗：①按时领入本工序所需的原辅材料（乙醇等）；生产结束，及时填写退料单，将物料退仓。②从压制/滴制工序接收移交的待干燥软胶囊，复核品名、规格。③将待干燥软胶囊（滴制成型的软胶囊）置糖衣锅或置干燥滚筒（压制成型的软胶囊），放入洁净的外罩绸布的纯棉毛巾，转动，利用毛巾将软胶囊表面的油吸去。④取出分置于干燥托盘（内部为筛网）上均匀摊平（每筛不宜放入过多，以 2～3 层胶丸为宜），将干燥托盘分别放上干燥车置干燥隧道，干燥车外挂已填各项内容的“运行中”标识。⑤干燥时每隔 3 h 翻丸 1 次，使干燥均匀和防止出现粘连，翻动时注意不要遗漏托盘的边角位置，干燥期间每 2 h 记录 1 次干燥条件。⑥待软胶囊达到工艺规程规定的干燥时间后，装桶送至清洗前暂存间（如不需要清洗的软胶囊，可直接送至下工序）。桶外挂物料标识，注明品名、批号、规格、生产日期、班次、净重、数量。⑦清洗：将待清洗的软胶囊送入防爆清洗间内，用超声波洗丸机或其他清洗设备以95%乙醇对软胶囊进行清洗。将洗后的软胶囊（包括压制法与滴制法）分置于干燥托盘上（每筛不宜放入过多，以2～3层胶丸为宜）摊平，再将干燥托盘分别放上干燥车，干燥车外挂已填各项内容的“运行中”标识。将干燥车推入隧道干燥，挥发掉乙醇。⑧将干燥好的软胶囊装入内放洁净塑料袋的容器中，扎紧塑料袋，盖好盖，防止吸潮。称重，容器外挂物料标识，注明品名、批号、规格、生产日期、班次、净重、数量。

3. 质量控制。

（1）化胶过程中的质量控制：化胶过程中须控制化胶的温度和时间，温度越高，时间越长，胶液的黏性破坏越严重，应根据每批明胶的质量不同，控制化胶温度及时间。加入色素时如加入 Fe_2O_3、Fe_3O_4 等色素，应增加甘油的用量，以保持制成软胶囊后胶皮的柔软性。

（2）压制软胶囊过程中的质量控制：这一阶段主要是控制软胶囊的外观、内容物重、装量差异及左右胶皮厚度。软胶囊外观应左右对称，夹缝细小、光滑，无漏液现象。要控制左右胶皮的厚度近乎相等，否则会影响软胶囊外观的对称性（胶皮较薄的一侧外形较鼓）。企业须根据生产工艺的要求制定内容物质量标准，且该标准应略高于国家标准。操作中还须随时检查夹缝质量，发现夹缝粗大或有漏液现象须及时停机处理。

扫一扫　看生产记录册

三、原理知识

（一）软胶囊的含义及分类

软胶囊剂又称胶丸，系指一定量的液体药物直接包封，或将固体药物溶解或分散在适宜的赋形剂中制备成溶液、混悬液、乳状液或半固体状物，密封于球形或椭圆形的软质囊材中的胶囊剂。软质囊材由明胶、甘油或（和）其他适宜的药用材料制成。

软胶囊依据生产方法可分为无缝胶丸和有缝胶丸两种。

（二）生产物料

1. 主药的要求。一般填充固体药物粉末至少应过80目筛。通常口服或局部应用的软胶囊剂中填充混悬液时，混悬液的分散介质用植物油或PEG400；混悬液中还应含有助悬剂。对于油状基质，一般使用的助悬剂是10%～30%油蜡混合物，其组成为：氢化大豆油1份，黄蜡1份，熔点为33～38 ℃的短链植物油4份；对于非油状基质，通常用1%～15%的PEG 4000或PEG 6000，有时可加入抗氧剂、表面活性剂提高软胶囊剂的稳定性和生物利用度。液体药物若含水超过50%，或含低相对分子质量的水溶性和挥发性的有机化合物如乙醇、丙酮、酸、胺、酯等，均能使软胶囊囊材软化或溶解；O/W型乳剂填充于软胶囊中，可使乳剂失水破坏；醛类可使明胶变性，故均不宜制成软胶囊。液态药物以pH值为4.5～7.5为宜，否则易使明胶水解或变性，导致囊壁泄漏或影响软胶囊的溶解，可选用磷酸盐、乳酸盐等缓冲液调整。

2. 胶液的配制及要求。胶液配制操作流程为：纯化水通入化胶罐内，加热至 50～60 ℃→加入防腐剂搅拌至全溶→加入明胶、甘油，溶解后启动真空泵脱泡→加入色素，继续搅拌至均匀→检验合格后出胶→在保温桶中放置供制备软胶囊用。

在配制胶液时，应根据每批明胶质量的不同来控制化胶时间和温度。为保证制成软胶囊后胶皮的柔软性，可增加甘油的投量。加入 Fe_2O_3、Fe_3O_4 等色素，可使囊皮染色，增加胶囊美观及可识别度。

（三）生产工艺及设备

软胶囊的生产方法有滴制法和压制法两种，生产时成型与填充药物是同时进行的。

1. 滴制法工艺及设备。该法由具双层喷头的滴丸机完成，如图 5－7 所示。其工艺流程一般为：药液配制＋胶液配制→滴丸机滴制→成丸→吹干→洗净→干燥→拣选→包装。

以明胶为主的软质囊材（胶液）与被包药液，分别在双层喷头的外层与内层按不同速度喷出，使定量的胶液将定量的药液包裹后，滴入与胶液不相混溶的冷却液中，由于表面张力作用使之形成球形，并逐渐凝固成软胶囊剂。

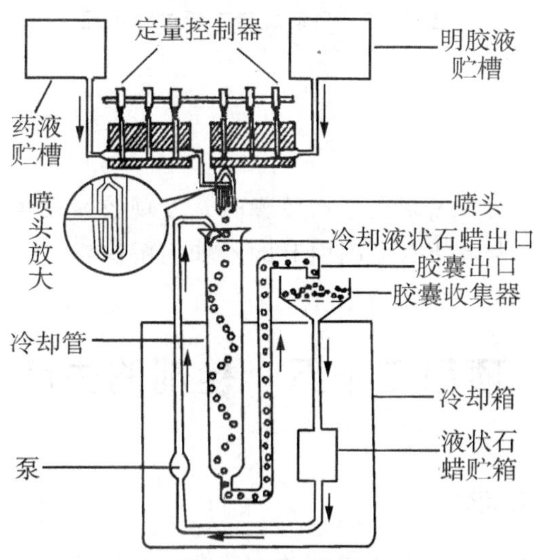

图 5－7　滴制法制备软胶囊生产过程示意

2. 压制法工艺及设备。该法是将以明胶为主的软质囊材制成厚薄均匀的胶片，将药液置于两胶片间，用钢板模或旋转模压制而成，故又分为钢板模压法和旋转模压法两种。目前生产上常采用自动旋转轧囊机进行生产，其过程示意如图 5－8 所示。压制法的一般工艺流程为：药液配制＋胶液配制→轧囊机压制成丸→成丸→洗净→干燥→拣选→上光→包装。

（四）软胶囊质量要求及生产常见问题处理

软胶囊与硬胶囊一样要求外观应整洁，不得有黏结、变形或破裂现象，并应无异臭。内容物应干燥、松散、混合均匀；装量差异小；水分含量、崩解时限应符合规定；卫生学检查必须符合要求；药物的定性鉴别与含量测定应符合具体胶囊剂各自的要求。

生产中常见的胶丸形状不对称、胶皮厚度不稳定、胶皮过窄引起破囊等问题，须在操作中随时检查并及时对设备进行调整。应随时清除黏结的胶液或清除异物，除去阻碍物或降低空调冷气，以增加胶皮宽度。

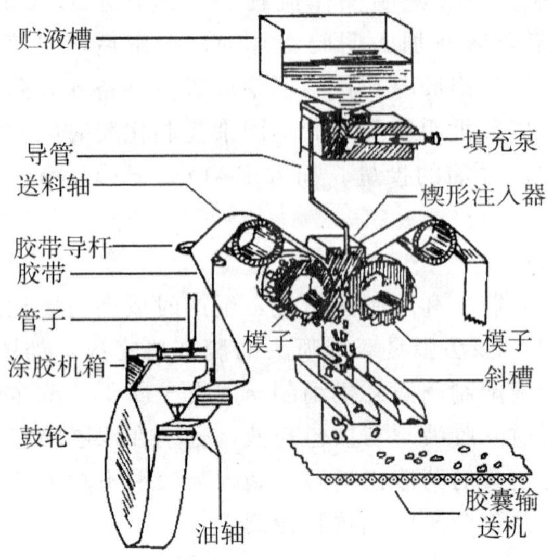

图5－8　自动旋转轧囊过程示意

四、问题与思考

滴制法生产胶囊时，发现胶囊发生粘连、外观不圆整，你认为是什么原因引起的？如何解决？

项目二十五　栓剂的生产

一、学习内容与要求

1. 通过实训，掌握栓剂的制备工艺操作。
2. 熟悉栓剂生产的主要设备。

二、实践操作

1. 条件准备。已净化的配制生产车间、带搅拌器的熔融桶、蒸汽夹层锅、栓模、立式胶体磨、高频热合机等。

2. 操作要点。

(1) 物料的领用：领用前按《物料称量管理规定》检查所用的台秤、天平是否进行校正。凭领料单，按《物料发放和剩余物料退库管理规定》与《包装材料领用和发放标准操作程序》领用所需物料。按《物料去皮标准操作程序》对物料进行去皮，然后按《车间中间站管理规程》存放至车间中间站，并填写好物料状态标识。

(2) 配料：①按《清场管理规程》进行生产前确认，确保工序清场合格，设备运转正常，水、电、汽供应正常，容器及工、用具齐备。②根据批生产指令单，操作人员称取批投料量药物和基质。③按《栓剂配料罐标准操作规程》开启栓剂配料罐加热和搅拌，对照批生产指令单，核对无误后将基质缓慢加入至栓剂配料罐内（块状物料要另行加热熔融），控制一定温度；熔融后开启搅拌器，控制转速为 15～30 r/min；完全熔融后，继续搅拌 40 min以上，调整栓液至一定温度，恒温搅拌备用。④将栓剂配料罐的搅拌器转速降低至 10～15 r/min；对照批生产指令单，核对无误后将药物依次缓缓加入基质液中；加完后再将转速提高持续搅拌，至目测色泽均匀一致，混匀后控制栓液温度，恒温搅拌备用。⑤以上各操作步骤的实际最高转速以不将药液溅出为宜。⑥对栓剂配料罐按《生产区清洁消毒管理规程》选择一般清洗或彻底清洗，并根据各自的清洁规程进行清洁；容器及工、用具按《生产用工具、器具清洁消毒程序》进行清洁消毒；对生产现场按《清场管理规程》清场至合格。

（3）制栓：①按《清场管理规程》进行生产前确认，确保工序清场合格，设备运转正常，水、电、汽供应正常，容器及工、用具齐备。②操作人员根据批生产指令单从配料间领取配制好的栓液，并对栓液的品名、批号及质量情况进行核实；按《车间中间站管理规程》从内包材暂存间领取药用包装材料。③先按《栓剂灌封机标准操作规程》对灌封机进行设置：设置制带预热温度、制带焊接温度、制带吹泡温度、制带刻线温度；设置恒温罐温度、灌注温度；设置封口预热温度、封口温度；设置冷却温度。④根据生产指令单并按《栓剂灌封机标准操作规程》设置好模具上的品名及批号。⑤灌注前先按《栓剂灌封机标准操作规程》进行空运行，检查药用包装材料的热封情况，热封合格后方可进行下一步操作。⑥根据设备能力，将栓液分次移入栓剂灌封机的恒温罐内，然后按《栓剂灌封机标准操作规程》进行制栓，在制栓起始，及时检查，控制栓重，待重差达到要求后，每隔 20 min对栓重检查 1 次，并随时观察栓板质量情况，做好相应记录。⑦生产过程中，操作人员应在每次操作后及时填写生产记录，制完栓后应通知车间填写请验单。⑧每批生产结束后，对灌封机进行清洁；容器及工、用具按《生产用工具、器具清洁消毒程序》进行清洁消毒；对生产现场按《清场管理规程》清场至合格。

3. 质量控制。栓剂成型过程中的质量控制点有：

（1）外观：应光滑、无裂缝、不起霜或变色。

（2）含量：栓剂中有效成分的含量，每个均应符合标示量。

（3）融变时限：此项是测定栓剂在体温 37 ℃±0.5 ℃（见《中国药典》2015 年版，四部，通则 0922）下软化、熔化或溶解的时间。

（4）熔点范围测定：用油脂性基质制成的栓剂应测定其熔点范围，一般规定应与体温接近（约 37 ℃）；水溶性基质的栓剂，其熔点对吸收影响不大，故无严格要求。

（5）体外溶出试验与体内吸收试验应符合要求。

（6）重量差异：根据《中国药典》2015 年版栓剂的重量差异限度标准，应符合的要求如表 5－1 所示。

表 5－1 栓剂重量差异限度标准

平均粒子重	重量差异限度
1.0 g 及 1.0 g 以下	±10%
1.0 g 以上至 3.0 g	±7.5%
3.0 g 以上	±5%

扫一扫 看生产记录册

三、 原理知识

（一）栓剂含义及其特点

栓剂是药物与适宜的基质制成供腔道给药的固体制剂。栓剂在常温下为固体，塞入腔道后，在体温下能迅速软化或溶解于分泌液，逐渐释放药物而产生局部或全身作用。早期人们认为栓剂只能起到润滑、收敛、抗菌、杀虫、局麻等局部作用，后来发现栓剂还可以通过直肠吸收发挥全身作用，并可以避免肝脏的首过效应。近十几年来国内外生产的栓剂的品种和数量显著增加。

栓剂按给药途径不同分为直肠用、阴道用、尿道用等栓剂，例如肛门栓、阴道栓、尿道栓、牙用栓等，其中最为常用的是肛门栓和阴道栓。肛门栓形状有椭圆形、圆柱形、鱼雷形等（图 5－9），阴道栓形状有球形、卵形、鸭嘴形等（图 5－10）。

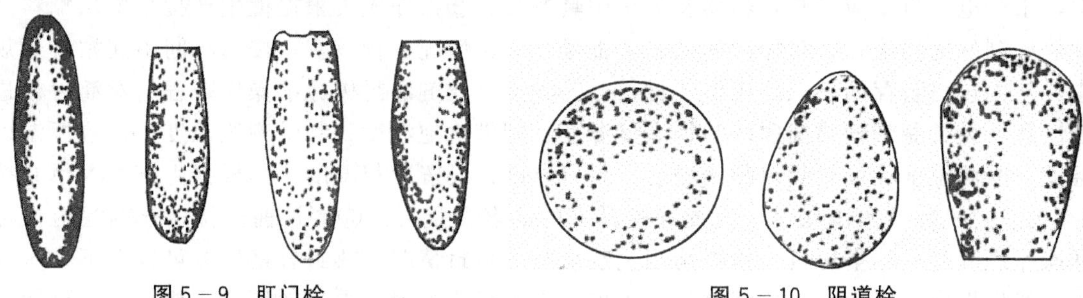

图 5－9 肛门栓　　图 5－10 阴道栓

（二）栓剂的常用物料

1. 药物。供制栓剂用的固体药物，除另有规定外，应预先用适宜的方法制成细粉，并全部通过六号筛。栓剂中药物加入后可溶于基质，也可混悬于基质。根据使用腔道和施用目的的不同，制成各种适宜的形状。

2. 基质。优良的基质应具备下列要求：①室温时有适宜的硬度与韧性，塞入腔道时不变形或碎裂。在体温时易软化、熔化或溶解。②与药物混合后不起反应，亦不妨碍主药的作用与含量测定。③对黏膜无刺激性、无毒性、无过敏性，欲产生局部作用的栓剂，基质释药应缓慢而持久；欲起全身作用者，则要求引入腔道后能迅速释药。④基质本身稳定，在储藏过程中不发生理化性质变化，不易生霉变质等。⑤具有润湿或乳化的能力，水值较高，即能容纳较多的水。⑥不因晶型的转化而影响栓剂的成型，冷压法和热熔法制备栓剂时应易于脱模。⑦基质的熔点与凝固点的间距不宜过大，油性基质的酸价应在 0.2 以下，皂化价应在 200～245，碘价低于 7，熔点与凝固点之差要小。

常用的栓剂基质可分为油脂性基质和水溶性基质两大类。

（1）油脂性基质：有可可豆脂、半合成或合成脂肪酸甘油酯等。其中可可豆脂是从梧桐科植物可可树种仁中得到的一种固体脂肪，主要是含有硬脂酸、棕榈酸、油酸、亚油酸和月桂酸的甘油酯，其中可可碱的含量可高达 2%。可可豆脂为白色或淡黄色脆性蜡状固体，有 α、β、β'、γ 四种晶型，其中以 β 型最稳定，熔点为 34 ℃。通常应缓缓升温加热待熔化至 2/3 时，停止加热，余热使其全部熔化，以避免上述异物体的形成。每 100 g 可可豆脂可吸收 20～30 g 的水，若加入 5%～10%的吐温 61 可增加吸水量，还有助于药物混悬于基质中。

(2) 水溶性基质：主要有甘油明胶、聚乙二醇类、聚氧乙烯（40）单硬脂酸酯类等。其中甘油明胶是由明胶、甘油、水按7:2:1的比例在水浴上加热融合，蒸去大部分水，放冷后凝固而成，多用作阴道栓剂基质，在局部起作用。其优点是有弹性、不易折断，且在体温下不熔化，但塞入腔道后能软化并缓慢地溶于分泌液中，使药效缓和而持久。其溶解度与明胶、甘油、水三者的比例量有关，甘油和水含量越高越易溶解，且甘油也能防止栓剂干燥。

3. 附加剂。栓剂的处方中，根据不同目的须加入一些附加剂，如硬化剂白蜡、鲸蜡醇、硬脂酸、巴西棕榈蜡等，增稠剂氢化蓖麻油、单硬脂酸甘油酯、硬脂酸铝等，乳化剂及吸收促进剂等，通常为表面活性剂。

4. 着色剂。可选用脂溶性着色剂，也可选用水溶性着色剂，但加入水溶性着色剂时，必须注意加水后对 pH 值和乳化剂乳化效率的影响，还应注意控制脂肪的水解和栓剂中的色移现象。

5. 抗氧剂。对易氧化的药物应加入抗氧剂，如叔丁基羟基茴香醚（BHA）、叔丁基对甲酚（BHT）、没食子酸酯类等，以延缓主药的氧化速度。

6. 防腐剂。当栓剂中含有植物浸膏或水性溶液时，可使用防腐剂和抗菌剂，如对羟基苯甲酸酯类。使用防腐剂时应验证其溶解度、有效剂量、配伍禁忌及直肠对它的耐受性。

(三) 栓剂制备工艺与设备

制备栓剂一般有冷压法和热熔法两种，具体选择制法时可以依据基质的不同和制备的数量。用油脂性基质栓剂可采用任何一种方法，水溶性基质多采用热熔法。

图 5－11　卧式制栓机

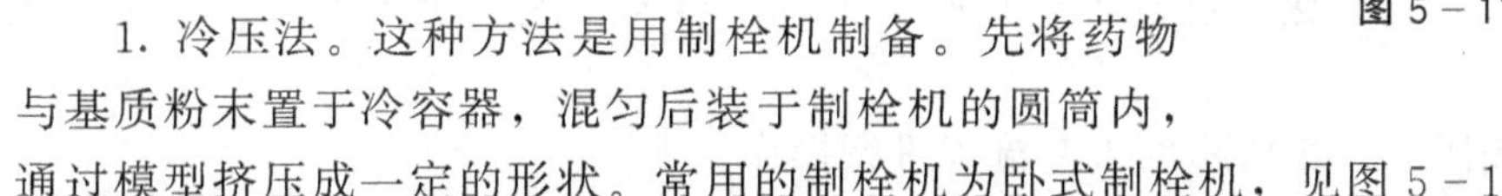

1. 冷压法。这种方法是用制栓机制备。先将药物与基质粉末置于冷容器，混匀后装于制栓机的圆筒内，通过模型挤压成一定的形状。常用的制栓机为卧式制栓机，见图 5－11。

2. 热熔法。这种方法应用最为广泛。将计算量的基质在水浴上加热熔化（勿使温度过高），然后将不同的药物加入研磨混合，使药物均匀分散于基质中，倾入已经冷却并涂有润滑剂的栓模中，至稍有溢出模口为宜，冷却，等完全冷却凝固后，用刀削去溢出的部分。开启模型，推出栓剂，晒干，包装即可。其一般工艺流程见图 5－12。

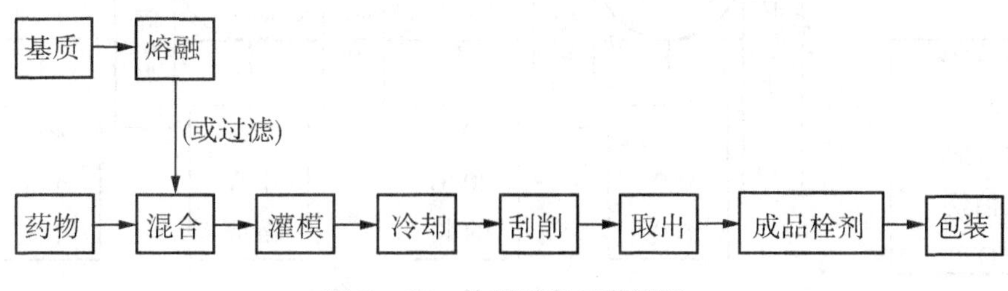

图 5－12　栓剂制备工艺流程

(四) 栓剂成型过程中的质量控制

栓剂成型过程中的质量控制点有：

(1) 外观。应光滑、无裂缝、不起霜或变色。

(2) 重量差异。栓剂中有效成分的含量，每个均应符合标示量。

(3) 融变时限。此项是测定栓剂在体温 37 ℃±0.5 ℃（见《中国药典》2015 年版，四部，通则 0922）下软化、熔化或溶解的时间。

(4) 熔点范围测定。用油脂性基质制成的栓剂应测定其熔点范围，一般规定应与体温接近（约 37 ℃）；水溶性基质的栓剂，其熔点对吸收影响不大，故无严格要求。

(5) 体外溶出试验与体内吸收试验应符合要求。

四、 问题与思考

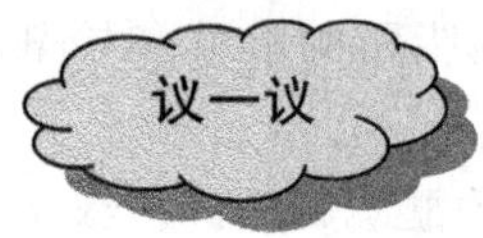

1. 栓剂有哪些类型？质量要求是什么？作用特点是什么？
2. 理想的栓剂基质应符合哪些特点？常用的栓剂基质有哪些？

项目二十六　微囊制备

一、 学习内容与要求

1. 熟悉微囊制备的生产工艺。
2. 了解微囊制备常用的囊材。

二、 实践操作

1. 条件准备。已完成净化的制剂生产车间、工具、容器、配制设备等各种状态标识牌均合格。

2. 操作要点。按图 5 - 13 所示的工艺流程进行操作。

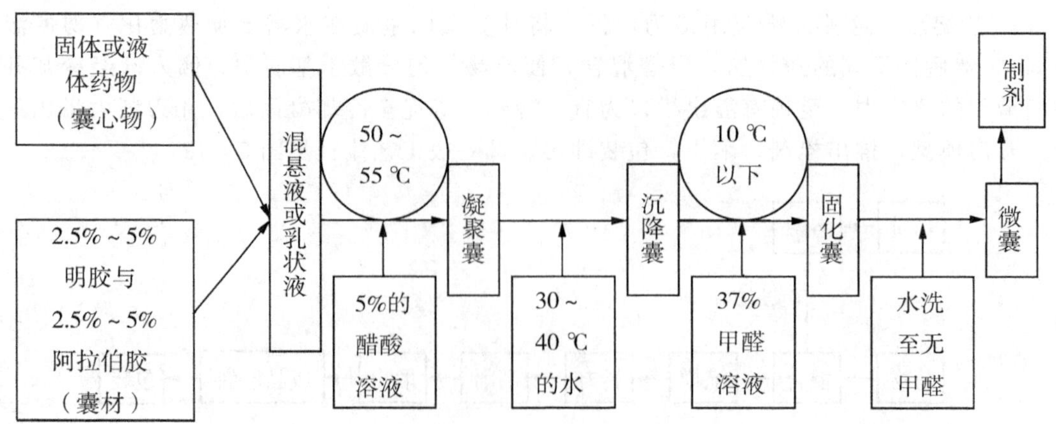

图 5 - 13　微囊制备工艺流程

3. 质量控制。操作主要控制 pH 值、温度及甲醛浓度等 3 个重要因素，以保证形成的微囊囊形圆整，粒径大小适宜、均匀，获得较高的包封率并有效控制囊壁厚度。

三、 原理知识

（一）微囊简介

微囊是将固体或液体药物用辅料包裹而成的微型胶囊，通常粒径为 1～250 μm 的称为微囊，而粒径为 10～1 000 nm 的称为纳米囊。药物微囊化后可掩盖药物的不良气味及味道，提高药物的稳定性，防止药物在胃内失活或减少对胃的刺激性；使液态药物固态化，减少复方药物的配伍变化及使药物具有缓释、控释或靶向作用。制成的微囊可作散剂、胶囊剂、颗粒剂、冲剂、片剂、丸剂、注射剂、植入剂及软膏剂等各种剂型制备的基础原料。

微囊由囊心物、囊材组成。囊心物一般包括药物和提高微囊质量的附加剂，如稳定剂、稀释剂、增塑剂及控制释放速率的阻滞剂或促进剂等。囊材也称微囊的载体材料，系指用于包囊所需的材料。一般要求囊材应性质稳定，无毒、无刺激性；有适宜的释药速率；可与药物配伍，对药物的药理作用和含量测定无影响；有一定的强度和可塑性，能完全包封囊心物，且有适宜的黏度、渗透性、亲水性和溶解性；若注射用的囊材，应具有生物相容性和生物降解性。

常用的囊材可分为天然、半合成及合成的高分子材料。天然高分子囊材有明胶、阿拉伯胶、海藻酸盐等；半合成高分子囊材有羧甲基纤维素、乙基纤维素、甲基纤维素等；合成高分子囊材有聚酰胺、硅橡胶、聚乙烯醇、聚丙烯酸树脂等。

（二）微囊化方法

微囊制备方法按其制备原理可分为物理化学法、物理机械法和化学法。

1. 物理化学法。本法又称相分离法，即将药物与囊材的混合溶液采用一定的方法使囊材的溶解度降低，自溶液中产生一个新相而制成微囊的方法。根据形成新相方法的不同，本法可分为单凝聚法、复凝聚法、溶剂-非溶剂法、改变温度法、液中干燥法。

（1）单凝聚法：是在药物与高分子囊材溶液中加入凝聚剂以降低囊材的溶解度而凝聚成囊的方法，所得微囊粒径为 2～5 000 μm。常用的凝聚剂为 Na_2SO_4 等电解质或乙醇、丙酮等强亲水性非电解质。囊材可用明胶、甲基纤维素、聚乙烯醇等。

（2）复凝聚法：是利用两种具有相反电荷的高分子材料作囊材，将囊心物分散在囊材的水溶液中，在一定的条件下使相反电荷的高分子之间反应并交联成复合物，溶解度降低，引起相分离而与囊心物凝聚成囊的方法，所得微囊粒径为 2～5 000 μm。可作复合囊材的有明胶-阿拉伯胶、明胶-羧甲基纤维素、海藻酸盐-聚赖氨酸等。

（3）其他相分离法：溶剂-非溶剂法是指在药物与囊材溶液中加入一种对囊材不溶的液体，引起相分离而将药物包成微囊的方法。本法所用药物可以是固态或液态，但必须对溶剂或非溶剂均不溶解，也不引起反应。

2. 物理机械法。物理机械法是指在一定的设备条件下，将固态或液态药物在气相中制成微囊的方法，适用于水溶性或脂溶性的固态或液态药物。常用的方法有以下几种：

（1）喷雾干燥法：又称液滴喷雾干燥法，系将囊心物分散于囊材溶液中，用喷雾法喷入惰性气体，使液滴收缩成球形，进而干燥固化。

（2）喷雾凝结法：是将囊心物分散于熔融的囊材中，然后将混合物趁热再喷于冷气流中凝聚而成囊的方法。

(3) 空气悬浮包衣法：又称流化床包衣法，系利用垂直强气流使囊心物悬浮在包衣室中，囊材溶液通过喷嘴射于囊心物表面，囊心物悬浮的热气流将溶剂挥发干，使囊心物表面形成囊材薄膜而成微囊。

此外常用的物理机械法还有多孔离心法、锅包衣法等。

3. 化学法。化学法是通过单体或高分子在溶液中通过聚合反应或缩合反应产生囊膜而形成微囊的方法。本法通常先制成W/O型乳浊液，再利用化学反应交联固化，不需加入絮凝剂，常用的方法包括界面缩聚法、辐射化学法等。

(1) 界面缩聚法：也称界面聚合法，是指处于分散相的囊心物质与连续相界面的单体发生聚合反应。

(2) 辐射化学法：是将聚乙烯醇或明胶等囊材制成乳浊液后，以γ射线照射后使囊材发生交联形成微囊。

(三) 微囊的质量评价

微囊的质量评价是保证微囊中药物发挥应有作用的重要一环。

1. 微囊的囊形与大小。微囊形态应为圆整球形或椭圆形的封闭囊状物，也有不规则形。其大小为1～500 μm，且大小应比较均匀，分散性能好。

2. 微囊中药物含量的测定。微型胶囊中药物含量测定，也是其重要质量指标之一，与其他剂型具有同等重要的意义。可是目前由于制备微囊的方法繁多，每种方法制得的产品包囊的药物量不同，喷雾干燥法和空气悬浮法制得微囊的被包囊药物量达95%，而相分离法所制得的微囊，药物含量常为20%～80%。

3. 载药量与包封率。测定一定质量粉末状微囊内的药量，载药量可由下式求得：

微囊的载药量=(微囊内的药量/微囊的总质量) ×100%

包封率可由下式计算：

包封率=[微囊内的药量/(微囊内药量+介质中的药量)] ×100%

微囊内的药量占投药量的百分比率称为药物的包封产率，对评价微囊的质量意义不大，微囊的包封产率和载药量高低取决于采用的工艺。喷雾干燥法和空气悬浮法可制得包封产率95%以上的微囊，但是用相分离法制得的微囊，其包封产率常为20%～80%。

4. 微囊中药物的释放度测定。为了掌握微囊中药物的释放规律、释放时间及奏效部位，必须对微囊进行释放速率的测定。

影响微囊中药物释放速度的因素主要有微囊的粒径、囊壁的厚度、囊壁的物理化学性质、药物的性质、附加剂的影响。此外工艺条件与剂型、pH值和离子强度均会影响微囊中药物的释放速度。

四、 问题与思考

1. 常用的微囊化方法有哪些？简述单凝聚法制备微囊的原理和基本过程。
2. 囊心物和囊材应符合哪些质量要求？常用的囊材有哪些？

项目二十七　其他液体制剂生产

任务一　糖浆剂生产

一、 学习内容与要求

1. 通过实训，掌握糖浆剂的制备工艺操作。
2. 熟悉糖浆剂配制及灌封的相关设备。
3. 学会正确进行清场，对生产设备进行正常维护和保养。

二、 实践操作

1. 条件准备。已完成净化的糖浆剂生产车间、不锈钢蒸汽夹层锅、配液罐、直线式液体灌装旋盖机等，以及各种状态标识牌。

2. 操作要点。进入糖浆剂生产现场，识读现场各项设施与设备的名称及功能；根据现场提供的洁净状况、各种标识等信息判断生产现场状态；根据配制处方进入现场准备配制、灌封操作。

3. 质量控制。

(1) 糖浆剂生产车间洁净度应达到C级，温度为18～26 ℃、相对湿度为45%～65%。

(2) 采用热熔法制备时，如加热过久或超过100 ℃时转化糖的含量即增加，糖浆易发霉变质且制品的颜色变深，生产过程中须注意控制加热的温度和时间。

4. 操作完毕应严格按清场操作规程的要求清场。

5. 糖浆剂的外观、含蔗糖量、装量差异、微生物限度应符合标准规定。

三、 原理知识

(一) 糖浆剂概述

1. 概念。糖浆剂是指含有药物、药材提取物或芳香物质的浓蔗糖水溶液。

2. 分类。根据其组成和用途的不同，糖浆剂可分为以下几类：

(1) 单糖浆：不含任何药物，除供制备含药糖浆外，一般可作矫味糖浆，如橙皮糖浆、姜糖浆等，有时也用作助悬剂。

(2) 药用糖浆：又称含药糖浆，主要用于治疗疾病，如磷酸可待因糖浆、五味子糖浆等。

(3) 芳香糖浆：为芳香性物质或果汁的浓蔗糖水溶液。主要用作液体制剂的矫味剂，如橙皮糖浆等。

3. 质量要求。糖浆剂应澄清，在贮存期间不得出现酸败、异臭、产生气体或其他变质现象。含有药材提取物的糖浆，允许有少量轻摇易散的沉淀。糖浆剂中可加入适宜的附加剂，必要时可添加适量的乙醇、甘油或其他多元醇。如果需要加入色素，其品种和用量应符合有关规定，且注意避免对检验产生干扰。

（二）生产工艺

1. 热溶法。制备糖浆剂工艺流程一般为：物料的准备→制备单糖浆→配液→滤过→灌封→质量检查→包装→入库。

（1）物料的准备：制备糖浆剂的物料主要有药物原料和白砂糖。含有中药成分的糖浆剂应将中药原料进行提取、浓缩和精制制成清膏。

（2）制备单糖浆：将规定量的药用白砂糖用纯化水加热溶解，过滤后转移至配液罐中备用（图 5－14）。

（3）配液：将药物或中药清膏加入单糖浆内，同时加入防腐剂或其他附加剂，搅拌混匀后加热灭菌 30 min。

（4）滤过：灭菌后液体经不锈钢过滤器过滤，冷却至室温后加新煮沸的纯化水调整至规定量，过滤至澄明（图 5－15）。

（5）灌封：糖浆剂常用的内包装容器为玻璃瓶或塑料瓶。

（6）质量检查：按照《中国药典》2015 年版糖浆剂项下质量检查要求进行检查，应符合规定。

（7）包装入库：瓶身贴标签后，和药品说明书一起放入印制好的纸盒中，装箱入库。

图 5－14　不锈钢配液罐

图 5－15　不锈钢过滤器

（三）常用设备

糖浆剂制备常用的设备主要有中药提取、浓缩设备、不锈钢蒸汽夹层锅、配液罐、不锈钢过滤器、直线式液体灌装旋盖机（图 5－16）及全自动不干胶贴签机（图 5－17）等。

（四）质量控制的要点

1. 药物加入的方法。水溶性固体药物，可先用少量蒸馏水使其溶解再与单糖浆混合；水中溶解度小的药物，可酌加少量其他适宜的溶剂使药物溶解，然后加入单糖浆中，搅匀，即得；药物为可溶性液体或药物的液体制剂时，可将其直接加入单糖浆中，必要时过滤；药物为含乙醇的液体制剂，与单糖浆混合时常发生混浊，为此可加入适量甘油助溶；

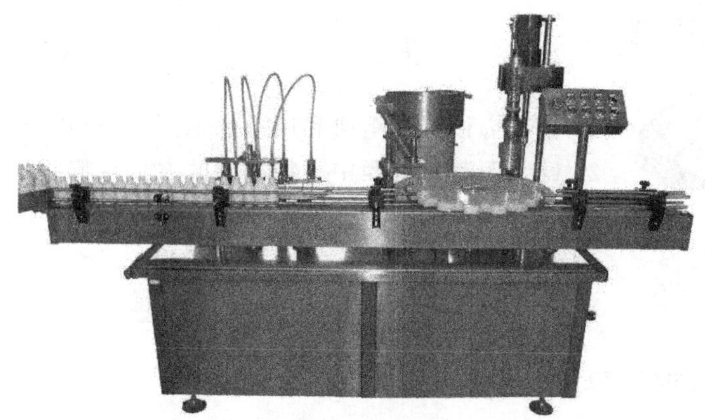

图 5－16　直线式液体灌装旋盖机

图 5－17　全自动不干胶贴签机

药物为水性浸出制剂，因含多种杂质，须纯化后再加到单糖浆中。

2. 制备时的注意事项。应在避菌环境中制备，各种用具、容器应进行洁净或灭菌处理，并及时灌装；应选择药用白砂糖；生产中宜用蒸汽夹层锅加热，温度和时间应严格控制。糖浆剂应在 30 ℃以下密闭贮存。

糖浆剂的质量评定

【含蔗糖量】应不低于 45％。

【装量】单剂量灌装的糖浆剂，按照《中国药典》2015 年版四部“糖浆剂装量差异检查法”检查，应符合规定。

【微生物限度】除另有规定外，按照《中国药典》2015 年版“非无菌产品微生物限度”检查：微生物计数法、控制菌检查法及非无菌药品微生物限度标准检查应符合规定。

四、 问题与思考

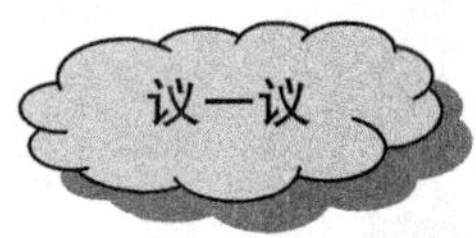

1. 糖浆剂根据其组成和用途的不同可分为哪几类?
2. 糖浆剂制备过程中药物加入的方法有哪些?

任务二 混悬剂生产

一、 学习内容与要求

1. 通过实训，掌握混悬剂的制备工艺操作。
2. 熟悉混悬剂制备的相关设备。
3. 学会正确进行清场，对生产设备进行正常维护和保养。

二、 实践操作

1. 条件准备。已完成净化的混悬剂生产车间、粉碎机、乳匀机或胶体磨、直线式液体灌装旋盖机等，以及各种状态标识牌。

2. 操作要点。进入混悬剂生产现场，识读现场各项设施与设备的名称及功能；根据现场提供的洁净状况、各种标识等信息判断生产现场状态；根据配制处方进入现场，准备粉碎、研磨、灌封操作。

3. 质量控制。

(1) 混悬剂生产车间洁净度应达到 10 万级，温度为 18～26 ℃，相对湿度为 45%～65%。

(2) 亲水性药物如氧化锌、炉甘石、碱式碳酸铋、碳酸钙、碳酸镁、磺胺类等，一般可先将药物粉碎至一定细度，再采用加液研磨法制备；对于质重、硬度大的药物，为使它们有足够的分散度，可采用“水飞法”制备；用疏水性药物如樟脑、薄荷脑、硫等制备混悬剂时，药物与水的接触角大于 90°，不易被水润湿，很难制成混悬剂，可加入润湿剂与药物共研，改善疏水性药物的润湿性，同时加入适宜的助悬剂，可制得稳定的混悬剂。

4. 操作完毕，应严格按清场操作规程的要求清场。

5. 混悬剂的微粒大小、沉降容积比、絮凝度、重新分散试验、微生物限度等应符合标准规定。

扫一扫 看生产记录册

三、 原理知识

(一) 混悬剂概述

混悬剂系指难溶性固体药物以微粒状态分散于分散介质中形成的非均匀的液体制剂。混悬剂中的药物微粒直径一般为 0.5～10 μm，小者可为 0.1 μm，大者可达 50 μm 或更大。混悬剂属于热力学不稳定的粗分散体系，所用分散介质大多数为水，也可用植物油。

（二）混悬剂的稳定剂

混悬剂为不稳定分散体系。为了增加混悬剂的稳定性，以适应临床需要，可加入适当的稳定剂。常用的稳定剂有助悬剂、润湿剂、絮凝剂与反絮凝剂。

1. 助悬剂。助悬剂能增加分散介质的黏度，降低药物微粒的沉降速度；能被吸附在微粒表面，增加微粒的亲水性，形成保护膜，阻碍微粒合并和絮凝，并能防止结晶转型；个别的助悬剂还具有触变性。这些均能增加混悬剂的稳定性。助悬剂的种类如下：

（1）低分子助悬剂：常用的低分子助悬剂有甘油、糖浆等。甘油多用于外用混悬剂。糖浆主要用于内服的混悬剂，除具有助悬作用外，还有矫味作用。这类助悬剂目前已很少使用。

（2）高分子助悬剂：①天然的高分子助悬剂：主要有阿拉伯胶、西黄蓍胶、桃胶、海藻酸钠、琼脂、脱乙酰甲壳素等。阿拉伯胶可用其粉末或胶浆，用量为5%～15%；西黄蓍胶可用其粉末或胶浆，因黏度大，一般用量可为0.5%～1%。使用天然高分子助悬剂的同时，应加入防腐剂，如苯甲酸类、尼泊金类或酚类等。②合成或半合成高分子助悬剂：主要有甲基纤维素、羧甲基纤维素钠、羟丙基纤维素、羟丙甲纤维素、羟乙基纤维素、卡波普、聚维酮、葡聚糖、丙烯酸钠等，一般用量为0.1%～1%。③触变胶：某些胶体溶液在一定温度下静置时，逐渐变为凝胶，当搅拌或振摇时，又复变为溶胶，胶体溶液的这种可逆的变化性质称为触变性，具有触变性的胶体称为触变胶。利用触变胶作助悬剂，使静置时形成凝胶，防止微粒沉降。

2. 润湿剂。润湿剂能降低药物微粒与分散介质之间的界面张力，增加疏水性药物的亲水性，有助于疏水性药物的润湿与分散。常用的润湿剂是 HLB 值在 7～9 的表面活性剂，如聚山梨酯类、聚氧乙烯脂肪醇醚类、聚氧乙烯蓖麻油类、磷脂类、泊洛沙姆等。此外，乙醇、甘油也有一定的润湿作用。

3. 絮凝剂与反絮凝剂。絮凝剂与反絮凝剂可以是不同的电解质，也可以是同一电解质由于用量不同而起絮凝或反絮凝作用。常用的絮凝剂和反絮凝剂有：枸橼酸盐（酸式盐或正盐）、酒石酸盐（酸式盐或正盐）、磷酸盐及一些氯化物（如氯化铝）等。

（三）生产工艺

混悬剂的制法有分散法、凝聚法两种。分散法是将固体药物粉碎成符合混悬剂要求的微粒，再分散于分散介质中制成混悬剂。小量制备可用乳钵，大量生产时可用乳匀机、胶体磨等机械。

凝聚法是借助物理方法或化学方法将离子或分子状态的药物在分散介质中聚集制成混悬剂。物理凝聚法（微粒结晶法）是选择适当溶剂将药物制成热饱和溶液，在急速搅拌下加至另一种不同性质的冷液体中，通过溶剂的转换作用，使药物快速结晶，可得到 10 μm 以下（占 80%～90%）的微粒沉降物，再将微粒分散于适宜的介质中制成混悬剂。化学凝聚法是将两种药物的稀溶液在低温下相互混合，使之发生化学反应生成不溶性药物微粒混悬于分散介质中制成混悬剂。这样制得的混悬剂分散比较均匀。

分散法工艺流程：物料的准备→粉碎或研磨→分散→灌封→质量检查→包装→入库。

1. 物料的准备。

（1）药物：制备混悬剂条件：①难溶性药物，须制成液体制剂供临床应用时。②药物的剂量超过了溶解度而不能以溶液剂形式应用时。③两种溶液混合时药物的溶解度降低而析出固体药物时。④使药物产生缓释作用时。

(2) 分散介质：大多数为水，也可用植物油。

(3) 助悬剂：用量应视药物的性质（如亲水性强弱等）与助悬剂本身的性质而定。一般疏水性强的药物多加，疏水性弱的药物少加，亲水性药物一般可不加或少加。

2. 粉碎/研磨。将药物粉碎成规定粒子的大小。亲水性药物如氧化锌、炉甘石等，采用加液研磨法制备；质重、硬度大的药物如珍珠等，采用“水飞法”制备；疏水性药物如樟脑、薄荷脑、硫等加入润湿剂与药物共研，改善疏水性药物的润湿性。

3. 分散。研磨后的药物加入处方规定量的助悬剂及其他附加剂，混匀后加入分散介质，调整至规定量。

4. 灌封。混悬剂常用的内包装容器为玻璃瓶或塑料瓶。

5. 质量检查。按照混悬剂质量评定要求进行检查，应符合规定。

6. 包装入库。瓶身贴标签后，和药品说明书一起放入印制好的纸盒中，装箱入库。

图 5－18 胶体磨

(四) 常用设备

混悬剂制备常用的设备主要有粉碎机、乳匀机或胶体磨（图 5－18、图 5－19）、直线式液体灌装旋盖机及全自动不干胶贴签机等。

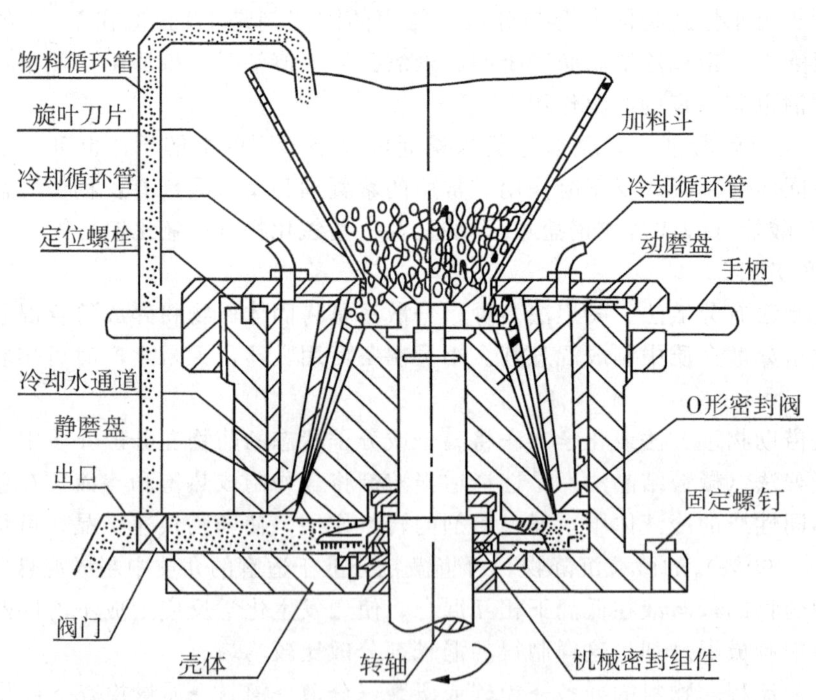

图 5－19 胶体磨工作原理

(五) 质量控制的要点

(1) 药物本身的化学性质应稳定，在使用或贮存期间含量应符合要求。

（2）混悬剂中的微粒大小根据用途不同而有不同要求。

（3）粒子的沉降速度应很慢，沉降后不应有结块现象；轻摇后应迅速均匀分散，以保证剂量的准确性。

（4）混悬剂应有一定的黏度要求，便于倾倒且不沾瓶壁。

（5）外用混悬剂应容易涂布，不易流散，干后能形成保护膜。

（6）标签上应注明“用前摇匀”。

知识拓展

混悬剂的质量评定

混悬剂质量的优劣，应按质量要求进行评定。评定方法如下：

1. 微粒大小的测定。混悬剂中的微粒大小及其分布情况直接关系到混悬剂的稳定性。隔一定的时间测定粒子大小以分析粒径及粒度分布的变化，可大概预测混悬剂的稳定性。测定混悬剂粒子大小常采用显微镜法、库尔特计数法进行测定。

（1）显微镜法：系用光学显微镜观测混悬剂中微粒的大小及其分布。

（2）库尔特计数法：库尔特计数器是常用的测定仪器，其基本传感元件是小孔管，小孔管下端有小孔，小孔的直径范围是几十微米至1 000 μm。将小孔管浸没于待测样品在适宜电解质溶液的混悬液中，在小孔管的内、外各加一电极，使样品的混悬液通过小孔管而流动。当混悬液中的粒子通过小孔时，因为粒子不导电，两个电极间的电阻瞬间增大，产生一个大小与粒子体积相关的电压脉冲，经处理换算成球形粒子的体积，并求得粒径。可在很短时间内测量10万个粒子的粒径，并可打印或绘制出若干个粒径组的分布数据或分布曲线。

2. 沉降容积比的测定。沉降容积比是指沉降物的容积与沉降前混悬剂的容积之比。测定方法：将混悬剂放于量筒中，混匀，测定混悬剂的总容积 V_0；静置一定时间后，观察沉降面不再改变时沉降物的容积 V，其沉降容积比 F 为

$$F=\frac{V}{V_0}=\frac{H}{H_0} \tag{5-1}$$

沉降容积比也可用高度表示，H_0 为沉降前混悬液的高度，H 为沉降后沉降面的高度。F 值愈大，混悬剂愈稳定。F 值为1～0。

3. 絮凝度的测定。絮凝度是比较混悬剂絮凝程度的重要参数，用下式表示：

$$\beta=\frac{F}{F_\infty}=\frac{V/V_0}{V_\infty/V_0}=\frac{V}{V_\infty} \tag{5-2}$$

式中，F 为絮凝混悬剂的沉降容积比；F_∞ 为去絮凝混悬剂的沉降容积比；V_∞ 为去絮凝混悬剂的沉降物容积。絮凝度 β 表示由絮凝所引起的沉降物容积增加的倍数，例如去絮凝混悬剂的 F_∞ 值为0.15，絮凝混悬剂的 F 值为0.75，则 $\beta=5.0$，说明絮凝混悬剂沉降容积比是去絮凝混悬剂沉降容积比的5倍。β 值愈大，絮凝效果愈好。用絮凝度评价絮凝剂的效果、预测混悬剂的稳定性具有重要价值。

知识拓展

4. 重新分散试验。优良的混悬剂经过贮存后再振摇，沉降物应能很快重新分散，这样才能保证服用时的均匀性和分剂量的准确性。试验方法：将混悬剂置于100 mL的量筒内，以20 r/min的速度转动，经过一定时间的旋转，量筒底部的沉降物应重新均匀分散。重新分散所需旋转次数越少，说明混悬剂再分散性越好。

5. ξ电位测定。混悬剂中微粒具有双电层，即ξ电位。ξ电位的大小可表明混悬剂存在状态。一般ξ电位在25 mV以下时，混悬剂呈絮凝状态；ξ电位在50～60 mV时，混悬剂呈反絮凝状态。可用电泳法测定混悬剂的ξ电位，ξ电位与微粒电泳速度的关系为

$$\xi=4\pi\frac{\eta v}{\varepsilon E} \tag{5-3}$$

式中，η为混悬剂的黏度；v为微粒电泳速度；ε为介电常数；E为外加电强度。测出微粒的电泳速度，即能计算出ξ电位。常用的测定仪器有显微电泳仪或I_{eta}电位测定仪。

6. 流变学测定。主要是用旋转黏度计测定混悬液的流动曲线，由流动曲线的形状确定混悬液的流动类型，以评价混悬液的流变性质。若为触变流动、塑性触变流动和假塑性触变流动，能有效地减缓混悬剂微粒的沉降速度。

四、问题与思考

1. 混悬剂的稳定剂有哪些？
2. 混悬剂制备过程中质量控制的要点有哪些？

任务三　乳剂生产

一、学习内容与要求

1. 通过实训，掌握乳剂的制备工艺操作。
2. 熟悉乳剂制备的相关设备。
3. 学会正确进行清场，对生产设备进行正常维护和保养。

二、实践操作

1. 条件准备。已完成净化的乳剂生产车间、不锈钢蒸汽夹层锅、配液罐、乳匀机、灌封机，以及各种状态标识牌等。

2. 操作要点。进入乳剂生产现场，识读现场各项设施与设备的名称及功能；根据现场提供的洁净状况、各种标识等信息判断生产现场状态；根据配制处方进入现场准备配制、灌封操作。

3. 质量控制。

(1) 乳剂生产车间洁净度应达到 10 万级，温度为 18～26 ℃、相对湿度为 45%～65%。

(2) 温度：制备乳剂时升高温度不仅能降低黏度，而且能降低界面张力，有利于乳剂的形成。但温度升高的同时也增加液滴的功能，可使液滴聚集甚至破裂，故乳化温度一般不宜超过 70 ℃。

(3) 乳化时间：乳化时间对乳化过程的影响较为复杂，在乳化的开始阶段，外加的机械力作用可促使液滴的形成，但液滴形成后继续长时间地施加机械力，可使液滴之间的碰撞机会增加，导致液滴合并增大，稳定性降低。另外，乳化时间与乳化剂乳化力的强弱、乳化器械及所制备乳剂量的多少有关。因此，最适宜的乳化时间一般须凭经验或预试验确定。

4. 操作完毕，应严格按清场操作规程的要求清场。

5. 乳剂中液滴的大小、分层现象的观察、乳滴合并时间、微生物限度等应符合标准规定。

扫一扫 看生产记录册

三、 原理知识

(一) 概述

乳剂系指互不相溶的两相液体混合，其中一相液体以液滴状态分散于另一相液体中形成的非均匀分散的液体药剂。分散成液滴的一相液体称为分散相、内相或不连续相，包在液滴外面的一相液体则称为分散介质、外相或连续相。乳剂中的水或水性溶液称为水相（用 W 表示），另一与水不混溶的相则称为油相（用 O 表示）。一般的乳剂为乳白色不透明的液体，其液滴大小为 0.1～10 μm；当液滴大小在 0.1～0.5 μm 范围，称为亚微孔；液滴小于 0.1 μm 的乳剂，称为微乳（或称胶束乳剂），微乳为透明液体。静脉注射用的乳剂应为亚微乳，液滴可控制在 0.25～0.4 μm 范围内。乳剂中的液滴分散度大，具有很大的总表面积，界面自由能高，因而属于热力学不稳定体系。

(二) 乳化剂

为了使乳剂易于形成和稳定而加入的第三种物质称为乳化剂。乳化剂对于乳剂的形成、稳定性及药效发挥等起着重大作用，因而乳化剂是乳剂的重要组成部分。

1. 乳化剂的基本要求。

(1) 乳化能力强：乳化能力是指能显著降低油水两相之间的界面张力，并能在液滴周围形成牢固的乳化膜。

(2) 乳化剂本身应稳定：乳化剂对不同的 pH 值、电解质、温度的变化等应具有一定的耐受性。

(3) 对人体无害：乳化剂不应对机体产生近期的毒副作用，无刺激性，且来源广、价廉。

2. 乳化剂的种类。

(1) 天然乳化剂：多为高分子化合物，具有较强的亲水性，能形成 O/W 型乳剂，由于黏性较大，能增加乳剂的稳定性。天然乳化剂容易被微生物污染，故宜新鲜配制或加入适宜的防腐剂，如阿拉伯胶、西黄蓍胶、明胶、杏树胶、磷脂等。

（2）表面活性剂：此类乳化剂具有较强的亲水性、亲油性，容易在乳滴周围形成单分子乳化膜，乳化能力强，性质较稳定，如阴离子型乳化剂：硬脂酸钠、油酸钠、硬脂酸钙、十二烷基硫酸钠等；非离子型乳化剂：脂肪酸山梨坦、聚山梨酯、卖泽、苄泽、泊洛沙姆等。

常用 HLB 值 3～8 者为 W/O 型乳化剂，而 HLB 值 8～16 者为 O/W 型乳化剂。

（3）固体微粒乳化剂：此类乳化剂形成的乳剂类型是由接触角 θ 决定的。当 $\theta<90°$ 时易被水润湿，形成 O/W 型乳剂，如氢氧化镁、氢氧化铝、二氧化硅、皂土等；当 $\theta>90°$ 时易被油润湿，则形成 W/O 型乳剂，如氢氧化钙、氢氧化锌、硬脂酸镁等。

（4）辅助乳化剂：乳化能力一般很弱或无乳化能力，但能提高乳剂的黏度，并能增强乳化膜的强度，防止乳滴合并。增加水相黏度的辅助乳化剂常用甲基纤维素、羧甲基纤维素钠、羟丙基纤维素、海藻酸钠、琼脂、西黄蓍胶、阿拉伯胶、黄原胶、果胶、皂土等。增加油相黏度的辅助乳化剂常用鲸蜡醇、蜂蜡、单硬脂酸甘油酯、硬脂酸、硬脂醇等。

3. 乳化剂的选择。应根据乳剂的使用目的、药物的性质、处方的组成、欲制备乳剂的类型、乳化方法等综合考虑，适当选择。

（1）根据乳剂的类型选择：在乳剂的处方设计时应先确定乳剂类型，根据乳剂类型选择所需的乳化剂。O/W 型乳剂应选择 O/W 型乳化剂，W/O 型乳剂应选择 W/O 型乳化剂。乳化剂的 HLB 值为这种选择提供了重要的依据。

（2）根据乳剂给药途径选择：口服乳剂应选择无毒的天然乳化剂或某些亲水性高分子乳化剂。外用乳剂应选择对局部无刺激性、长期使用无毒性的乳化剂。

（3）根据乳化剂性能选择：乳化剂的种类很多，其性能各不相同，应选择乳化性能强、性质稳定、受外界因素（如酸、碱、盐、pH 值等）的影响小、无毒无刺激性的乳化剂。

（4）混合乳化剂的选择：乳化剂混合使用可改变 HLB 值，以改变乳化剂的亲油亲水性，使其有更大的适应性。

（三）乳剂的稳定性

乳剂属于热力学不稳定的非均相分散体系，其不稳定现象主要表现在以下几方面。

1. 分层。乳剂分层又叫作乳析。内相液滴的聚集体比其单个颗粒具有更大的趋势上浮到乳剂顶部或下沉到底部，这种聚集体的形成称为乳剂的分层。乳剂中分层的部分可通过振摇使其分散均匀。在给一定剂量之前聚集体很难被再分散或振摇不充分时，可导致内相中剂量的不准确。而且，药物乳剂的分层使其产品变得不美观，不易被消费者接受。更重要的是，它增加了液滴合并的危险。

根据斯托克斯（Stokes）方程，要增加乳剂的稳定性，其液滴或粒子的大小必须尽可能地降低到最小程度，内外相的密度差异应最小，外相的黏度在合理范围内应最大。增稠剂如西黄蓍胶和微晶纤维素，经常被用于乳剂以增加外相的黏度。

2. 絮凝。乳剂中内相的乳滴发生可逆的聚集现象称为絮凝。但由于乳滴荷电及乳化膜的存在，阻止了絮凝时乳滴的合并。发生絮凝的条件是：乳滴的电荷减少，使 ξ 电位降低，乳滴发生聚集而絮凝。絮凝状态仍保持乳滴及乳化膜的完整性。乳剂中的电解质和离子型乳化剂的存在是产生絮凝的主要原因，同时絮凝与乳剂的黏度、相容积比及流变性有密切关系。由于乳剂的絮凝作用，限制了乳滴的移动并产生网状结构，可使乳剂处于高黏度状态，有利于乳剂稳定。絮凝与乳滴的合并是不同的，但絮凝状态进一步变化也会引起乳滴的合并。

3. 转相。由于某些条件的变化而改变乳剂的类型称为转相，由 O/W 型转变为 W/O 型或由 W/O 型转变为 O/W 型。转相主要是由于乳化剂的性质改变而引起的，如：油酸钠是 O/W 型乳化剂，遇氯化钙后生成油酸钙，变为 W/O 型乳化剂，乳剂则由 O/W 型变为 W/O 型。向乳剂中加入相反类型的乳化剂也可使乳剂转相，特别是两种乳化剂的量接近相等时，更容易转相。转相时两种乳化剂的量比称为转相临界点。在转相临界点上，乳剂不属于任何类型，处于不稳定状态，可随时向某种类型乳剂转变。

4. 合并与破裂。比分层更具有破坏性的是乳剂内相液滴的合并，从而产生相分离，形成不同的液层。乳剂中内相的分离称为乳剂的“破坏”，此时乳剂则被描述成“破裂”，这是不可逆的变化。

由于还有其他一些环境条件（如光、空气和微生物的污染）可对乳剂的稳定性产生负面影响，因此通常还在处方和包装中采取一些措施，以减少这些可能影响产品稳定性的危险因素。

（四）生产工艺

生产工艺流程一般为：物料的准备→乳化→灌封→质量检查→包装入库。

1. 物料的准备。药物能溶于油的先溶于油，可溶于水的先溶于水。根据乳剂的使用目的、药物的性质、处方的组成、欲制备乳剂的类型、乳化方法等综合考虑，适当选择。

2. 乳化。将处方规定量的药物、油相、水相及乳化剂加到乳匀机中混合进行乳化。

3. 灌封。乳剂常用的内包装容器为玻璃瓶或塑料瓶。

4. 质量检查。按照乳剂的质量评定要求进行检查，应符合规定。

5. 包装入库。瓶身贴标签后，和药品说明书一起放入印制好的纸盒中，装箱入库。

（五）常用设备

乳剂制备常用的设备主要有粉碎机、高速搅拌机、高压乳匀机（图 5－20）、胶体磨、超声波乳化装置、直线式液体灌装旋盖机及全自动不干胶贴签机等。

图 5－20 高压乳匀机

（六）质量控制的要点

1. 温度。制备乳剂时升高温度不仅能降低黏度，而且能降低界面张力，有利于乳剂的形成。但温度升高的同时也增加液滴的功能，可使液滴聚集甚至破裂，故乳化温度一般不宜超过 70 ℃。

2. 乳化时间。乳化时间对乳化过程的影响较为复杂，在乳化的开始阶段，外加的机械力作用可促使液滴的形成，但液滴形成后继续长时间地施加机械力，可使液滴之间的碰撞机会增加，导致液滴合并增大，稳定性降低。另外，乳化时间与乳化剂的乳化力强弱、乳化器械及所制备乳剂量的多少有关。因此，最适宜的乳化时间一般须凭经验或预试验确定。

3. 附加剂的加入。

（1）对易氧化变质的乳剂，须在处方中加入抗氧剂，并有适当的标签警告来保证在每次使用后将容器密闭以隔绝空气。

（2）O/W 型乳剂的水相中一般加入抑真菌剂，这是因为真菌（霉菌和酵母菌）比细菌更容易污染乳剂。

（3）口服 O/W 型乳剂中经常加入占外相体积 12%～15%的乙醇，起防腐作用。

4. 包装和贮存。对光敏感的乳剂须使用不透光的容器。保存时避免过冷或过热。冷冻和解冻会导致乳剂粒子的合并，有时会造成乳剂的破裂。过热也会产生相同的后果。

知识拓展

乳剂的质量评定

由于乳剂的种类很多，其作用和给药途径各不相同，因此很难规定统一的质量标准。因为稳定是相对的，在使用过程中，乳剂不发生一点儿变化是不可能的，但变化不应超过使用上对乳剂的要求。因此，对乳剂的质量必须有最基本的评定。

1. 乳剂粒子大小的测定。乳剂粒子大小是衡量乳剂质量的重要指标。不同用途的乳剂对粒子大小的要求不同，如静脉注射乳剂，其粒径应在 0.5 μm 以下。其他用途的乳剂粒径也都有不同要求。乳剂粒径的测定方法如下：

（1）显微镜测定法：用光学显微镜可测定粒径范围在 0.2～100 μm 的粒子，测定粒子数不少于 600 个。

（2）库尔特计数器测定法：库尔特计数器可测定粒径范围为 0.6～150 μm 的粒子和粒度分布。方法简便、速度快，可自动记录并绘制分布图。

（3）激光散射光谱法：样品制备容易，测定速度快，可测定粒径 0.01～2 μm 范围的粒子，最适于静脉乳剂的测定。

（4）透射电镜法：可测定粒子大小及分布，可观察粒子形态。测定粒径范围为 0.01～20 μm。

2. 分层现象的观察。将乳剂以 4 000 r/min 的转速离心处理 15 min，如不分层，则认为质量较好。也可用加速试验法进行乳剂分层考察，将乳剂放于转速为 3 750 r/min、半径为 10 cm 的离心机中，离心 5 h，相当于因密度不同放置一年产生分层的效果。亦可将乳剂置刻度试管中加以染色，再于室温、高温、低温放置一定时间，观察颜色变化，以判断乳剂的分层程度。

3. 测定乳滴合并时间。将含有亲油性乳化剂的油相小心地倒入含有亲水性乳化剂的水面上，形成油/水界面，再取油一滴，注入油/水界面下一定的距离处，该油滴就浮到油相界面，然后停止，直到合并，观察该油滴与油相合并所需的时间。合并时间越长，乳剂越稳定。

四、问题与思考

乳剂不稳定现象主要有哪些表现？

项目二十八　灭菌制剂生产

一、学习内容与要求

1. 掌握注射用水的制备方法与过程监测、热原的性质和去除热原的方法，以及包装容器与包材的处理方法；掌握注射剂的配置及过滤、灌封、灭菌与检漏等工艺环节的技术操作。

2. 熟悉注射用水的质量要求与检验方法、热原的检查方法。

二、实践操作

1. 条件准备。人员按洁净区操作规程更衣、洗手、消毒后进入操作间；检查核实清场情况，检查清场合格证；对设备状况进行检查，确保设备处于合格状态；对生产用工具的清洁状态进行检查；按生产指令领取物料，按物料进入相应区域和净化要求将物料传运进入生产区，存放于物料存放间。

2. 操作要点。

(1) 理瓶工序：按批生产指令领取安瓿并除去外包装，烧字安瓿要核对批号、品名、规格、数量。在理瓶间逐盘理好后送入联动机清洗或送入粗洗间用纯化水粗洗后送入精洗间超声，注射用水甩干并检查清洁符合规定后送隧道烘房。

(2) 配制工序：①操作过程：按批生产指令领取原、辅料。②配液：配料前必须确认所用注射用水已按规定检验，并取得符合规定的结果及报告。将处方量药用炭放入 3 000 mL 注射用水中煮沸，自然放冷。③按过滤操作规程进行粗滤和精滤。④滤液补足注射用水至规定量。

(3) 灌封：①操作过程：将已处理的灌装机、活塞、针头、液球、胶管等安装好，用 0.5 μm 及 0.22 μm 滤芯过滤的新鲜注射用水洗涤，调试灌封机，并校正装量、抽干注射用水，同时根据需要调整管道煤气和氧气压力。接通药液管道，将开始打出的适量药液回入配制，重新过滤，并检查可见异物情况，合格后，开始灌封。灌封时每一小时抽检装量一次，并每小时检查药液澄明情况一次，应符合规定，填写在原始记录上。

(4) 灭菌及检漏：按批生产指令设定好温度、时间、真空度等数据。将封口后的安瓿产品根据产品流转卡，核对品名、规格、批号、数量正确后，送入安瓿检漏灭菌柜中，关闭柜门，按下启动键。灭菌检漏结束后（过程由电脑控制）打开柜门，取出产品，再用纯化水进一步冲洗，逐盘将进色水产品检出后，送干燥室去湿。

(5) 灯检：产品去湿后进入灯检室，核对品名、规格、批号、数量正确后，按《中国药典》2015年版二部附录进行可见异物检查，剔除外观不良品、内在质量不合格品和有装量差异的，灯检后产品送入中间体站。

（6）印包：根据批包装指令，领取一切包装材料。按产品流转卡核对品名、规格、批号、数量等，并根据产品名称、规格、批号安装印字铜板（品名、批号、规格由工序负责人和工序质监员核对）。核对无误后开印包机，同时检查印字字迹是否清晰并将印字后产品逐一装入纸盒内，每10小盒为一扎，同时检查有无漏装。须手工包装的产品，每1小盒为一组，每5小盒或10小盒为一中盒，每10中盒或20中盒为一箱，最后装入大箱中，由工序质监员核对装箱单和拼箱单内容，放入装箱单和拼箱单，核对品名、规格、数量等无误后封箱。

3. 质量控制。

（1）装置：按《中国药典》2015年版四部"装置"项下的检查方法进行，2 mL安瓿检查5支，每支装量均不得少于其标示装量。

（2）澄明度：按卫生部关于注射剂澄明度检查规定进行。

（3）pH值测定：应为5.0～7.0（《中国药典》2015年版二部附录pH项下测定）。

（4）不溶性微粒：不溶性微粒的检查方法参见《中国药典》2015年版四部。静脉滴注用注射液除另有规定外，每1 mL中含有10 μm以上的微粒不得超过20粒，含25 μm以上的微粒不得超过2粒。

（5）细菌内毒素：取样品按《中国药典》2015年版二部附录Ⅸ E方法检查，应为阴性；若为阳性，应再做热原检查。

（6）热原：取样品按《中国药典》2015年版四部方法检查，剂量按家兔体重每1 kg注射10 mL计，应符合规定。产品质量检查合格后，方可贴签、包装、入库。

扫一扫　看生产记录册

扫一扫　看附录

三、原理知识

（一）注射剂的定义、特点和分类

1. 注射剂的定义。注射剂俗称针剂，是指将药物制成供注入机体内的灭菌溶液、混悬液、乳浊液，以及临用前配成溶液或混悬液的灭菌粉末或浓缩液的无菌制剂。注射剂由药物、溶剂、附加剂及容器所组成，其在临床应用广泛，尤其对没有食欲及危重病症的病人用药极为重要。

2. 注射剂的特点。注射剂具有以下几个方面的特点：

（1）药效迅速、剂量准确、作用可靠。特别是静脉注射，药液可直接进入血液循环，更适用于抢救危重病症。

（2）适用于不宜内服的药物，如异味明显、对胃肠道刺激大的药物。

（3）适用于缺乏食欲或不能口服给药的病人。该类病人发病后往往食欲减退或废绝，或不能口服给药，采用注射剂是有效的给药途径。

（4）可以产生局部定时、定向、定位作用，如局部麻醉剂。

（5）使用不便。注射剂直接注入机体，质量要求高，用药须用专门器具和由专业人员操作。

（6）安全性差。使用不当易发生危险，尤其静脉注射时药物的不良反应是不可逆的。

（7）疼痛刺激感强，机体适应性差。注射过程中有不同程度的疼痛感和惊吓感，对机体易产生应激反应。

（8）工艺复杂，生产费用大，价格成本高。

3. 注射剂的分类。按注射剂形态可分为液体注射剂、注射用无菌粉末和注射用浓溶液三类。

（1）液体注射剂：又可分为溶液型注射剂如葡萄糖注射剂、混悬型注射剂（如醋酸地塞米松注射液）和乳浊型注射剂（如维丁胶性钙注射液）。

（2）注射用无菌粉末：亦称粉剂，是指采用无菌操作法或冻干技术制成的注射用无菌粉末或块状制剂。临用前须用适当的溶剂溶解或分散，如青霉素、链霉素类粉针剂。

（3）注射用浓溶液：系指临用前稀释供静脉滴注用的无菌浓溶液，如唑来膦酸注射用浓溶液、替硝唑注射用浓溶液等。

（二）注射剂给药途径

根据临床需要，注射剂的给药途径可分为静脉注射给药、肌内注射给药、皮下注射给药、皮内注射给药、脊椎腔注射给药、穴位注射给药等。

1. 静脉注射给药。静脉注射是将药液直接注入血管，起效最快。静脉注射剂主要是水溶液，油溶液、混悬液一般不能静脉给药。除另有规定外，凡添加抑菌剂、易导致红细胞溶解或使蛋白质沉淀的药液，均不得静脉注射。

2. 肌内注射给药。药液直接注入肌肉组织。除水溶液外，油溶液、混悬液等均可用于肌内注射。

3. 皮下注射给药。药液注射于真皮和肌肉组织之间的松软组织内，主要是水溶液型和长效型。

4. 皮内注射给药。药液注射于表皮和真皮之间，一般用于过敏性试验或疾病诊断。

5. 脊椎腔注射给药。药液注入硬膜外腔内，注射剂如局麻药盐酸普鲁卡因。

6. 穴位注射给药。少量药液注入特定穴位内，产生特殊疗效。

（三）注射剂质量要求

注射剂直接注入体内发挥药效，为了保证用药安全，配制注射剂时使用的原料、辅料、溶媒、容器等均应符合《中国药典》2015 年版或其他质量标准的规定。注射剂应符合下列要求：

1. 无菌。注射剂中不应含有任何活的微生物，必须符合《中国药典》2015 年版的无菌检查要求。

2. 无热原。无热原是注射剂质量要求中的重要指标，特别是用量大的、供静脉注射及脊椎腔注射用的注射剂，必须进行热原检查，应符合《中国药典》2015 年版对热原的检查要求。

3. 澄明度。注射剂在规定条件下检查，不得含有肉眼可见的混浊或异物。

4. 渗透压。注射剂的渗透压要求与血浆的渗透压相等或接近。

5. pH 值。注射剂的 pH 值要求与血液相等或相近，血液的 pH 值为 7.4 左右，注射剂的 pH 值一般控制在 4～9 范围。

6. 安全性。注射剂不能对机体产生毒性反应，必须进行必要的试验，确保安全。

7. 稳定性。注射剂要求必要的物理稳定性和化学稳定性与生物学稳定性，确保在规定的贮存期内安全有效。

8. 其他。注射剂的药物含量、不溶性微粒、色泽、装量等均应符合《中国药典》2015 年版及有关质量标准的规定。

(四) 注射剂的溶剂

注射剂的溶剂包括注射用水、注射用油和其他非水溶剂。注射剂的溶剂对机体应无不良影响，性质稳定，无菌、无热原，并且与主药不发生反应。其用量应不影响药物疗效，且能被组织吸收。

1. 注射用水（详见项目五）。

2. 注射用油。根据药物的性质或需要在机体内延长药效时，可用注射用油作溶媒。常用的油有精制的麻油、花生油或茶油等。

(1) 注射用油的质量要求：无异臭、无酸败味，色泽不得深于黄色 6 号标准比色液；10 ℃时应保持澄明；酸值不大于 0.56；皂化值应为 185～200；碘值应为 79～128。

(2) 注射用油的精制：植物油由各种脂肪酸的甘油酯组成，在贮藏过程中与空气、光线接触可发生化学变化而酸败，酸败的油脂产生低分子化合物如醛类、酮类和脂肪酸，使其酸值增高，并具有刺激性，因而需要精制。许多药物在植物油中溶解度不大，因此注射用油应用有一定的局限性，油溶液不易与液体混合，故药物释放缓慢。一般油溶液不能供静脉注射，因为其可引起局部组织反应如囊肿、异物性肉芽肿或神经损害，故油溶液型注射剂应在标签上注明所用油的名称。

3. 其他注射用非水溶剂。如乙醇、甘油、丙二醇、聚乙二醇等，为常用的亲水性溶媒。一般均用其低浓度的水溶液作为复合溶媒，用于增加主药的溶解度，防止水解，增加溶液的稳定性。亲脂性溶媒有油酸乙酯、三乙酸甘油酯和二甲基亚砜等，常与注射用油合用以降低油的黏滞性。

(1) 乙醇：本品与水、甘油、氯仿或乙醚能任意混溶组成复合溶媒，适用于在水中溶解度小或不稳定，而在稀乙醇中易溶、稳定的药物。在注射剂中，乙醇的最高用量可达 50%，一般为 20%，过高则影响安瓿的熔封。用乙醇作溶媒的注射剂可供肌内注射和静脉注射，但要注意，含醇量超过 10%的注射剂，肌内注射时会有疼痛感。

(2) 甘油：无色、澄清的黏稠液体，味甜，具有引湿性，能与乙醇、水任意混溶，与氯仿、乙醚不溶。因甘油黏度、刺激性较大，故不宜单独作溶媒，但甘油对许多药物的溶解性能好，常将其与水、乙醇、丙二醇等混合作复合溶媒。

(3) 丙二醇：丙二醇无毒但有刺激性，溶解范围广，常与水混溶作复合溶媒。用于在水中溶解度小且不稳定的药物，常用浓度为 1%～50%，如盐酸土霉素注射液。

(4) 聚乙二醇：聚乙二醇为环氧乙烷的聚合物，平均相对分子质量在 300～400 的聚乙二醇为中等黏性、无色、化学性质稳定的液体，适用于作注射剂的溶媒。常用浓度为 1%～50%，如扑热息痛注射液等。此外还有油酸乙酯、乙酸乙酯、三乙酸甘油酯、二甲基亚砜、二甲基乙酰胺、α-吡咯烷酮、甘油甲缩醛等。

（五）注射剂的附加剂

注射剂中除主药、溶媒外，还需要加入一些辅助物质，以达到增溶、助溶、抗氧化、抑菌、调节渗透压及 pH 值等目的，这些附加的辅助物质统称为注射剂的附加剂。附加剂必须在其有效浓度内，对机体安全无害，对主药疗效和检测无影响。

（六）常用附加剂

1. 增溶剂。增溶剂主要为无毒性的非离子型表面活性剂，如吐温类、卖泽类、月桂醇硫酸钠等，广泛应用于各种油溶性、水难溶性药物的增溶，如挥发油、脂溶性维生素、甾体类激素、生物碱类、苷类等的增溶。

2. 助溶剂。有些难溶性药物因加入第三种物质，能在溶液（通常指水溶液）中形成络合物、复盐等而增加其溶解度，这个过程称为助溶，第三种物质称为助溶剂。例如苯甲酸钠可作为咖啡因在水中的助溶剂（形成苯甲酸钠咖啡因，即安钠咖）；乙二胺可作为茶碱在水中的助溶剂（形成氨茶碱）等。

3. 抗氧剂。注射剂中的抗氧剂本身就是极易氧化的还原性物质，当其与易氧化的药物同时存在于药液中时，空气中的氧首先与还原性物质发生反应，从而保护药物不被氧化。选择抗氧剂应以还原性强、使用量小、对机体安全无害、不影响主药稳定性和疗效为准。常用的抗氧剂和使用浓度见表 5－2。

表 5－2　常用的抗氧剂和使用浓度

名称	使用浓度	应用范围
焦亚硫酸钠	0.1%～0.2%	水溶液呈弱酸性，适用于偏酸性药液
亚硫酸氢钠	0.1%～0.2%	水溶液呈弱酸性，适用于偏酸性药液
亚硫酸钠	0.1%～0.2%	水溶液呈中性或弱碱性，适用于偏碱性药液
硫代硫酸钠	0.1%～0.2%	水溶液呈中性或弱碱性，适用于偏碱性药液
抗坏血酸	0.05%～0.2%	水溶液呈酸性，适用于 pH 值为 4.5～7.0 的药物水溶液
没食子酸酯	0.05%～0.1%	主要用于油溶性药液

4. 金属络合物。微量金属离子对氧化反应具有催化作用，尤以 Cu^{2+}、Fe^{2+}、Pb^{2+}、Mn^{2+} 等的作用最强。注射液中的微量金属离子常由原辅料、溶媒中带入。如果在这些药液中加入金属络合物，使其与药液中存在的微量金属离子生成稳定的、几乎不解离的络合物，就可消除金属离子对药物氧化的催化作用。常用的金属络合物有依地酸钙钠和依地酸二钠，使用浓度为 0.005%～0.05%，与抗氧剂合用。

5. 惰性气体。注射液中的药物氧化反应过程极为复杂，但主要根源在于溶媒中和容器空间的氧气。在配制易氧化药物的注射液时，除加入抗氧剂、金属络合物外，还可通入惰性气体以驱除尽注射用水中溶解的氧和容器空间的氧，效果较好。常用的惰性气体有氮气和二氧化碳两种气体，应根据主药的理化性质来选择。一般凡与二氧化碳不发生作用的药物通入二氧化碳，驱氧效果比通氮气的好，因为二氧化碳在水中的溶解度大于氮气的溶解度，相对密度比氮气的大。生产上常用二氧化碳和氮气两种气体，若气体含有少量气体杂质及水分、细菌、热原等，必须经过洗气瓶处理后再通入。配液前先将惰性气体通入注射用水使其饱和，配液时再直接通入药液中。在实际生产中，对 1～2 mL 安瓿注射液，常采用先灌药液后通惰性气体；对5～10 mL安瓿注射液，则常采用先通惰性气体后灌药液，最后再通惰性气体。

6. 抑菌剂。抑制微生物生长繁殖的化学物质称为抑菌剂（或防腐剂）。凡采用低温灭菌、过滤除菌或无菌操作法制备的注射剂，以及多剂量装的注射剂，均应加入适宜的抑菌剂。抑菌剂的加入量应能抑制注射液内微生物的生长，同时对机体无毒害作用，抑菌剂本身不因受热或pH值改变而降低抑菌效能，也不影响主药疗效和稳定性。加有抑菌剂的注射液，仍应采用适宜的方法进行灭菌。注射量较大的注射液，抑菌剂必须经过谨慎选择；供静脉注射或椎管注射用的注射液，均不得添加抑菌剂。凡添加抑菌剂的注射液，均应在标签或说明书上注明抑菌剂的名称、用量。常用的抑菌剂和使用浓度见表5-3。

表5-3　常用的抑菌剂和使用浓度

名称	使用浓度	应用范围
苯酚	0.5%	适用于偏酸性注射液。在碱性溶液中抑菌效果会降低
甲酚	0.25%～0.3%	适用于药物油液，不宜与铁盐或生物碱类配伍
三氯叔丁醇	0.5%	适用于偏酸性药液。在高温及碱性溶液中易分解，从而降低抑菌能力
苯甲醇	1%～3%	适用于偏碱性药液，但有一定的溶血性能，并具有局部止痛作用
尼泊金酯类	0.1%左右	其水溶液呈中性，使用范围较广，但不宜与吐温类配合使用
硫柳汞	0.001%～0.02%	适用于中药、生物药物溶液

7. 其他附加剂。如pH值调节剂、渗透压调节剂、止痛剂、延效剂（如PVP）等，见表5-4。

表5-4　注射剂常用的附加剂

附加剂	浓度（%）	附加剂	浓度（%）
缓冲剂		增溶剂、湿润剂、乳化剂	
醋酸，醋酸钠	0.22，0.8	聚氧乙烯蓖麻油	1～65
枸橼酸，枸橼酸钠	0.5，4.0	聚山梨酯20	0.01
乳酸	0.1	聚山梨酯40	0.05
酒石酸，酒石酸钠	0.65，1.2	聚山梨酯80	0.04～4.0
磷酸氢二钠，磷酸二氢钠	1.7，0.71	聚维酮	0.2～1.0
碳酸氢钠，碳酸钠	0.005，0.06	聚乙二醇　40蓖麻油	7.0～11.5
抑菌剂		卵磷脂	0.5～2.3
苯甲醇	1～2	Pluronic F　68	0.21
羟丙丁酯，甲酯	0.01～0.015	助悬剂	
苯酚	0.5～1.0	明胶	2.0
三氯叔丁醇	0.25～0.5	甲基纤维素	0.03～1.05
硫柳汞	0.001～0.02	羧甲基纤维素	0.05～0.75

续表

附加剂	浓度（%）	附加剂	浓度（%）
麻醉剂		果胶	0.2
盐酸利多卡因	0.5～1.0	填充剂	
盐酸普鲁卡因	1.0	乳糖	1～8
苯甲醇	1.0～2.0	甘氨酸	1～10
三氯叔丁醇	0.3～0.5	甘露醇	1～10
等渗调节剂		稳定剂	
氯化钠	0.5～0.9	肌酐	0.5～0.8
葡萄糖	4～5	甘氨酸	1.5～2.25
甘油	2.25	烟酰胺	1.25～2.5
抗氧化剂		辛酸钠	0.4
亚硫酸钠	0.1～0.2	保护剂	
亚硫酸氢钠	0.1～0.2	乳糖	2～5
焦亚硫酸钠	0.1～0.2	蔗糖	2～5
硫代硫酸钠	0.1	麦芽糖	2～5
络合剂		人血白蛋白	0.2～2
EDTA－Na_2	0.01～0.05		

（七）注射剂渗透压调节

1. 相关概念。凡和血浆或泪液等体液具有相同渗透压的溶液，称为等渗溶液，例如0.9%氯化钠注射液、5%葡萄糖注射液等。渗透压高于体液渗透压的溶液为高渗溶液，低于体液渗透压的溶液为低渗溶液。高渗溶液会使机体组织细胞发生萎缩（细胞内脱水），甚至引起死亡；低渗溶液会使机体组织细胞发生体积膨胀，甚至破裂而死亡。为此，注射液一般均应调成等渗溶液。常用的调整渗透压的附加剂有氯化钠、葡萄糖、磷酸盐或枸橼酸盐等。

因为渗透压是溶液的依数性之一，可用物理化学实验法求得。但按物理化学概念计算出的某些药物的等渗溶液，仍有不同程度的溶血现象，说明不同物质的等渗溶液不一定都能使红细胞的体积和形态保持正常，因而提出等张的概念。所谓等张溶液，系指与红细胞膜张力相等的溶液，也就是能使在其中的红细胞保持正常体积和形态的溶液。“张力”实际上是指溶液中不能透过红细胞细胞膜的颗粒（溶质）所造成的渗透压。例如氯化钠不能自由透过细胞膜，所以0.9%氯化钠溶液既是等渗溶液也是等张溶液。而尿素、甘油、普鲁卡因等能自由通过细胞膜，同时促使细胞外水分进入细胞，使红细胞胀大破裂而溶血。所以，1.9%的尿素溶液是与血浆等渗但不等张，2.6%的甘油溶液是等渗但仍100%溶血。故注射液渗透压的调整应注意等张问题，必要时用溶血测定法来确定药物的渗透压。

等渗溶液是一个物理化学的概念，等张溶液是一个生物学概念。静脉注射的注射液必须调节成等渗（或偏高渗）也等张的溶液，脊椎腔注射则必须调节成等渗也等张的溶液。

肌内注射一般可耐受0.45%～2.7%的氯化钠溶液，即相当于0.5～3个等渗浓度的溶液。

2. 渗透压调整的计算方法。

(1) 冰点降低数据法：冰点相同的溶液都具有相等的渗透压。人血液的冰点为-0.52 ℃，任何溶液只要调节其冰点为-0.52 ℃，即与人血液等渗。任何溶液只要将其冰点调整为相应的冰点下降度时，即成为等渗溶液。

低渗溶液可通过加入附加剂来调整为等渗，须加入附加剂的量可按下列公式求得：

$$W=\frac{0.52-a}{b}$$

式中，W 为每100 mL低渗溶液中需要添加附加剂的克数；a 为未调整的低渗溶液的冰点下降度数值；b 为1%（g/mL）等渗调整剂水溶液的冰点下降度数值；0.52为人血液的冰点下降值。

【例】配制1%盐酸普鲁卡因注射液100 mL，应加入氯化钠多少克才可调整为等渗溶液？

解：查表5-5可知，1%盐酸普鲁卡因冰点下降度为0.122 ℃，1%氯化钠的冰点下降度为0.58 ℃，代入公式，得

$$W=\frac{0.52-0.122}{0.58}\approx 0.686\ (g)$$

答：应加入氯化钠0.686 g，就可调整为等渗溶液。

表5-5 一些药物水溶液的冰点降低值与氯化钠等渗当量

名称	1%（g/mL）水溶液冰点降低值（℃）	每1 g药物氯化钠等渗当量（g）	等渗浓度溶液的溶血情况		
			浓度（%）	溶血（%）	pH值
硼酸	0.28	0.47	1.9	100	4.6
硼砂	0.25	0.35			
氯化钠	0.58	1.00	0.9	0	6.7
氯化钾	0.44	0.76			
葡萄糖（H_2O）	0.091	0.16	5.051	0	5.9
无水葡萄糖	0.10	0.18	5.05	0	6.0
依地酸二钠	0.132	0.23			
枸橼酸钠	0.18	0.31			
亚硫酸氢钠	0.35	0.61			
无水亚硫酸钠	0.375	0.65			
焦亚硫酸钠	0.389	0.67			
磷酸氢二钠·$2H_2O$	0.24	0.42			
乳酸钠	0.318	0.52			
碳酸氢钠	0.375	0.65	1.39	0	8.3
吐温-80	0.01	0.02			

续表

名称	1%（g/mL）水溶液冰点降低值（℃）	每1 g药物氯化钠等渗当量（g）	等渗浓度溶液的溶血情况		
			浓度（%）	溶血（%）	pH值
甘油	0.20	0.35			
硫酸锌	0.085	0.12			
硝酸银	0.190	0.33			
盐酸麻黄碱	0.16	0.28	3.2	96	5.9
盐酸吗啡	0.086	0.15			
盐酸乙基吗啡	0.19	0.15	6.18	38	4.7
硝酸毛果芸香碱	0.131	0.23			
盐酸普鲁卡因	0.122	0.21	5.05	91	5.6
盐酸狄卡因	0.109	0.18			
盐酸丁卡因	0.10	0.18			
盐酸可卡因	0.091	0.16	6.33	47	4.4
氢溴酸东莨碱	0.07	0.12			
氢溴酸后马托品	0.097	0.17	5.67	92	5.0
硫酸毒扁豆碱	0.080	0.13			
硫酸阿托品	0.073	0.13	8.85	0	5.0
青霉素G钾	0.101	0.16	5.48	0	6.2
氯霉素	0.06	—			
盐酸土霉素	0.061	0.14			
盐酸四环素	0.078	0.14			

（2）氯化钠等渗当量法：氯化钠等渗当量是指能与1 g药物在溶液中产生的渗透压相等的氯化钠的量（g），通常用E来表示。例如维生素C的氯化钠等渗当量为0.18，即1 g维生素C在溶液中产生的渗透压与0.18 g氯化钠在溶液中产生的渗透压相等。因此，从表5-5查出药物的氯化钠等渗当量后，即可计算出等渗调整剂的用量。计算公式如下：

$$X=0.009V-E\cdot W$$

式中，X为配制V毫升等渗溶液须加入氯化钠的克数；E为药物的氯化钠等渗当量；V为欲配制溶液的毫升数；W为药物的克数；0.009为每毫升等渗氯化钠溶液所含氯化钠的克数。

【例】配制1%盐酸普鲁卡因注射液200 mL，问须加多少氯化钠才能使之成等渗溶液？

解：查表5-5得，盐酸普鲁卡因的氯化钠等渗当量为0.21（E），$W=1\%\times200=2$（g），代入公式，得

$$\begin{aligned}X&=0.009\times200-0.21\times2\\&=1.38\ (g)\end{aligned}$$

答：须加 1.38 g 氯化钠才能调整为等渗溶液。

(3) 等张浓度的调节和测定：药物的等张浓度，可用溶血法进行测定。将红细胞放在各种不同的氯化钠溶液中，则出现不同程度的溶血。如将红细胞放在药物的不同浓度的溶液中，也可能出现不同程度的溶血。将两种溶液的溶血情况比较，溶血情况相同的，认为它们的渗透压也相同。在新产品试制中，即使所配溶液为等渗溶液，也应该进行溶血试验，必要时加入等张调节剂。

(八) 热原

1. 热原概述。热原是指能引起恒温体温异常升高的物质总称。大多数细菌都能产生热原，致热能力最强的是革兰氏阴性杆菌的产物。霉菌甚至病毒也能产生热原。热原普遍存在于天然水、自来水，甚至被微生物污染的注射用水中。一些适宜于微生物生长的药物，制备注射剂用的容器、管道等在操作不慎时，也会污染热原。若给机体注入含热原的药液，大约 0.5 h 后，就会出现发冷、寒战、体温升高、出汗等症状，有时体温可升至 40 ℃，严重者出现昏迷、虚脱，甚至有生命危险，临床上称为“热原反应”。

2. 热原性质。热原具有以下性质：

(1) 耐热性：热原的耐热性能强。一般说来，热原在 60 ℃下加热 1 h 不受影响，100 ℃下也不发生热解，120 ℃下加热 4 h 破坏 98%，180～200 ℃下加热 2 h 以上或 250 ℃下加热 30～45 min 或 650 ℃下加热 1 min 可被彻底破坏。但在通常的注射剂灭菌条件下，往往不足以使热原被破坏。

(2) 水溶性：热原能溶于水，呈分子状态，似真溶液，其浓缩水溶液往往带有乳光。

(3) 不挥发性：热原本身不挥发，但在蒸馏时，往往可随水蒸气雾滴带入蒸馏水中，故蒸馏水器均应有隔沫装置，避免对蒸馏水造成污染。

(4) 滤过性和吸附性：热原体积小，粒径为 1～5 μm，故一般滤器均可通过，即使微孔滤膜，也不能截留。但热原可被活性炭、树脂或石棉滤器等所吸附。

(5) 易被氧化性：热原能被强酸、强碱或强氧化剂等破坏，如盐酸、硫酸、氢氧化钠、高锰酸钾、过氧化氢等。

(6) 超声波能破坏热原。

3. 热原的污染途径。

(1) 经溶剂带入：这是注射剂出现热原的主要原因。由于蒸馏器结构不合理、操作及贮存不当、注射用水放置时间过长等，都会被热原污染，故应使用新鲜注射用水。

(2) 经原料带入：容易滋长微生物的药物，如葡萄糖，因贮存过久或质量及包装不良常会污染热原。用生物方法制造的药品如右旋糖酐、水解蛋白或抗生素等，常因致热物质未除尽而引起热原反应。

(3) 经容器、用具和管道等带入：工作前配置注射剂的器具等没有洗净或灭菌，均易产生热原，因此在生产中应按规定严格处理，合格后方能使用。

(4) 生产过程中的污染：在整个生产过程中，由于室内卫生条件差、操作时间长、装置不密闭等，均可增加细菌污染的机会，因而会产生热原。

(5) 灭菌不完全或包装不严：注射剂在灌封或分装之后，因灭菌温度和灭菌时间不够，或操作不当等原因，使注射剂灭菌不彻底，而造成微生物在药液中继续繁殖，产生热原。另外，如包装封口不严、大容量注射液瓶口不圆整、薄膜及胶塞质量不好等，均会带入细菌而产生热原。

4. 除去热原的方法。

（1）高温法：对于注射用的针筒或其他玻璃器皿，应洗涤清洁后烘干，在 250 ℃下加热 30 min 以上，可使热原被破坏。

（2）酸碱法或氧化还原法：因热原能被强酸、强碱或氧化剂破坏，所以玻璃容器、用具及大容量注射液瓶等可先用重铬酸钾硫酸清洁液浸洗或用 2％的氢氧化钠溶液处理。如砂滤棒等洗净后，经灭菌或用双氧水洗涤，即可破坏热原。

（3）吸附法：常用的吸附剂为活性炭，其对热原有较强的吸附作用，同时有助过滤、脱色的作用。常在配液时加入 0.1％～0.5％的针用活性炭煮沸并搅拌 15 min 即可除去大部分热原，但活性炭也会吸附部分药物，使用时需要注意。

（4）离子交换法：国内有用 301 弱碱性阴离子交换树脂 10％与 122 弱酸性阳离子交换树脂 8％除去丙种胎盘球蛋白注射液中的热原的成功案例。

（5）凝胶滤过法：国内已用二乙氨基乙基葡聚糖凝胶制备无热原去离子水。

（6）反渗透法：用反渗透法通过三醋酸纤维膜除去热原，这是近几年发展起来的有实用价值的新方法。

以上所述方法都有一定的局限性，积极防止热原的措施应是严格控制注射剂生产全过程，尽量减少微生物污染及产生热原的机会。如严格控制注射用的原、辅料和溶剂、注射用水蒸馏后的放置时间、盛装注射用水的容器和注意环境卫生。

5. 热原的检查。

（1）家兔发热试验法：《中国药典》2015 年版规定的方法为家兔发热试验法，属限度试验。选用家兔作为试验动物，是因为家兔对热原的反应与其他动物是相同的。本法系将一定剂量的供试品，静脉注入家兔体内，在规定时间内，观察家兔体温升高情况，以判定供试品中所含热原的限度是否符合规定。

（2）鲎试验法：鉴于家兔发热试验法费时、操作烦琐，近年来体外热原试验法发展起来，即鲎试验法。本法具有灵敏度高、经济、快速、操作简便、重现性好等许多优点，因而特别适用于生产过程中的热原控制及某些不能用家兔进行热原检测的品种，如放射性药剂等。但本法对革兰氏阴性菌以外的内毒素不够敏感，故尚不能代替家兔发热试验法。

（九）注射剂的制备

1. 注射剂生产工艺。注射剂生产工艺比较复杂，其制备流程如图 5－21 所示，主要包括原辅料的准备、配液、灌封、灭菌、质量检查、包装及与这些过程密切相关的优良环境和性能完善的生产设备。

2. 注射剂的容器与处理方法。

（1）安瓿的种类和式样：根据分装剂量的不同，可为单剂量、多剂量和大剂量装容器三种。单剂量装的容器是供灌装液体或粉末用的（水针剂与粉针剂），一般由中性玻璃、含钡玻璃或含锆玻璃制成，俗称安瓿（图 5－22），分直颈安瓿与曲颈安瓿两种，其容积一般有 1 mL、2 mL、5 mL、10 mL 或 20 mL 等多种规格。通常采用无色安瓿。

目前生产中用的均为曲颈安瓿，用时无须切割，较为方便，而且易折断，不易造成玻璃碎屑和微粒的污染。这种曲颈易折安瓿有两种：①色环易折安瓿：是在安瓿颈部有一个色环，这个色环玻璃的膨胀系数与其他部位不同，容易折断。②点刻痕易折安瓿：是在曲

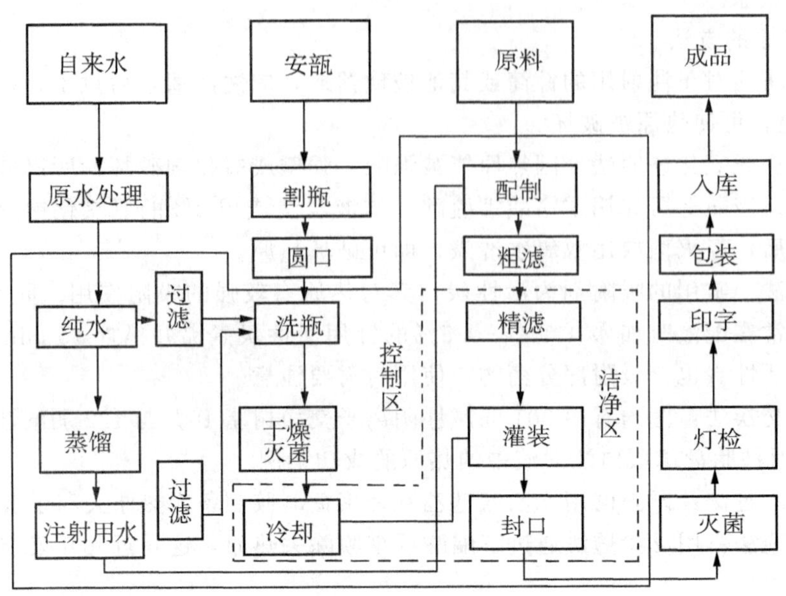

图 5－21 注射剂生产工艺流程与环境区域划分

颈部分刻有一微细的刻痕，在刻痕上方中心标有直径为 2 mm 的色点，折断时施力于刻痕中间的背面，折断后，断面平整。

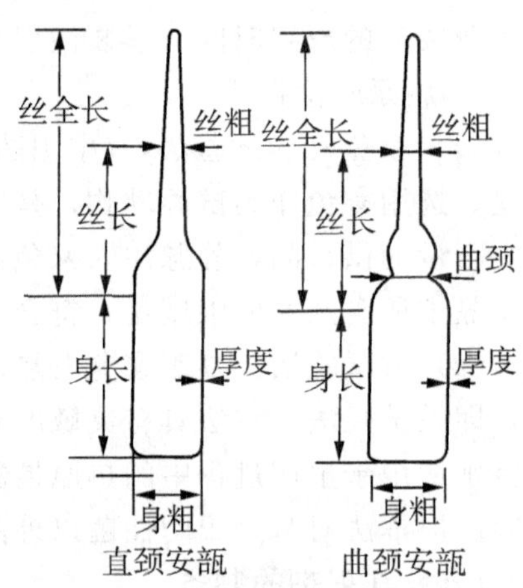

图 5－22 直颈安瓿和曲颈安瓿

（2）安瓿的质量要求与注射剂稳定性的关系：玻璃安瓿与药液长期接触，有可能使注射剂药液性质发生改变；安瓿注射剂因高温灭菌也易发生热爆、冷爆或脱片等现象。也就是说，安瓿玻璃容器质量的优劣对注射剂的质量有很大影响。安瓿玻璃容器有下列质量要求：

1）无色透明，便于澄明度和药液变质等情况的检查。

2）具有优良的耐热性能和低膨胀系数。

3）具有一定的物理强度，减少或避免操作过程中破损。

4）化学稳定性好，不易被药液所浸蚀，不易改变药液的 pH 值。

5）熔点低，便于熔封，且不得产生失透现象。

6）不应有气泡、麻点、砂粒、粗细不匀及条纹等现象。

中性玻璃是低硼酸盐玻璃，化学稳定性好，可作为 pH 值近中性或弱酸性药液的容器。钡玻璃耐碱性能好，可作为碱性较强的注射液的容器。锆玻璃为含有少量锆的中性玻璃，化学稳定性高，耐酸、耐碱，不受药液的浸蚀。含氧化铁的玻璃为琥珀色，可滤除紫外线，适用于对光敏感的药物，但不常用。

（3）安瓿的检查：包括物理检查、化学检查两个方面。物理检查主要是外观、洁净度、耐热及应力等检查，化学检查则包括玻璃容器的耐酸碱性与中性检查，可按药典中相应的规定进行。

(4) 安瓿的洗涤：一般品质较好的清洁安瓿，可直接冲洗；品质较差或有特殊需要时，在洗涤前要经过灌水蒸煮的热压处理或灌 0.1%～0.5%盐酸或 0.5%醋酸水溶液，100 ℃蒸煮 30 min，可使污物溶于水中，便于洗涤。洗涤方法一般有三种：加压喷射气水法、甩水洗涤法、超声波安瓿洗涤机组清洗法三种。

1) 加压喷射气水法：所用设备有脚踏式喷射洗涤机和半自动加压喷射气水洗安瓿机（图 5-23），主要利用已滤过的蒸馏水或纯化水与滤过的压缩空气，经电动开关，往复摆动使气和水交替喷入安瓿内。该方法洗涤质量好，适用于容量较大的安瓿。冲洗顺序为气→水→气→水→气，尤其要注意的是洗涤水须符合水质标准，压缩空气要先冷却，再平衡压力，后经焦炭（或木炭）、泡沫塑料、瓷圈、砂棒等过滤，使空气净化。简单的方法是，将洗涤水和压缩空气用微孔滤膜过滤即可。

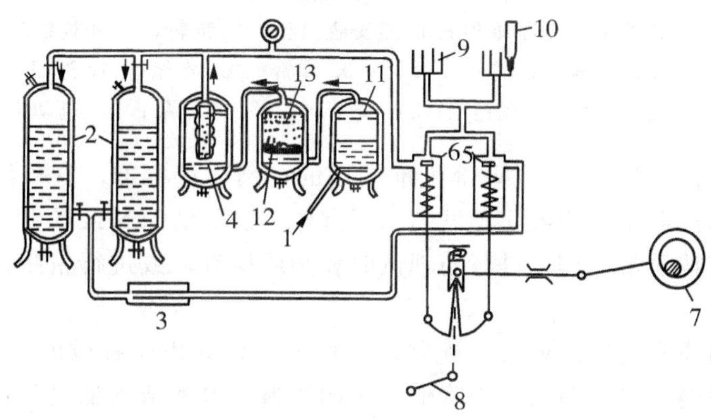

图 5-23　半自动加压喷射气水洗安瓿机示意

1. 压缩空气进口；2. 贮水罐；3、4. 双层涤纶装滤器；5. 喷水阀；6. 喷气阀；7. 偏心轮；8. 脚踏板；9. 针头；10. 安瓿；11. 洗气罐；12. 木炭层；13. 瓷圈层

2) 甩水洗涤法：利用安瓿灌水机（图 5-24）向铝盘中的安瓿灌水，然后再置于甩水机（离心机）中将水甩出，如此反复 3 次。本法效率高，但洗涤质量不如加压喷射气水法好，一般适合 5 mL 以下无颈小安瓿的洗涤。

3) 超声波安瓿洗涤机组清洗法：是采用超声波洗涤与气水喷射洗涤相结合的方法。先超声粗洗，再经气→水→气→水→气精洗，目前是最佳的洗瓶方法。

(5) 安瓿干燥或灭菌，安瓿的干燥一般采用烘箱干燥，其目的是为了防止残留的水稀释注射液。将洗净的安瓿口向下或平放于铝盒内，加盖，置烘箱 100 ℃以上干燥 2 h 以上，或 200 ℃以上干热灭菌 45 min，除去水分或破坏安瓿中可能污染的细菌或热原。大生产时，多采用隧道式红外线烘箱。红外线是一种辐射热，热能大，烘箱内配备较强的排风机，把含有水蒸气的热空气迅速排除，温度在 200 ℃左右，一般小安瓿 10～15 min 便可干燥，烘干效率高，且烘干的安瓿比较洁净。烘干后的安瓿应密闭保存并及时使用，以免落入异物。

3. 注射剂的配制。

(1) 注射剂原料的准备：配制注射液的原料药物与辅料，均应符合《中国药典》或

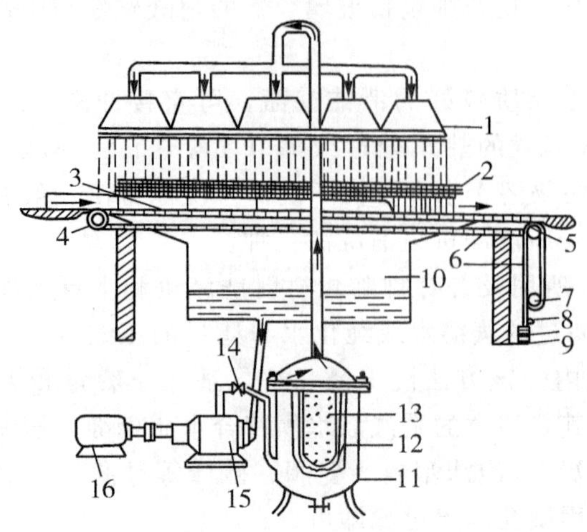

图 5－24　安瓿灌水机

1. 多孔喷头；2. 尼龙网；3. 盛安瓿铝盘；4. 链轮；5. 止逆链轮；
6. 连带；7. 偏心凸轮；8. 垂锤；9. 弹簧；10. 水箱；11. 过滤缸；
12. 滤带；13. 多孔钢胆；14. 调节阀；15. 离心泵；16. 电动机

《中华人民共和国兽药规范》及农业部批准使用的兽药质量标准，有条件的应采用“注射用”规格。一般非注射用制剂或化学试剂均不宜作注射剂的原料或辅料。如果必须使用非注射用规格时，应按质量标准，进行药理试验和杂质检查，或进行精制，使其符合要求后方可使用。

配制注射液时应有规定的处方，配制前先按处方计算出应称取的原料及附加剂的量，精密称取后方可投料。对灭菌后易于降低含量的原料，可酌情增加投料量。如使用的原料和处方中规定的药物规格不同（如含结晶水等），应注意换算。溶液的浓度，除另有规定外，一律采用百分浓度（g/100 mL）表示。投料量可按下列公式计算。

$$\text{原料实际用量}=\frac{\text{原料理论用量}\times\text{成品标示量百分数}}{\text{原料实际含量}}$$

其中，原料理论用量＝实际配液量×成品含量百分数，实际配液量＝实际灌装量＋实际灌装时耗损量。

考虑临床用药准确、安全等因素，或注射剂灭菌后含量有下降时，需要根据药物性质酌情增加配料投量。投量增量参考注射液装量的增加量，见表 5－6。

表 5－6　注射液装量的增加量（单位：mL）

标示量	增加量	
	易流动液	黏稠液
0.5	0.10	0.12
1.0	0.10	0.15
2.0	0.15	0.25
5.0	0.30	0.50
10.0	0.50	0.70

续表

标示量	增加量	
	易流动液	黏稠液
20.0	0.60	0.90
50.0	1.0	1.5

【例】今欲配制 2 mL 装的 2%盐酸普鲁卡因注射液 2 万支，原料实际含量为 99%，灌装时耗损量为 5%，问需要该原料多少？

解：实际灌装时应增加的量为 0.15 mL。

$$实际灌装量=(2+0.15)\times 2\times 10^4 =4.3\times 10^4\ (mL)$$

$$实际配液量=(1+5\%)\times 4.3\times 10^4 =4.515\times 10^4\ (mL)$$

$$原料理论用量=4.515\times 10^4\times 2\% =903.0\ (g)$$

制剂的含量范围是根据主药含量的多少、测定方法、生产过程和贮存期间可能产生的偏差或变化而制定的，任何剂型在生产中均应按标示量的 100%投料。

$$原料实际用量=\frac{903.0\times 100\%}{99\%}\approx 912.1\ (g)$$

即需要该原料 912.1 g。

（2）配置用具的选择与处理：配液室是无菌操作区，要求达到洁净区规定的洁净度标准。使用前对室内地面、墙壁、工作台等均应消毒和擦拭，并利用紫外线照射 30 min 以上。工作人员按规定处理个人卫生，并且更换灭菌衣、帽、鞋等。配制注射液要有详细记录，包括日期、品名、规格、数量、配制法、灭菌法、检查与包装人姓名、原辅料情况等。配制注射液的用具和容器均不应影响药液的稳定性。大量生产时，可选用夹层配液锅，也可用玻璃、搪瓷、不锈钢配液罐（图 5－25）或无毒聚氯乙烯桶等，但不得使用铝质容器。用具、容器及自动化或半自动化机械均应按规定事先清洁处理干净。每次配液后的容器和用具等都要及时洗净、干燥或灭菌，以备下次使用。

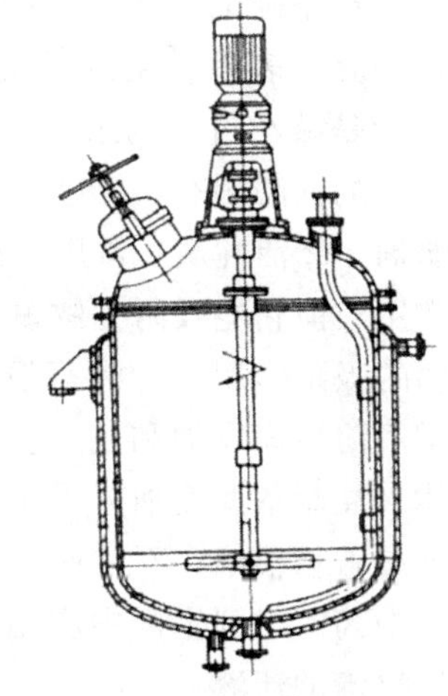

图 5－25 不锈钢配液罐结构示意

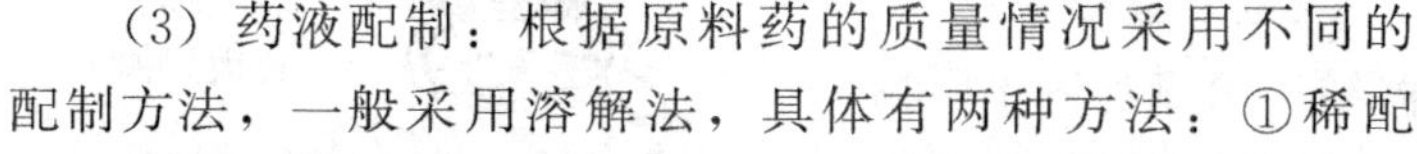

（3）药液配制：根据原料药的质量情况采用不同的配制方法，一般采用溶解法，具体有两种方法：①稀配法：将原料直接加入所需的溶媒中，一次配成所需的浓度。原料质量好、药液浓度不高或配液量不大时，可采用此法。②浓配法：将全部原、辅料加入部分溶媒中，配成浓溶液，经加热或冷藏、过滤等处理后，根据含量测定结果稀释至所需浓度。如果处方中有两种或两种以上药物时，难溶性药物应先溶；如果易氧化药物需要加抗氧剂时，则应先加抗氧剂，后加药物；如果需要加入增溶剂或助溶剂，则最好将增溶剂或助溶剂与待助溶的药物

预先混合后再加水稀释。溶解度小的杂质在浓配时可以滤过除去，原料药质量较差或药液不易滤清时，可加入配液量0.1%～1%的针剂用活性炭。

配液时应注意：①注射液配制时要尽可能地避免污染，一般要求无菌。②配制剧毒药品注射液时，要严格称量和校核，且防止交叉污染。③活性炭在碱性溶液中有时出现“胶溶”或脱吸附，反而使注射液杂质增加，所以活性炭最好用酸碱处理并活化后使用。④配制含量小的注射剂，应将药物先在少量溶媒中完全溶解后再加入大量溶媒中，以防损失或浓度不均匀。⑤应用溶剂注射用油时，要先经150 ℃干热灭菌1～2 h，冷却至适宜温度（一般在主药熔点以下20～30 ℃），趁热配制、过滤（一般在60 ℃以下），温度过低不易过滤。

4. 注射液的过滤。注射液的过滤是除去药物溶液中的杂质、保证药液澄明的主要手段和关键步骤。滤过有粗滤和精滤两种，粗滤常用砂滤棒、滤纸、长絮棉花或绸布，精滤多采用滤膜、垂熔玻璃漏斗等。

滤过是借多孔性材料把固体阻留，使液体通过，从而将固体与液体分离的过程。滤过的原理有两种：一种是机械的过筛作用，即大于滤器孔隙的微粒全部被截留在滤过介质的表面，例如用尼龙筛和微孔滤膜为滤材时的滤过；另一种是在滤器的深层截留微粒，例如用砂滤棒、垂熔玻璃漏斗等的滤过，这种在深层被截留的微粒常能小于介质孔径的平均大小，这些滤器具有不规则的多孔性能，孔径错综迂回，使微粒在弯曲袋形孔道中被截留。

（1）滤材：微孔滤膜是一种高分子的薄膜过滤材料，其孔隙率达到80%，滤速快，能截留一般常用滤器（垂熔玻璃滤器等）所不能截留的微粒。如孔径0.025～14 μm、0.45～0.8 μm用于除微粒，0.22 μm用于除菌。

若滤液中含有极细微粒，在过滤介质上形成一致密的滤饼而堵塞孔道，使过滤无法进行；在待滤液中含有黏性或高度可压缩性微粒时，形成的滤饼对滤液的阻力很大。此时可将某种质地坚硬的，能形成疏松滤渣层的另一种固体颗粒加入滤浆中，或将其制成糊状物敷于过滤介质表面，用以形成较疏松的滤饼，使滤液得以畅流，此固体颗粒称为助滤剂，其作用就是减小过滤的阻力。

常用的助滤剂有：①硅藻土：主要成分为二氧化硅，有较高的惰性和不溶性，是最常用的助滤剂。②活性炭：常用于注射液的过滤，有较强的吸附热原、微生物的能力，并具有脱色的作用。但它能吸附生物碱类药物，应用时应注意其对药物的吸附作用。③滑石粉：吸附性小，能吸附溶液中过量不溶性挥发油和色素，适用于含黏液、树胶较多的液体。在制备挥发油芳香水剂时，常用滑石粉作助滤剂。但滑石粉很细，不易滤清。④纸浆：有助滤和脱色作用，中药注射剂生产中应用较多，特别适用于处理某些难以滤清的药液。

（2）滤器：不锈钢微孔滤膜器结构示意如图5－26所示。垂熔玻璃滤器分为垂熔玻璃漏斗、滤器及滤棒三种，按过滤介质的孔径分为1～6号，生产厂家不同，代号亦有差异。G1、G2号多用于常压过滤，G3、G4号多用于减压过滤或加压过滤，G5、G6号常用作无菌过滤。不同垂熔玻璃滤器规格见表5－7。

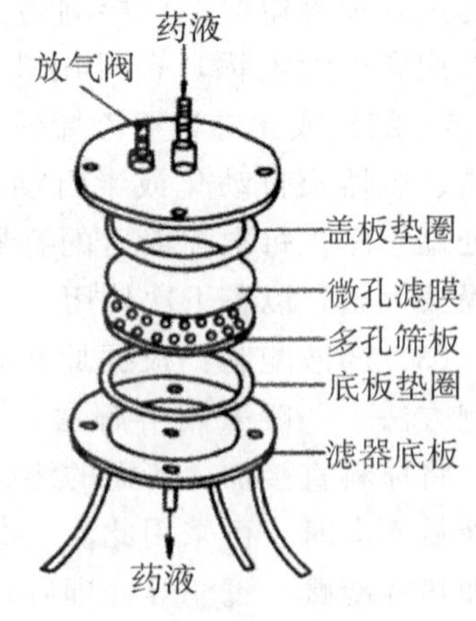

图5－26 不锈钢微孔膜滤器结构

表 5-7　常见垂熔玻璃滤器规格比较

A 玻璃厂		B 玻璃厂		C 玻璃厂	
滤器号	滤板孔径（μm）	滤器号	滤板孔径（μm）	滤器号	滤板孔径（μm）
1	80～120	G1	20～30	IG1	80～120
2	40～80	G2	10～15	IG2	40～80
3	15～40	G3	4.5～9	IG3	15～40
4	5～15	G4	3～4	IG4	5～15
5	2～5	G5	1.5～2.5	IG5	2～5
6	＜2	G6	＜1.5	IG6	＜2

垂熔玻璃滤器的优点是化学性质稳定（强碱和氢氟酸除外）；吸附性低，一般不影响药液的 pH 值；易清洗，不易出现漏裂、碎屑脱落等现象。缺点是价格高、脆而易破。使用时可在垂熔漏斗内垫上一绸布或滤纸，防止污物堵塞滤孔，也有利于清洗，可提高滤液的质量。垂熔漏斗使用后要用 1%～2% 的硝酸钠浓硫酸洗液和纯化水浸泡并反复抽洗处理，不可用其他常用玻璃洗液。

砂滤棒主要有两种：一种是硅藻土滤棒，另一种是多孔素瓷滤棒。硅藻土滤棒质地疏松，一般使用于黏度高、浓度大的药液。根据自然滤速，分为粗号砂滤棒（500 mL/min 以上）、中号砂滤棒（300～500 mL/min）、细号砂滤棒（300 mL/min 以下）。注射剂生产常用中号砂滤棒。多孔素瓷滤棒质地致密，滤速比硅藻土滤棒慢，适用于低黏度的药液。砂滤棒价廉易得，滤速快，适用于大生产中的粗滤。但砂滤棒易于脱砂，对药液吸附性强，难清洗，且有改变药液 pH 值的现象，滤器吸留滤液多。砂滤棒用过后要用洗液浸泡，用水冲洗进行反复处理。

板框压滤机由多个中空滤框和实心滤板交替排列在支架上组成，是一种在加压下间歇操作的过滤设备。此种滤器的过滤面积大，截留的固体量多，且可在各种压力下过滤，可用于黏性大、滤饼可压缩的各种物料过滤，特别适用于含少量微粒的待滤液。在注射剂生产中，多用于预滤用。缺点是装配和清洗麻烦，容易滴漏。

用粉末冶金工艺将钛粉末加工制成，有钛滤棒与钛滤片。注射剂配制中的脱炭滤过，可以使用 T2300G-30 的钛滤棒，其气泡点试验最大孔径大于 30 μm；而注射液的除微粒预滤过则可选用 F2300G-60 的钛滤片，该片气泡点试验最大孔径不大于 60 μm，厚度1.0 mm，直径 145 mm。钛滤器在注射剂生产中是一种较好的预滤材料。钛滤器具有抗热性能好、强度大、重量轻、不易破碎、耐腐蚀、寿命长、耐磨、过滤阻力小、滤速大、无微粒脱落、不吸附主药成分等优点，主要用于过滤压力小于 0.3 MPa 的加压过滤，过滤粗度为5 μm以下，如图 5-27 所示。

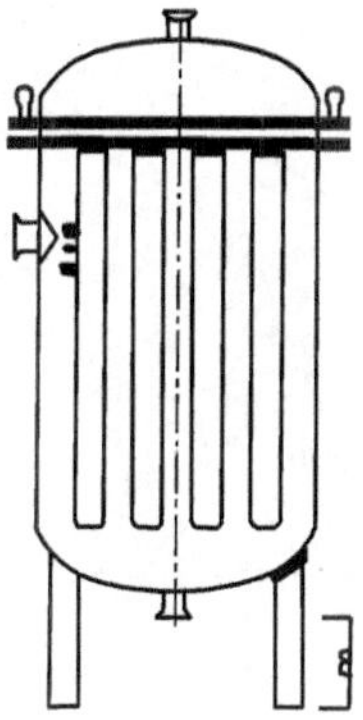

图 5-27　钛滤器装置

（3）滤过装置：注射液的滤过一般分两步完成，即先初滤（滤纸、滤布、滤棒等）后精滤（垂熔玻璃滤器、微孔滤膜等）。根据滤过方法，滤过装置有下列几种：①高位静压滤过装置：在没有加压设备或减压设备的情况下使用。主要依靠药液本身的液位差来进行滤过，适用于药液在楼上配制、通过管道滤过到楼下灌封。本装置设备简单、压力较稳定，但滤速较慢，因而生产效率低，故大量生产时较少采用。②减压滤过装置：本装置设备简单，可以连续进行滤过操作。由于药液处于密闭状态，不易被污染。但压力往往不够稳定，再加上操作不当，易使滤层松动，很容易影响到滤过质量，故在减压过滤后常加装的滴滤装置如图 5－28 所示。滤过系统中的空气必须经过洗涤等处理才能进入。③加压滤过装置：如图 5－29 所示，主要采用离心泵送药液通过滤器进行滤过，这种装置适合于配液、滤过及灌封等工段在同一平面的情况下使用。本装置具有压力稳定、滤速快、药液澄明度好、产量高等特点，且全部装置保持正压，不会受空气中的杂质、微生物等影响。即使中途停止滤过，对滤层的影响也较小。

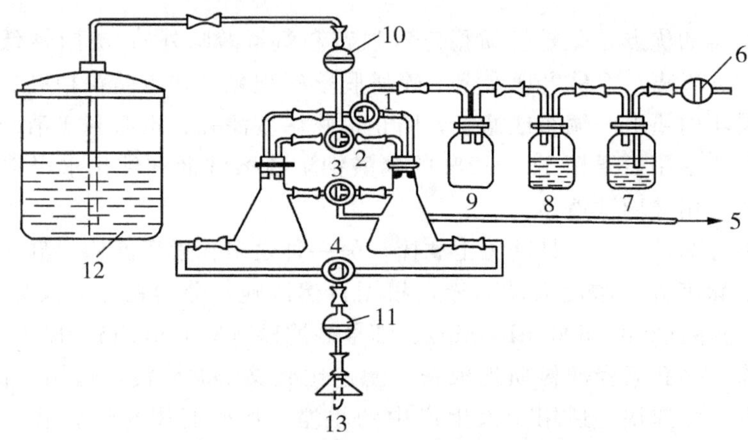

图 5－28　减压滤过和自然滴滤连续装置

1、2、3、4. 三路活塞；5. 抽气；6. 空气滤球；7. 高锰酸钾溶液；8. 注射用水；9. 缓冲瓶；10. 滤球 G4；11. 滤球 G3；12. 待滤溶液；13. 接灌装容器

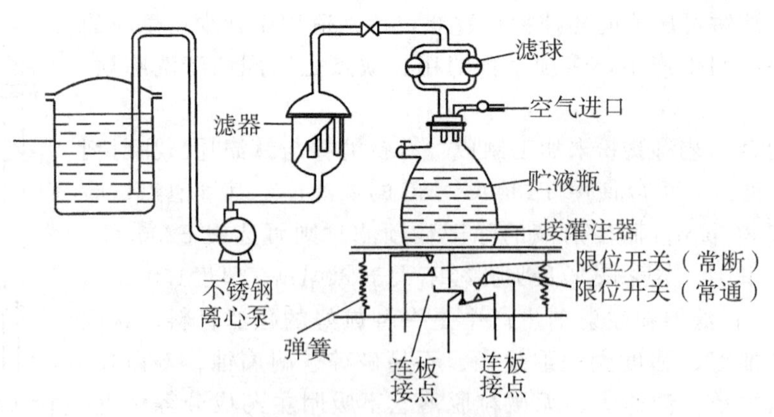

图 5－29　加压过滤装置

5. 注射液的灌封。是将滤净的药液定量地装到安瓿中并加以封闭的过程，包括灌注和封口两个步骤，也是灭菌制剂制备的关键。

注射液灌装，要求做到剂量准确，药液不沾瓶颈，以防熔封时发生焦头或爆裂；注入容器中的量要比标示量稍多，以抵偿在给药时由于瓶壁黏附和注射器及针头的吸留而造成的损失，其增加量见表 5－6。注射剂灌装好之后，应立即进行熔封，要求严密不漏气、不漏液，顶端圆整光滑，无歪头、尖头、泡头、瘪头和焦头。封口方法有拉丝封口和顶封两种。由于拉丝封口严密，不会像顶封那样易出现毛细孔，所以生产中多用拉丝封口。

灌封中可能出现的问题有：剂量不准确，封口不严，出现泡头、平头、焦头等。焦头是最常见的现象，引起焦头的原因有：灌注时给药太急，溅起的药液粘在安瓿壁上，封口时形成炭化点；针头注药后不能立即缩水回药，使针头尖端的药液黏附于安瓿颈壁上，封口时形成焦头；针头安装不正或安瓿粗细不一，造成粘瓶；机器压药与针头打药的行程配合不好，针头尖端在进出瓶口时粘有药液附着于瓶壁造成；针头起降不灵活等。应分析原因，积极解决。

对于某些不稳定的药物，要通入惰性气体，排除安瓿与药液中的空气（氧气），常用的惰性气体是 CO_2 和 N_2，应先将空安瓿充入气体，再灌入药液，最后再通入气体。有必要时在药液配制过程中即向配液罐内充入惰性气体。

积极推动注射剂生产联动化，将几个工艺环节在一台机械上自动完成，减少人和环境带来的不利影响，把质量和安全贯穿于生产中。拉丝灌封机是专用机械，灌封操作分手工灌封和机械灌封两种。生产上使用洗烘灌封联动机组，如图 5－30 所示，配合局部层流装置，可提高产品的质量和生产效率。

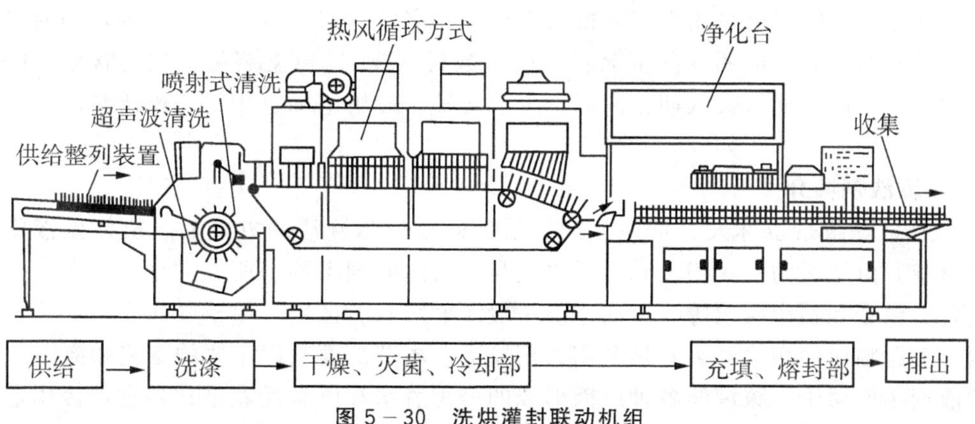

图 5－30 洗烘灌封联动机组

6. 注射剂的灭菌与检漏。

（1）注射剂灭菌：安瓿熔封后要立即灭菌。它是注射剂生产的一个重要工序，也是最重要的质量指标。灭菌方法有多种，主要根据注射剂中原、辅料的性质来选择，既要保证成品完全无菌，又要不影响注射剂的质量。1～5 mL 的安瓿剂一般可采用 100 ℃流通蒸汽灭菌 30 min；10～20 mL 的安瓿剂则用 100 ℃流通蒸汽灭菌 45 min。对热稳定的品种，应采用热压灭菌为好。如有条件，还可采用微波灭菌法、高速热风灭菌法、辐射灭菌法等。

（2）注射剂检漏：安瓿熔封时，如果不严密，则有毛细孔或微小的裂缝存在，因而微生物或污物就可进入安瓿内，或安瓿内药液泄漏出来。为此，必须要认真检查，把漏气者剔除。检漏一般采用灭菌检漏两用的灭菌器。操作时将安瓿置于密闭容器中，抽气后再放入有色溶液及空气，由于漏气安瓿中的空气被抽出，当空气放入时，有色液即借大气压力压入漏气安瓿内而被检出。

7. 注射剂的质量检查。

(1) 澄明度检查：澄明度检查不但可以保证用药安全，而且可以发现生产中出现的问题。例如，注射液中的白点多来源于原料或安瓿；纤维多因环境污染所致；玻屑往往是由于割颈、灌封不当等所造成的。除特殊规定外，注射剂必须完全澄明，不得有肉眼可见的不溶性微粒异物，检查发现时应及时剔除。生产中多采用人工灯检，常用的检查装置是伞棚式澄明度检查仪。

(2) 装量检查：注射剂的标示装量为 2 mL 或 2 mL 以下者取样 5 支；2～10 mL 者取样 3 支；10 mL 以上者取样 2 支。开启时注意避免损失，将内容物分别置于相应的干燥量筒中放冷至室温时检视。每支注射剂的装量均不得少于其标示量。如有一支的装量少于标示量时，应再按上述规定取样检查，检查结果均应全部符合规定。

(3) 热原检查：按《中国药典》方法检查，注射剂量一般按家兔体重 1～2 mL/kg 的标准计算。

(4) 无菌检查：按《中国药典》“无菌检查法”项下的规定进行检查。

(5) 其他检查：主要进行主药含量测定、pH 值测定、毒性试验、刺激性试验、渗透压等项的检查，以保证注射剂安全有效。

8. 注射剂的印字与包装。

注射剂经检查合格后，即可进行印字和包装。印字内容包括品名、规格、批号、厂名、批准文号等。印字可采用手工和机器操作。印字后的安瓿可装入纸盒内，同时放入说明书。盒外应贴标签，标明注射剂名称、内装数目（支）、每支装量、主药含量、附加剂名称、批号、生产日期与失效期、商标、批准文号、应用范围、用量、配伍禁忌、贮藏方法等。

(十) 输液剂简介

1. 概述。输液剂也称大容量注射剂，系指通过静脉滴注的方式输入机体血液中的大剂量注射液。由于它的一次用量和给药方式与一般注射剂不同，所以在生产工艺、质量要求、设备、包装和临床应用等各方面亦与一般注射剂有所区别。由于临床用量和生产成本的原因，兽医临床使用输液多直接利用人用输液。本节简要介绍主要的工艺和应用。

输液剂主要用于：腹泻等各种原因形成的严重脱水和电解质紊乱；各种原因引起的有效血循环量减少，如严重疾病引起的大量失血及重症感染性休克时需要扩充血容量，改善血循环等；各种原因引起如饲料、药物或农药中毒时，常需要输液来扩充血容量、稀释毒素、改善血循环、促进代谢、加速利尿以促使毒物排泄；酸中毒或碱中毒时（代谢性或呼吸性），均可通过输液剂来调节体液的酸碱平衡；多种注射剂如抗生素类、中药精提物等常加入输液剂中静脉滴注，可以达到速效和高效作用，且可避免高浓度药液静脉推注时对血管的刺激。

2. 输液剂的种类。

(1) 电解质输液剂：用以补充体内水分、电解质及纠正体液的酸碱平衡。常用的有等渗的氯化钠注射液，含有钾离子、钠离子、钙离子的复方氯化钠注射液，乳酸钠注射液，复方乳酸钠注射液，碳酸氢钠注射液等。

(2) 糖类输液剂：常用的有等渗葡萄糖注射液和高渗葡萄糖注射液。

(3) 糖和电解质混合输液剂：用于纠正脱水性酸中毒。

（4）代血浆输液剂：代血浆输液必须是胶体溶液，具有与血浆近似的渗透压和黏度。当外伤引起大量失血时，常由于全瓶来源及输血前的配血试验等均需要一定时间，因此在抢救时可先输给代血浆，由于这些高分子化合物的分子较大，不易透过血管壁，输入后可以在血管内停留较长时间，故有维持血容量和提高血压的作用，但应注意代血浆并不能代替全血。最常用的有右旋糖酐注射液，其他还有羧甲基淀粉钠、羟乙基淀粉、明胶、聚乙烯吡咯烷酮、果胶类等配制的代血浆输液剂。

3. 输液剂的质量要求。

（1）无菌、无热原，澄明度、含量、色泽等均应符合《中国药典》规定。

（2）在保证疗效和稳定性的基础上，溶液的 pH 值应力求接近机体血液的正常值。

（3）应具有适宜的渗透压，即等渗或偏高渗，不得配成低渗溶液。

（4）输液剂输入后不应引起血象异常变化，不得有溶血、过敏和损害肝、肾等现象。

（5）输液剂中不得添加任何抑菌剂和化学试剂。

（6）任何种类的输液剂选用原、辅料，应都能参与机体的新陈代谢过程并能被机体吸收。

4. 输液剂的生产工艺。输液剂的生产工艺流程比较复杂，如图 5－31 所示。

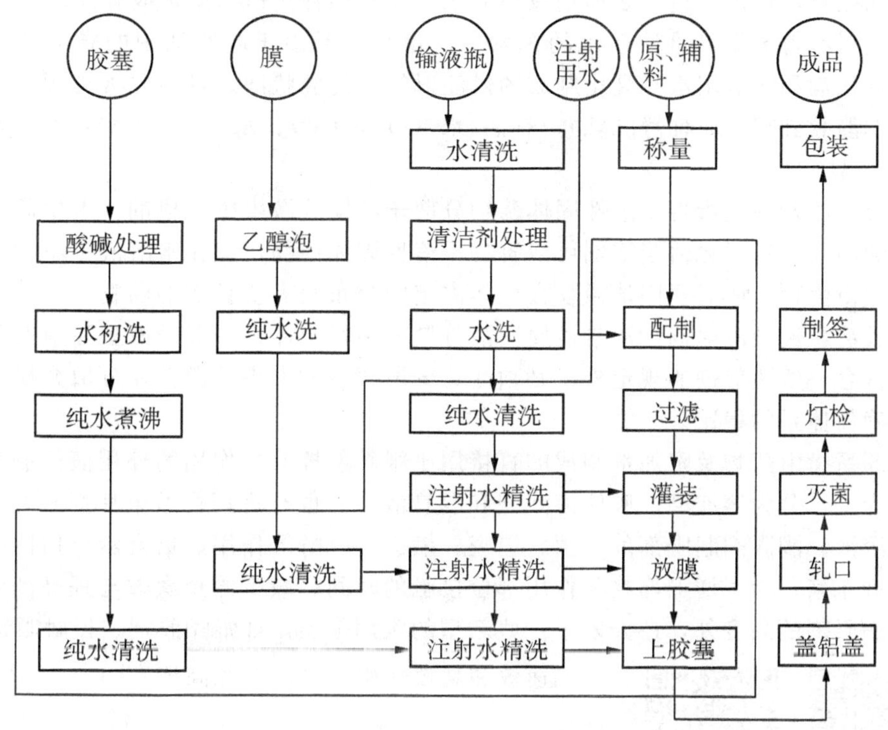

图 5－31 输液剂的生产工艺流程

5. 输液剂生产中易出现的问题与解决办法。

（1）澄明度问题：注射液中常出现的微粒有炭黑、碳酸钙、氧化锌、纤维素、纸屑、黏土、玻璃屑、细菌和结晶等，微粒的存在影响输液剂的澄明度。微粒的产生是由于工艺操作不当如空气净化不合规定、原辅料不洁净、包装容器与辅材质量不好等原因，应严格按照工艺要求操作和GMP管理要求执行，在生产过程中保证产品的质量。

(2) 染菌与热原反应：输液染菌后出现雾团、云雾状、混浊、产气等现象，也有一些外观并无变化。如果使用这些输液，将会造成脓毒症、败血症、内毒素中毒甚至死亡。染菌主要原因是生产过程污染严重、灭菌不彻底、瓶塞松动不严等，应特别注意。有些芽孢需要120 ℃、30～40 min，有些放射菌需要140 ℃、15～20 min才能杀死。若输液为营养物质时，细菌易生长繁殖，即使经过灭菌，大量菌尸体的存在也会引起致热反应。最根本的办法就是尽量减少制备生产过程中的污染，严格灭菌条件，严密包装。但被污染的84%是在临床使用过程中发生的，必须引起注意。

(十一) 其他灭菌制剂

注射用无菌粉又称粉针，临用前用灭菌注射用水溶解后注射，或加入输液注射，主要是针对容易吸湿且在水中不稳定的药物，如对湿热敏感的抗生素及生物技术药物等设计的一种特殊形式的注射剂。依据生产工艺的不同，可分为注射用冷冻干燥制品和注射用无菌分装产品。前者是将灌装了药液的安瓿或小瓶进行冷冻干燥后封口而得，常见于生物制品如疫苗等；后者是将已经用灭菌溶剂法或喷雾干燥法精制而得的无菌药物粉末在无菌条件下分装而得，常见于抗生素药品，如青霉素等。对于小剂量药物粉末，分装操作困难，装量不易准确控制，可加入适宜赋形剂或填充剂，将其稀释至适当质量或容量。

乳状液型注射剂是以难溶于水的挥发油、植物油或溶于脂肪油中的脂溶性药物为原料，加入乳化剂和注射用水经乳化制成的供注射给药的乳状液。目前此类乳剂多供静脉注射用，也称静脉乳剂（简称静脉乳），有油/水（O/W）型、水/油（W/O）型或水/油/水（W/O/W）型。

混悬液型注射剂是指将不溶性固体药物分散于液体分散媒中制成的，可供肌内注射或静脉注射的药剂。对于无适当溶剂可溶解的不溶性固体药物，或在水溶液中不稳定而制成的水不溶性衍生物，或需要固体微粒在机体内定向分布及需要长效的药物，均可采用适当的方法制成混悬液型注射剂。混悬液属固液分散的不稳定体系，混悬液型注射剂的质量要求除了应符合一般注射剂的规定外，必须注意分散微粒的大小及微粒在分散介质中的分散程度，以确保体系的稳定。

滴眼剂系指由药物及附加剂制成的直接用于眼部发挥治疗作用的外用液体制剂，主要以水溶液为主，分为溶液型、胶体溶液型和混悬液型。也有将药物做成片剂、丸剂，临用时制成水溶液。滴眼剂起眼部的杀菌、消炎、缩瞳、麻醉等作用，也有治疗白内障的滴眼剂上市。近年来，为了增加药物与作用部位接触的时间，减少给药次数与提高药效，除了适当增加滴眼剂的黏度外，还开发了一些新型的眼用剂型，如眼用膜剂、接触眼镜等。

扫一扫　看附录

四、问题与思考

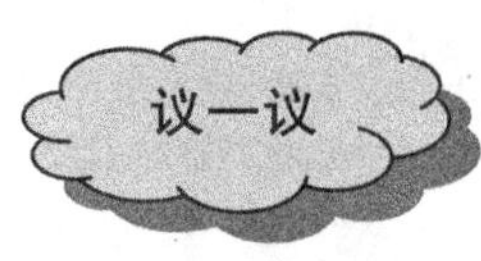

1. 制药用水的种类有哪些？如何区别？
2. 说明热原的组成、性质、产生热原的途径及除去热原的方法。如何检查热原？
3. 按洁净度将注射剂生产划分为几个区域，为什么？
4. 注射剂的附加剂有哪些？应用的原则是什么？
5. 说明过滤的原理、影响过滤的因素，以及常用滤器的特点和过滤方法。
6. 注射液在灌封时易出现的问题有哪些？
7. 输液与注射用无菌粉末生产中容易出现的问题有哪些？如何解决？

扫一扫 看 PPT

（冯传平 郭 双 李宇伟）

一、 记录性文件

1. 片剂生产记录文件

片剂生产记录文件如表 1.1～表 1.9 所示。

表 1.1 粉碎岗位生产指令

产品名称	
生产批号	
产品规格	
产品数量	
生产工序	
生产日期	年 月 日
签发人	
核对人	
签发日期	年 月 日

表 1.2 粉碎岗位生产记录

<table>
<tr><td>品名：</td><td>产品批号：</td><td>批指令产量：</td><td>生产工序：</td></tr>
<tr><td>操作步骤与内容</td><td>操作记录</td><td>操作人</td><td>复核人</td></tr>
<tr><td colspan="2">1. 粉碎前准备
1.1 核对批生产指令。
1.2 检查岗位的清场情况和状态标识。
1.3 更换生产状态标识。
1.4 按批生产指令领取物料，并核对名称、批号、数量。</td><td colspan="2">1.1 批生产指令已核对（是；否 ）。
1.2 上批清场合格，状态标识是否齐全、明确（是；否 ）。
1.3 是否变更生产状态标识（是；否）。
1.4 物料名称：
批号： 数量：</td></tr>
<tr><td colspan="2">2. 粉碎
2.1 按规定检查粉碎机（检查粉碎室门是否紧闭、挡板是否关闭、收集袋口是否绑紧、是否理顺收集袋）。
2.2 粉碎机转速稳定后加料粉碎（打开总闸，打开粉碎机开关，空机运行平稳后，开一点挡板并拧紧，用匀平稳添加物料。粉碎过程中要定时整理收集袋）。
2.3 粉碎完毕后取料。</td><td colspan="2">2.1 已检查粉碎机（是；否 ）。
2.2 粉碎机转速稳定后加料（是；否 ）。
2.3 粉碎产品已取料（是；否 ）。</td></tr>
<tr><td colspan="2">3. 过筛
3.1 按规定调试筛分机。
3.2 按过筛标准操作规程进行过筛。</td><td colspan="2">3.1 已调试筛分机（ 是；否 ）。
3.2 过筛后物料粉末量：</td></tr>
<tr><td colspan="2">4. 清场
4.1 现场不留有本批剩余物品。
4.2 设备和容器清洁，并挂好“已清洁”状态标识。
4.3 填写好记录。</td><td colspan="2">4.1 本批剩余物品已清除（是；否 ）。
4.2 粉碎机已清洁，挂“已清洁”标识（是；否 ）。
4.3 记录填写完整（是；否 ）。</td></tr>
<tr><td colspan="4">备注：</td></tr>
</table>

表 1.3　制粒岗位生产指令

产品名称	
生产批号	
产品规格	
产品数量	
生产工序	
生产日期	年　月　日
签发人	
核对人	
签发日期	年　月　日

表 1.4　制粒岗位生产记录

品名：	产品批号：	批指令产量：	生产工序：
操作步骤与内容	操作记录	操作人	复核人
1. 生产前准备 1.1 核对批生产指令。 1.2 检查岗位的清场情况和状态标识。 1.3 更换生产状态标识。 1.4 按生产指令到中间站领料，并核对原料药的名称、批号及数量。		1.1 是否核对批生产指令（是；否）。 1.2 上批清场合格，状态标识是否齐全、明确（是；否）。 1.3 是否变更生产状态标识（是；否）。 1.4（对乙酰氨基酚）批号： (　　　)数量： (　　　)批号： (　　　)数量： (　　　)批号： (　　　)数量：	
2. 制软材 2.1 按顺序称量物料。 2.2 将物料分别过 100 目筛。 2.3 将物料用 V 形混合机混合均匀后加入槽型混合机内。 2.4 称取 10 g 淀粉，加入纯化水至 100 mL，搅拌均匀后水浴加热至透明糊状，即得 10%淀粉浆。加入适量淀粉浆至槽型混合机充分混合均匀制成合格软材。		2.1 物料用量： 名称：　　用量（　）g 2.2 过筛用药筛目数（　） 2.3 混合是否均匀（是；否）。 2.4 淀粉用量（　）g 10%淀粉浆用量（　）mL	
3. 制颗粒： 3.1 将制好的软材置于摇摆式颗粒机内，启动设备。 3.2 将制好的颗粒均匀地平铺在方盘内（厚度 1～2 cm），将方盘置于烘箱中，60 ℃鼓风加热 1 h 即可。		3.1 摇摆式颗粒机筛网目数（　） 3.2 干燥的温度（　） 干燥的时间（　）时（　）分至（　）时（　）分	
4. 清场 4.1 现场不留有本批剩余物品。 4.2 设备和容器清洁，并挂好“已清洁”状态标识。 4.3 废物应按规定处理。 4.4 填写清场记录。		4.1 本批剩余物品是否已清除（是；否）。 4.2 槽型混合机、称量器具、容器是否已清洁并挂“已清洁”标识（是；否）。 4.3 废物是否已按要求处理（是；否）。 4.4 记录填写是否完整（是；否）。	
备注：			

表 1.5 压片岗位生产指令

产品名称	
生产批号	
产品规格	
产品数量	
生产工序	
生产日期	年 月 日
签发人	
核对人	
签发日期	年 月 日

表 1.6 压片岗位生产记录

品名：	产品批号：	批指令产量：	生产工序：
操作步骤与内容	操作记录	操作人	复核人
1. 压片前准备 1.1 核对批生产指令。 1.2 检查岗位的清场情况和状态标识。 1.3 更换生产状态标识。 1.4 按批生产指令领取物料及辅料，并核对其名称、批号、数量。		1.1 批生产指令已核对（是；否）。 1.2 上批清场合格，状态标识是否齐全、明确（是；否）。 1.3 是否变更生产状态标识（是；否）。 1.4 1.4.1 物料名称： 批号： 数量： 1.4.2 辅料名称： 批号： 数量：	
2. 整粒 2.1 按规定调试整粒机。 2.2 整粒。		2.1 已调试整粒机（是；否）。 2.2 干颗粒重：	
3. 压片 3.1 将干颗粒与适量硬脂酸镁混合均匀。 3.2 计算片重。 3.3 按规定调试压片机。 3.4 压片，压片过程按规定定时监测片重。 3.5 压片完毕后，停机。		3.1 润滑剂品名： 用量：（ ）g 3.2 片重大小。 3.3 调试压片机（是；否）。 3.4 压片过程按规定定时监测片重（是；否）。 3.5 压片完毕后及时停机（是；否）。	
4. 清场 4.1 现场不留有本批剩余物品。 4.2 设备和容器清洁，并挂好“已清洁”状态标识。 4.3 废物应按规定处理。 4.4 填写清场记录。		4.1 本批剩余物品已清除（是；否）。 4.2 整粒机及压片机已清洁，挂“已清洁”标识（是；否）。 4.3 废物是否已按要求处理（是；否）。 4.4 记录填写完整（是；否）。	

表 1.7　包衣岗位生产指令

产品名称	
生产批号	
产品规格	
产品数量	
生产工序	
生产日期	年　月　日
签发人	
核对人	
签发日期	年　月　日

表 1.8　糖衣岗位生产记录

品名：	产品批号：	批指令产量：	生产工序：
操作步骤与内容	操作记录	操作人	复核人
1. 包衣前准备 1.1 核对批生产指令。		1.1 是否核对批生产指令（是；否 ）。	
1.2 检查岗位的清场情况和状态标识。		1.2 上批清场合格，状态标识是否齐全、明确（是；否 ）。	
1.3 更换生产状态标识。		1.3 是否变更生产状态标识（是；否）。	
1.4 按批生产指令从中间站领取片剂，并核对名称、批号、数量。		1.4 片剂名称： 批号：　　重量：	
1.5 领取包衣用糖浆、滑石粉。		1.5 糖浆量：　　滑石粉量：	
2. 包衣 2.1 包粉衣层		2.1 包粉衣：　温度 40～50 ℃（　　） 层数：　糖浆量：　滑石粉量：　干燥时间：	
2.2 包糖衣层		2.2 包糖衣：　温度 35～40 ℃（　　） 层数：　糖浆量：　干燥时间：	
2.3 不正常现象及处理方法。 2.3.1 2.3.2			
3. 清场 3.1 现场不留有本批剩余物品。		3.1 本批剩余物品是否已清除（是；否 ）。	
3.2 设备和容器清洁，并挂好“已清洁”状态标识。		3.2 糖衣锅、称量器具、容器是否已清洁，挂“已清洁”标识（是；否 ）。	
3.3 废物应按规定处理。		3.3 废物是否已按要求处理（是；否 ）。	
3.4 填写清场记录。		3.4 记录填写是否完整（是；否 ）。	

表 1.9 薄膜衣岗位生产记录

品名：	产品批号：	批指令产量：	生产工序：
操作步骤与内容	操作记录	操作人	复核人

操作步骤与内容	操作记录
1. 包衣前准备 1.1 核对批生产指令。	1.1 是否核对批生产指令（是；否 ）。
1.2 检查岗位的清场情况和状态标识。	1.2 上批清场合格，状态标识是否齐全、明确（是；否 ）。
1.3 更换生产状态标识。	1.3 是否变更生产状态标识（是；否）。
1.4 按批生产指令，从中间站领取片剂，并核对名称、批号、数量。	1.4 片剂名称： 批号：　　　　重量：
1.5 领取薄膜衣包衣材料。	1.5 薄膜衣包衣材料名称：　　　数量：
1.6 配制包衣液	1.6 包衣液名称：　数量：
2. 喷包衣液 2.1 包薄膜衣	2.1 喷包衣液：　温度 40～50℃（　） 层数：　　包衣液量：　　包衣增重量： 干燥时间：
2.2 不正常现象及处理方法： 2.2.1 2.2.2	
3. 清场 3.1 现场不留有本批剩余物品。	3.1 本批剩余物品是否已清除（是；否 ）。
3.2 设备和容器清洁，并挂好“已清洁”状态标识。	3.2 糖衣锅、称量器具、容器是否已清洁，挂“已清洁”标识（是；否 ）。
3.3 废物应按规定处理。	3.3 废物是否已按要求处理（是；否 ）。
3.4 填写清场记录。	3.4 记录填写是否完整（是；否 ）。

2. 胶囊剂生产记录文件

胶囊剂生产记录文件如表 2.1～表 2.4 所示。

表 2.1　硬胶囊填充岗位生产指令

产品名称	
生产批号	
产品规格	
产品数量	
生产工序	
生产日期	年　月　日
签发人	
核对人	
签发日期	年　月　日

表 2.2　硬胶囊填充生产记录

<table>
<tr><td colspan="2">品名：</td><td>批号：</td><td colspan="2">产量：</td><td>工序：</td></tr>
<tr><td colspan="3">生产操作前检查记录</td><td colspan="3">执行标准：《生产操作前检查标准操作程序》</td></tr>
<tr><td>序号</td><td>检查项目</td><td colspan="3">检查内容</td><td>检查结果</td></tr>
<tr><td>1</td><td>文件、记录</td><td colspan="3">应有现行文件与记录，无上次生产品种的文件与记录</td><td></td></tr>
<tr><td>2</td><td>清洁卫生、清场合格证</td><td colspan="3">应整齐、清洁，应无上次生产的遗留物；“清场合格证”应在有效期内，若无效，应重新清场并由 QA 复查</td><td></td></tr>
<tr><td>3</td><td>生产设备</td><td colspan="3">挂有“停机”和“已清洁”状态标识</td><td></td></tr>
<tr><td>4</td><td>容器、工具</td><td colspan="3">应清洁或灭菌，有“已清洁”合格状态标识</td><td></td></tr>
<tr><td>5</td><td>计量器具、仪表</td><td colspan="3">应清洁及在检定有效期内，并进行校正</td><td></td></tr>
<tr><td>6</td><td>物料、合格证</td><td colspan="3">应有签发的批指令单，并与生产物料进行核对；应有检验报告单；盛装容器应有状态标识；应无与生产无关的物品</td><td></td></tr>
<tr><td colspan="6">注：合格的在检查结果栏中打“√”，不合格的打“×”，全部项目合格后方可进行生产。</td></tr>
<tr><td>检查人</td><td>日期</td><td colspan="2">复核人</td><td colspan="2">日期</td></tr>
<tr><td rowspan="2">操作要点</td><td rowspan="2">填充</td><td colspan="4">执行标准：《胶囊填充岗位标准操作规程》</td></tr>
<tr><td colspan="4">每隔 20 min，取连续填充出的 20 粒胶囊检查装量，并称取装量、记录。</td></tr>
</table>

物料名称	编号	领出数（粒）	实用数（粒）	退库数（粒）	报废数（粒）
空心胶囊					

设备名称	编号	运行情况
		□正常 □不正常
		□正常 □不正常

生产日期	完工日期
操作负责人	复核人
备注：	

表 2.3 软胶囊填充岗位生产指令

产品名称	
生产批号	
产品规格	
产品数量	
生产工序	
生产日期	年 月 日
签发人	
核对人	
签发日期	年 月 日

表 2.4 软胶囊填充生产记录（压制法）

<table>
<tr><td colspan="2">品名：</td><td>批号：</td><td colspan="2">产量：</td><td>工序：</td></tr>
<tr><td colspan="3">生产操作前检查记录</td><td colspan="3">执行标准：《生产操作前检查标准操作程序》</td></tr>
<tr><td>序号</td><td>检查项目</td><td colspan="3">检查内容</td><td>检查结果</td></tr>
<tr><td>1</td><td>文件、记录</td><td colspan="3">应有现行文件与记录，无上次生产品种的文件与记录</td><td></td></tr>
<tr><td>2</td><td>清洁卫生、清场合格证</td><td colspan="3">应整齐、清洁，应无上次生产的遗留物；“清场合格证”应在有效期内，若无效，应重新清场并由QA复查</td><td></td></tr>
<tr><td>3</td><td>生产设备</td><td colspan="3">挂有“停机”和“已清洁”状态标识</td><td></td></tr>
<tr><td>4</td><td>容器、工具</td><td colspan="3">应清洁或灭菌，有“已清洁”合格状态标识</td><td></td></tr>
<tr><td>5</td><td>计量器具、仪表</td><td colspan="3">应清洁及在检定有效期内，并进行校正</td><td></td></tr>
<tr><td>6</td><td>物料、合格证</td><td colspan="3">应有签发的批指令单，并与生产物料进行核对；应有检验报告单；盛装容器应有状态标识；应无与生产无关的物品</td><td></td></tr>
<tr><td colspan="6">注：合格的在检查结果栏中打“√”，不合格的打“×”，全部项目合格后方可进行生产。</td></tr>
<tr><td>检查人</td><td>日期</td><td>复核人</td><td colspan="3">日期</td></tr>
<tr><td colspan="2">1. 软胶囊化胶
操作要点</td><td colspan="4">执行标准：《软胶囊化胶操作法》及《化胶罐标准操作规程》
1. 化胶的温度和时间。
2. 加入色素。</td></tr>
<tr><td colspan="2">2. 软胶囊内容物配制
操作要点</td><td colspan="4">执行标准：《软胶囊内容物配制操作法》及配制设备标准操作规程
1. 药液的含量应符合药典要求或企业内控标准。
2. 固体物料粉碎后应用合适规格的筛网控制粒度，研磨或乳匀后也应该过合适规格的筛网，以避免造成软胶囊机柱塞泵磨损。</td></tr>
<tr><td colspan="2">3. 软胶囊压制
操作要点</td><td colspan="4">执行标准：《压制软胶囊岗位操作法》及《软胶囊压制设备标准操作规程》
1. 外观（软胶囊是否对称）及夹缝质量（是否粗大、有无漏液）。
2. 内容物重及装量差异。
3. 左右胶皮厚度。</td></tr>
</table>

续表

<table>
<tr><td>物料名称</td><td>编号</td><td>批号</td><td>检验单编码</td><td>领入量</td><td>投入量</td></tr>
<tr><td>明胶
甘油
羟苯乙酯
纯化水</td><td></td><td></td><td></td><td></td><td></td></tr>
<tr><td colspan="2">设备名称</td><td colspan="2">编号</td><td colspan="2">运行情况</td></tr>
<tr><td colspan="2"></td><td colspan="2"></td><td colspan="2">□正常 □不正常</td></tr>
<tr><td colspan="2"></td><td colspan="2"></td><td colspan="2">□正常 □不正常</td></tr>
<tr><td colspan="4">生产日期</td><td colspan="2">完工日期</td></tr>
<tr><td colspan="4">操作负责人</td><td colspan="2">复核人</td></tr>
</table>

3. 液体制剂生产记录文件

液体制剂生产记录文件如表3.1～表3.20所示。

表3.1　口服液洗瓶岗位生产指令

<table>
<tr><td>生产日期</td><td colspan="2">生产批号</td></tr>
<tr><td>本批理论产量</td><td colspan="2">本岗位需投入量　　　　　（按损耗率1%计算）</td></tr>
<tr><td>清洗标准</td><td colspan="2">10 mL茶色瓶清洁透明无污迹，每支中<0.5 cm纤毛、<500 μm的点或块状物总数不得超过3个，不得有玻璃屑、纤维、杂质和异物。</td></tr>
<tr><td>指令人</td><td>复核人</td><td>接收人</td></tr>
<tr><td>本岗位本批生产小结</td><td colspan="2">生产过程中异常情况记录
本岗位缩口瓶利用率：
$\frac{\text{进烘箱瓶}\quad\text{支}}{\text{本岗位投入}\quad\text{支}}\times 100\%=\quad\%$
岗位负责人：
年　月　日</td></tr>
<tr><td>工艺员评价</td><td colspan="2">1. 本批生产过程无偏离规程作业。□
2. 本批生产过程中工艺卫生符合要求。□
3. 本批清场符合要求。□
4. 本批生产记录清晰、完整。□
工艺员：
年　月　日</td></tr>
<tr><td colspan="3">备注：</td></tr>
</table>

表 3.2　口服液洗瓶岗位生产记录

品 名		批 号	规 格	
生产日期		年　月　日　时　　分—　　时　分		

操作指令及工艺参数	实际操作记录
按《口服液洗瓶岗位标准操作规程》进行操作。	
1　生产前检查	
上批清场合格证	有 □ 无 □
清洁状态标识	已清洁 □ 待清洁 □
设备运行状态标识	完好 □ 不完好 □，存在　　问题
公用系统检查	正常 □ 不正常□，存在　　问题
状态标识检查	状态标识为：
2　摆瓶	取用瓶子总数：　箱　支
将瓶子自纸箱中取出摆入不锈钢盘，并将不合格及	不合格及破损瓶数量：　　支
破损的瓶子挑出，盘子外壁清洁后，将瓶子用摆瓶	
车移入洗瓶室。	灭菌温度、停机温度已设定 □
3　洗瓶	符合规定 □ 不符合规定 □
3.1 启动灭菌烘干机，灭菌温度设定为 285 ℃，停机	开机时间：　　时　　分
温度设定为 50 ℃。	达到灭菌温度时间：　　时　分
3.2 检查洗瓶用水的澄明度。	灭菌温度：　℃
3.3 打开压缩空气控制阀门，调整压力到 0.4 MPa。	符合规定 □ 不符合规定 □
启动水泵按钮，同时打开新水进水阀门；确定水面	洗瓶室挑出破损及不合格瓶数量：　支
已经没过超声波振荡器后，再打开振荡按钮和超声	清洗瓶数量：　支
波启动按钮；按下主电机启动按钮，缓慢将速度旋	停机时间：　时　分
钮调到适当的位置。	
3.4 瓶子洗净后，进入灭菌烘干机，灭菌消毒后输送至灌封室。	
3.5 取 60 支洗后的瓶子，由 QA 人员检查 10 mL 茶	
色瓶清洁效果。	已清除□ 未清除 □
3.6 每 30 min 监测一次灭菌烘干机数字显示屏。	已清除□ 未清除 □
4 清场	已清洁□ 未清洁 □
4.1 本批生产文件及状态标识已清除。	已清洁□ 未清洁 □
4.2 剩余瓶子已清除。	已清除□ 未清除 □
4.3 洗瓶机已清洁。	已清洁□ 未清洁 □
4.4 灭菌烘干箱已清洁。	已清洁□ 未清洁 □
4.5 废弃物已清除。	已存放□ 未存放 □
4.6 地面、桌面、废物桶已清洁。	已清除□ 未清除 □
4.7 洗瓶盘已清洁。	检查情况：符合规定 □ 不符合规定□
4.8 纸箱存放在暂存室。	检查人：
4.9 废弃物已清除。	
操作人：	复核人：

环境监测	温 度 (上午 9：00 及下午 2：00)	相对湿度 (上午 9：00 及下午 2：00)	气闸室与一般生产区压差 (上午 9：00 及下午 2：00)	监测人
备注：				

续表

时 间			灭菌烘干机监控记录		
数字显示	风压显示	灭菌温度 1#	灭菌温度 2#	中部温度 3#	后部温度 4#
正 常 □ 偏 离 □	正 常 □ 偏 离 □	正 常 □ 偏 离 □	正 常 □ 偏 离 □	正 常 □ 偏 离 □	正 常 □ 偏 离 □
正 常 □ 偏 离 □	正 常 □ 偏 离 □	正 常 □ 偏 离 □	正 常 □ 偏 离 □	正 常 □ 偏 离 □	正 常 □ 偏 离 □
正 常 □ 偏 离 □	正 常 □ 偏 离 □	正 常 □ 偏 离 □	正 常 □ 偏 离 □	正 常 □ 偏 离 □	正 常 □ 偏 离 □
正 常 □ 偏 离 □	正 常 □ 偏 离 □	正 常 □ 偏 离 □	正 常 □ 偏 离 □	正 常 □ 偏 离 □	正 常 □ 偏 离 □
正 常 □ 偏 离 □	正 常 □ 偏 离 □	正 常 □ 偏 离 □	正 常 □ 偏 离 □	正 常 □ 偏 离 □	正 常 □ 偏 离 □
正 常 □ 偏 离 □	正 常 □ 偏 离 □	正 常 □ 偏 离 □	正 常 □ 偏 离 □	正 常 □ 偏 离 □	正 常 □ 偏 离 □
正 常 □ 偏 离 □	正 常 □ 偏 离 □	正 常 □ 偏 离 □	正 常 □ 偏 离 □	正 常 □ 偏 离 □	正 常 □ 偏 离 □
正 常 □ 偏 离 □	正 常 □ 偏 离 □	正 常 □ 偏 离 □	正 常 □ 偏 离 □	正 常 □ 偏 离 □	正 常 □ 偏 离 □
正 常 □ 偏 离 □	正 常 □ 偏 离 □	正 常 □ 偏 离 □	正 常 □ 偏 离 □	正 常 □ 偏 离 □	正 常 □ 偏 离 □
正 常 □ 偏 离 □	正 常 □ 偏 离 □	正 常 □ 偏 离 □	正 常 □ 偏 离 □	正 常 □ 偏 离 □	正 常 □ 偏 离 □
正 常 □ 偏 离 □	正 常 □ 偏 离 □	正 常 □ 偏 离 □	正 常 □ 偏 离 □	正 常 □ 偏 离 □	正 常 □ 偏 离 □
操作人：		复核人：			
备注：					

表 3.3　口服液洗瓶岗位清洁记录

日期	年　月　日			洁净级别		产品名称			
清洁项目	清洁周期	清洁工具	清洁剂	消毒剂	清洁方法	操作	清洁时间		清洁人
							开始	结束	
洗瓶机	班后	抹布 清洁盆	纯化水	0.15%新洁尔灭 3%煤酚皂	内部冲洗 外部擦拭	□ □			
台面	班后	抹布 清洁盆	纯化水	0.15%新洁尔灭 3%煤酚皂	擦拭	□ □			
墙面及其他装置	班后	抹布 清洁盆	纯化水	0.15%新洁尔灭 3%煤酚皂	擦拭污迹	□ □			
墙壁、顶棚、照明、排风等设施	每周	抹布 清洁盆	纯化水	75%乙醇 3%煤酚皂 0.15%新洁尔灭	擦拭	□ □ □			
地面、门窗	班后	抹布 清洁盆	纯化水	75%乙醇 3%煤酚皂 0.15%新洁尔灭	擦拭	□ □ □			
地漏	班后	毛刷	纯化水 洗洁精水	0.15%新洁尔灭 3%煤酚皂	刷洗 液封	□ □			
工作场所	每天	抹布 清洁盆	纯化水	0.15%新洁尔灭 3%煤酚皂	全面擦拭 刷洗	□ □			
	每周	酒精灯	—	甲醛 丙二醇	熏 蒸	□ □			
清洁工具	处理	使用后	清洁盆、桶	纯化水 洗洁精	—	搓洗 冲洗	□		
	存放	一般生产区的洁具室。□							
清洁剂用量	纯化水　　mL；洗洁精　　mL								
消毒剂用量	0.15%新洁尔灭　　mL；　3%煤酚皂　　mL；75%乙醇　　mL；甲醛　　mL；丙二醇　　mL								
检查与评价	清洁后各部位洁净、无污染，达到本区域卫生要求。□				检查人				
备注：									

表 3.4 口服液配液岗位生产指令

产品名称	
生产批号	
产品规格	
产品数量	
生产工序	配液
生产日期	年 月 日
签发人	
核对人	
签发日期	年 月 日

表 3.5 口服液配液岗位半成品请验单

品名：	请验部门：
规格：	请验人：
批号：	请验日期：
数量：	
备注：	

表 3.6　口服液配液岗位生产记录

<table>
<tr><td colspan="2">批 号</td><td colspan="2">规 格</td></tr>
<tr><td colspan="2">生产时间</td><td colspan="2">年　月　日　时　分—　时　分</td></tr>
<tr><td colspan="2">操作指令及工艺参数</td><td colspan="2">实际操作记录</td></tr>
<tr><td colspan="2">按《×××口服液配液岗位标准操作规程》操作。
1　操作前检查及准备
上批清场合格证
环境、设备、容器具已清洁
设备状态完好
计量器具有检定合格证
公用系统
状态标识
2　配液
2.1 按批生产指令领取原、辅料并核对名称、批号和数量，称取原、辅料。

2.2 稀配。
2.2.1 根据生产指令将称量好的×××投入配液罐中，加 80%量的纯化水，搅拌溶解，再补加纯化水至所需要的总体积，搅拌均匀。

2.3 取样，请验。

3　药液过滤
打开过滤泵，抽滤。

4 清场
4.1 清除本批生产文件及状态标识。
4.2 清除废弃物品。
4.3 清洁配液罐，并灭菌。
4.4 清洁门窗、墙壁、地面、废物桶、地漏。
4.5 清洁工作台面。</td><td colspan="2">

有 □ 无 □
已清洁□ 未清洁□
完 好□ 未完好□
有 □ 无 □
正 常□
生产中□　无标识□

名称：
原料批号：
数量：
投料量：

补纯化水至　　mL
已搅拌□　　时　　分至　　时　　分

已取样，请验□　取样体积　　　mL
pH 值　　　　含量
最终药液体积　　　mL
已过滤□　损失药液体积　　mL
时间：　　时　　分至　　时　　分

已清除□ 未清除□
已清除□ 未清除□
已清洁□ 未清洁□
已清洁□ 未清洁□
已清洁□ 未清洁□
检查情况：符合规定 □
不符合规定□</td></tr>
<tr><td colspan="4">操作人：　　　　　　检查人：　　　　　　复核人：</td></tr>
<tr><td>环境监测</td><td>温度（　：00 及　：00）</td><td>相对湿度（　：00 及　：00）</td><td>监测人</td></tr>
<tr><td></td><td></td><td></td><td></td></tr>
<tr><td colspan="4">备 注：</td></tr>
</table>

表 3.7 口服液配液岗位清洁记录

日期	年 月 日			洁净级别		产品名称			
清洁项目	清洁周期	清洁工具	清洁剂	消毒剂	清洁方法	操作	清洁时间		清洁人
							开始	结束	
配液罐、贮藏罐	班后	抹布 清洁盆	纯化水	75%乙醇 □	内部冲洗 外部擦拭	□ □			
称量器具、酸度计	班后	抹布 清洁盆	纯化水	0.15%新洁尔灭 □ 3%煤酚皂□	擦拭	□			
台面	班后	抹布 清洁盆	纯化水	0.15%新洁尔灭□ 3%煤酚皂□	擦拭	□			
墙面及其他装置	班后	抹布 清洁盆	纯化水	0.15%新洁尔灭□ 3%煤酚皂□	擦拭污迹	□			
墙壁、顶棚、照明、排风等设施	每周	抹布 清洁盆	纯化水	0.15%新洁尔灭□ 3%煤酚皂□	擦拭	□			
地面、门窗、踏步	班后	抹布 清洁盆	纯化水	0.15%新洁尔灭□ 3%煤酚皂□	擦拭	□			
地漏	班后	毛刷	纯化水 洗洁精	0.15%新洁尔灭□ 3%煤酚皂□	刷洗 液封	□			
工作场所	每周	抹布 清洁盆 毛刷	纯化水	0. 15%新洁尔灭□ 3%煤酚皂□	全面擦拭刷洗	□			
	每天 每周	臭氧发生器 酒精灯		臭氧□ 甲醛□ 丙二醇□	空调送风 熏蒸消毒	□ □			
清洁工具	处理	使用后	清洁盆、桶		纯化水、洗洁精	搓洗、冲洗灭菌			□
	存放	C级洁具存放于C级洁具室。□							
清洁剂用量		纯化水 mL； 洗洁精 mL							
消毒剂用量		0.15%新洁尔灭 mL；3%煤酚皂 mL；75%乙醇 mL； 甲醛 mL；丙二醇 mL							
检查与评价		清洁后各部位洁净、无污染，达到本区域卫生要求。□					检查人		
备注：									

表 3.8 口服液灌封岗位生产指令

产品名称	
生产批号	
产品规格	
产品数量	
生产工序	灌封
生产日期	年 月 日
签发人	
核对人	
签发日期	年 月 日

表 3.9 口服液灌封岗位生产记录

批 号	规 格
生产时间　　　　　　　年　月　日　时　分—　时　分	
操作指令及工艺参数	实际操作记录
1 操作前准备	
按《口服液灌封岗位标准操作规程》进行操作。	
1.1 生产前检查。	
上批清场合格证	有 □ 无 □
清洁状态标识	已清洁 □ 待清洁□
设备运行状态标识	完好 □ 不完好□
公用系统	正常 □
	已干 □ 未干 □
1.2 铝盖烘干情况。	已挂状态标识 □
1.3 挂状态标识。	1. 药液领用　　mL
2 灌装操作	2. 铝盖领用数　　个
2.1 灌装用具的安装。	3. 瓶领用数　　个
2.2 先用适量药液冲洗灌装系统接于桶中，废弃。	4. 挑出不合格铝盖数　　个
2.3 送瓶。	5. 锁盖炸瓶数　　支
	6. 锁盖不合格数　　支
2.4 测量装量：用 10 mL 量筒测量装量，调节计量泵的螺母使装量控制在 10.0～10.2 mL。	7. 铝盖共损耗数　　个 8. 铝盖剩余数　　个
2.5 灌装前 8 支，操作工检查澄明度、外观、装量。	9. 空瓶炸瓶数　　支
2.6 灌封过程中应每小时监控一次装量。	10. 挑出不合格瓶数　　支
2.7 送铝盖。	11. 瓶共损耗数　　个
2.8 开机灌装、锁盖。锁盖质量应美观无松动，无压歪、皱褶、划痕等现象。	12. 瓶剩余数　　支 13. 管道冲洗　　mL
2.9 将锁盖不合格品挑出，重新锁盖。锁盖不合格品数超过 2%时，应停机调试，查找原因。	14. 测装量数　　支 15. 灌封半成品数量　　支
2.10 及时补足理盖器中的铝盖。	
2.11 灌装前及时将碎瓶及其他不合格的瓶子挑出。	
3 清场	时间：　时　分至　时　分
3.1 清除本批生产文件及状态标识。	已清除 □ 未清除 □
3.2 容器具已传至容器具处理室。	已传出 □ 未传出 □
3.3 清除剩余瓶子。	已清除 □ 未清除 □
3.4 剩余铝盖已传回容器具处理室。	已传出 □ 未传出 □
3.5 清洁灌封机。	已清洁 □ 未清洁 □
3.6 清洁墙面、门窗、地面。	已清洁 □ 未清洁 □
3.7 清除废弃物。	已清除 □ 未清除 □
3.8 清除废物桶。	已清除 □ 未清除 □
	检查情况：符合规定 □ 不符合规定□

操作人：	检查人：	复核人：	
环境监测	温度（上午 9：00，下午 2：00）	相对湿度（上午 9：00，下午 2：00）	监测人
备注：			

表 3.10　口服液灌封岗位清洁记录

<table>
<tr><td>日期</td><td colspan="3">年　月　日</td><td colspan="2">洁净级别</td><td colspan="4">产品名称</td></tr>
<tr><td rowspan="2">清洁项目</td><td rowspan="2">清洁周期</td><td rowspan="2">清洁工具</td><td rowspan="2">清洁剂</td><td rowspan="2">消毒剂</td><td rowspan="2">清洁方法</td><td rowspan="2">操作</td><td colspan="2">清洁时间</td><td rowspan="2">清洁人</td></tr>
<tr><td>开始</td><td>结束</td></tr>
<tr><td>灌封机</td><td>班后</td><td>抹布
清洁盆</td><td>纯化水</td><td>0.15%新洁尔灭□
3%煤酚皂□
75%酒精□</td><td>内部冲洗
外部擦拭</td><td>□
□</td><td></td><td></td><td></td></tr>
<tr><td>台面</td><td>班后</td><td>抹布
清洁盆</td><td>纯化水</td><td>0.15%新洁尔灭□
3%煤酚皂□</td><td>擦拭</td><td>□</td><td></td><td></td><td></td></tr>
<tr><td>墙面及其他装置</td><td>班后</td><td>抹布
清洁盆</td><td>纯化水</td><td>0.15%新洁尔灭□
3%煤酚皂□</td><td>擦拭污迹</td><td>□</td><td></td><td></td><td></td></tr>
<tr><td>墙壁、顶棚、照明、排风等设施</td><td>每周</td><td>抹布
清洁盆</td><td>纯化水</td><td>0.15%新洁尔灭□
3%煤酚皂□</td><td>擦拭</td><td>□</td><td></td><td></td><td></td></tr>
<tr><td>地面、门窗</td><td>班后</td><td>抹布
清洁盆</td><td>纯化水</td><td>0.15%新洁尔灭□
3%煤酚皂□</td><td>擦拭</td><td>□</td><td></td><td></td><td></td></tr>
<tr><td>地漏</td><td>班后</td><td>毛刷</td><td>纯化水
洗洁精水</td><td>0.15%新洁尔灭□
3%煤酚皂□</td><td>刷洗液封</td><td>□</td><td></td><td></td><td></td></tr>
<tr><td rowspan="2">工作场所</td><td>每周</td><td>抹布
清洁盆
毛刷</td><td>纯化水</td><td>0.15%新洁尔灭□
3%煤酚皂□</td><td>全面擦拭刷洗</td><td>□</td><td></td><td></td><td></td></tr>
<tr><td>每天
每周</td><td>臭氧发生器
酒精灯</td><td></td><td>臭氧□
甲醛□
丙二醇□</td><td>空调送风
熏蒸消毒</td><td>□
□</td><td></td><td></td><td></td></tr>
<tr><td rowspan="2">清洁工具</td><td>处理</td><td>使用后</td><td colspan="2">清洁盆、桶</td><td>纯化水、洗洁精</td><td colspan="4">搓洗、冲洗、灭菌□</td></tr>
<tr><td>存放</td><td colspan="8">C级洁具存放于C级洁具室。□</td></tr>
<tr><td colspan="2">清洁剂用量</td><td colspan="8">纯化水　　　mL；　　洗洁精　　　mL</td></tr>
<tr><td colspan="2">消毒剂用量</td><td colspan="8">0.15%新洁尔灭　　　mL；3%煤酚皂　　　mL；75%乙醇　　　mL；
甲醛　　　mL；丙二醇　　　mL</td></tr>
<tr><td colspan="2">检查与评价</td><td colspan="5">清洁后各部位洁净、无污染，达到本区域卫生要求。□</td><td colspan="3">检查人</td></tr>
<tr><td colspan="10">备注：</td></tr>
</table>

表 3.11　灭菌岗位生产指令

产品名称	
生产批号	
产品规格	
产品数量	
生产工序	
生产日期	年　月　日
签发人	
核对人	
签发日期	年　月　日

表 3.12 灭菌岗位生产记录

品名	批号
生产时间	规格
操作指导及工艺参数	实际操作记录
按《口服液灭菌岗位标准操作规程》进行操作。 1 生产前检查 1.1 将每盘药整齐码放在挂有“已清洁”状态标识的灭菌柜内。 1.2 接通电源，开蒸汽、水阀、压缩空气。开机，检查仪表等是否正常。 1.3 检查蒸汽压力、水压、压缩空气情况：蒸汽压力为 0.3 MPa，水压为 0.2 MPa，压缩空气为 0.6～0.7 MPa。 1.4 挂设备运行状态标识。 2 灭菌 氯化钾口服液灭菌条件为 100～105 ℃ 30 min，开始升温后随时观察灭菌情况。 3 冷却至 60 ℃时，开门，取出药品。 4 将取出的产品整齐放好，挂灭菌标识，标明品名、规格、批号、数量，转入中转站。 5 填写灭菌记录，并将记录纸贴在记录背面。 6 清场 6.1 本批生产文件及状态表示已清除。 6.2 灭菌后产品已全部放置在规定区域并挂标识。 6.3 灭菌柜已清洁。 6.4 废弃物已清除。 6.5 工作地面、废物桶已清洁。 6.6 所有阀门及电源已关闭。	数量 支 状态标识□ 正常 □ 正常 □ 已挂状态标识 □ 到达灭菌温度时间 时 分 恒温结束时间 时 分 已挂标识□ 时间： 月 日 时 分至 时 分 已清除□ 未清除□ 已挂标识□ 未挂标识□ 已清洁□ 未清洁□ 已清除□ 未清除□ 已清洁□ 未清洁□ 已关闭□ 未关闭□ 检查情况：符合规定 □ 不符合规定□
操作人： 检查人： 复核人：	
备注：	

表 3.13　口服液灯检岗位生产指令

<table>
<tr><td rowspan="4">生产指令</td><td>品名</td><td></td><td>指令日期</td><td></td></tr>
<tr><td>生产批号</td><td></td><td>生产日期</td><td></td></tr>
<tr><td>数量</td><td></td><td>规 格</td><td></td></tr>
<tr><td>质量标准</td><td colspan="3">1. 外观：瓶外壁应洁净、无异物，轧盖应严紧、美观、平整，不松动。
2. 澄明度：每支中＜0.5 cm 的纤毛、＜500 μm 的点或块状物不得超过 5 个，不得有玻璃屑、纤维、杂质和异物。
3. 误检率应≤3%。</td></tr>
<tr><td colspan="3">指 令 人</td><td>复 核 人</td><td>接 收 人</td></tr>
<tr><td>本岗位本批生产小结</td><td colspan="4">1. 物料平衡：偏差限度　98.00%～102.00%
理论产量：　支
偏差＝半成品总量/待检品总量×100%
$=\dfrac{(\text{合格品数量}\quad\text{支}+\text{不合格品数量}\quad\text{支})}{(\text{半成品：}\quad\text{支})}\times 100\%=\quad\%$
与中转岗交接的合格品数量　　支
2. 合格率：大于 97.00%
$\dfrac{\text{合格品数量}\quad\text{支}}{\text{合格品数}+\text{不合格品数}}\times 100\%=\quad\%$
3. 主要不合格品项目占不合格品的比例：
%＝　　支/不合格品数量　　　支×100%＝　　%
%＝　　支/不合格品数量　　　支×100%＝　　%
岗位负责人：
年　　月　　日</td></tr>
<tr><td>工艺员评价</td><td colspan="4">年　　月　　日</td></tr>
</table>

表 3.14　口服液灯检岗位生产记录

<table>
<tr><td>品名</td><td>批号</td></tr>
<tr><td colspan="2">生产时间　　年　月　日　时　分—　时　分</td></tr>
<tr><td>操作指令及工艺参数</td><td>实际操作记录</td></tr>
<tr><td>按《口服液灯检岗位标准操作规程》进行操作。
1　生产前检查
上批清场合格证。
清洁状态标识。
公用系统。
2　挂状态标识
3　灯检操作
3.1 灯检半成品，将“坏盖”“破损”“装量”“毛、点”“白块”“玻屑”“其他不溶物”“杂质”挑选出来。
3.2 将挑选出的不合格品按类分别放在贴有不同标签的塑料筐内，待生产结束后清点数量并交与中转站。
3.3 将挑选出的合格品码入铁盘，插入操作者的编号，做好标识，整齐码放在合格品存放区。
4　请验
5　抽检合格后，挂绿色“合格”状态标识。若不合格，挂红色“不合格”状态标识。
6　清场
6.1 本批生产文件及状态标识已清除。
6.2 灯检合格药品已全部传出。
6.3 灯检剔除的不合格品已传出。
6.4 剩余周转盘已全部传出。
6.5 灯检箱已清洁。
6.6 废弃物已清除。
6.7 工作台面、地面、废物桶已清洁。
操作人：　　　　　　复核人：</td><td>

有 □ 无 □
已清洁□ 待清洁 □
正常 □
已挂状态标识 □

半成品支数　　　支

已抽验合格 □
挂标识□
清场时间：　月　日　时　分至　时　分
已清除□ 未清除□
已传出□ 未传出□
已传出□ 未传出□
已传出□ 未传出□
已清洁□ 未清洁□
已清除□ 未清除□
已清洁□ 未清洁□
检查情况：符合规定 □
不符合规定□
检查人：</td></tr>
</table>

<table>
<tr><td rowspan="2">操作工号</td><td rowspan="2">姓名</td><td rowspan="2">总盘数</td><td rowspan="2">总支数</td><td colspan="6">澄明度检查</td><td colspan="4">灌封质量</td><td rowspan="2">抽检结果</td><td rowspan="2">返工数</td></tr>
<tr><td>玻屑</td><td>毛</td><td>白块</td><td>白点</td><td>色点</td><td>合计</td><td>坏盖</td><td>装量</td><td>破损</td><td>合计</td></tr>
<tr><td></td><td></td><td></td><td></td><td></td><td></td><td></td><td></td><td></td><td></td><td></td><td></td><td></td><td></td><td></td><td></td></tr>
<tr><td></td><td></td><td></td><td></td><td></td><td></td><td></td><td></td><td></td><td></td><td></td><td></td><td></td><td></td><td></td><td></td></tr>
<tr><td></td><td></td><td></td><td></td><td></td><td></td><td></td><td></td><td></td><td></td><td></td><td></td><td></td><td></td><td></td><td></td></tr>
<tr><td></td><td></td><td></td><td></td><td></td><td></td><td></td><td></td><td></td><td></td><td></td><td></td><td></td><td></td><td></td><td></td></tr>
<tr><td></td><td></td><td></td><td></td><td></td><td></td><td></td><td></td><td></td><td></td><td></td><td></td><td></td><td></td><td></td><td></td></tr>
<tr><td></td><td></td><td></td><td></td><td></td><td></td><td></td><td></td><td></td><td></td><td></td><td></td><td></td><td></td><td></td><td></td></tr>
</table>

续表

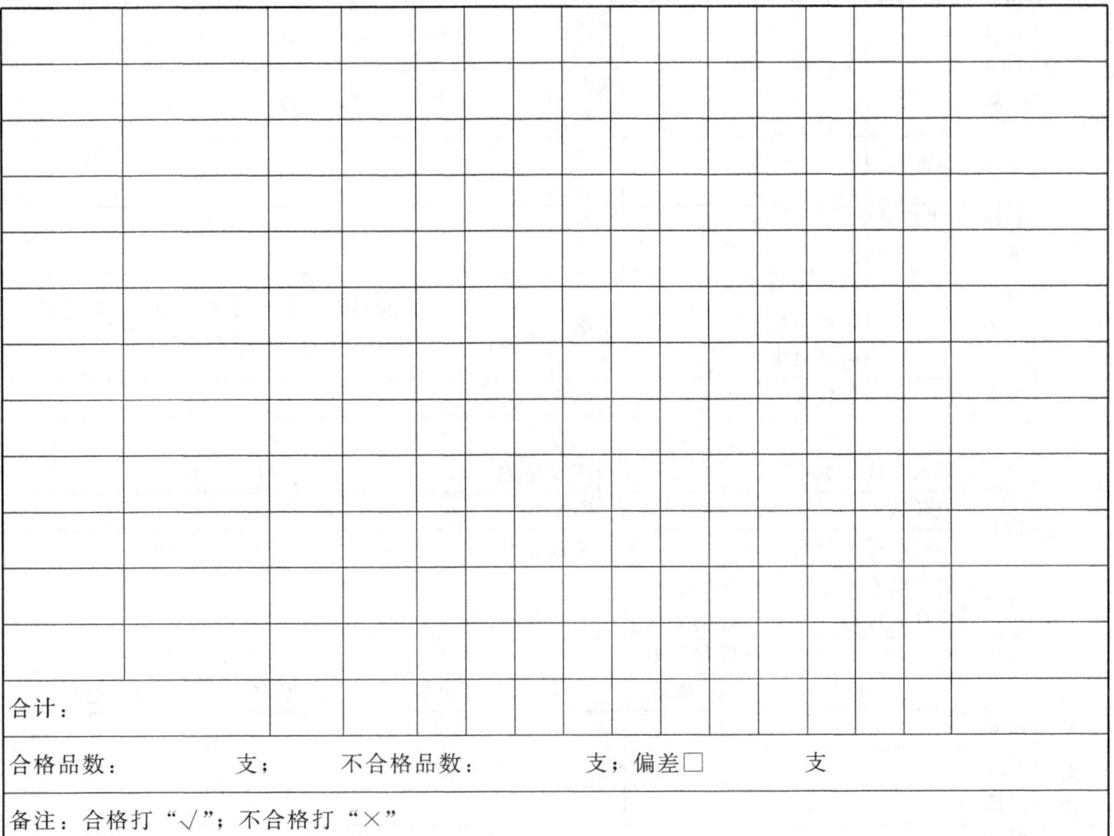

合计：															
合格品数：　　　　支；　　不合格品数：　　　　支；偏差□　　　　支															
备注：合格打“√”；不合格打“×”															

表 3.15　口服液包装岗位生产指令

<table>
<tr><td rowspan="7">生产指令</td><td>品名</td><td></td><td>指令日期</td><td>年　月　日</td></tr>
<tr><td>产品批号</td><td></td><td>包装日期</td><td>年　月　日</td></tr>
<tr><td>本批理论产量</td><td>支</td><td>产品规格</td><td></td></tr>
<tr><td>本岗位理论产量</td><td>支</td><td>包装规格</td><td></td></tr>
<tr><td>印字</td><td>产品批号：
生产日期：
有效日期：</td><td>要求</td><td>经双人复核，准确无误后方可进行印字。印字位置应端正，字迹应清晰美观、整齐无漏印。</td></tr>
<tr><td>指令人</td><td>复核人</td><td colspan="2">接收人</td></tr>
<tr><td></td><td></td><td colspan="2"></td></tr>
</table>

<table>
<tr><td rowspan="20">本岗位本批生产小结</td><td rowspan="3">总成品率</td><td colspan="2">领入半成品数</td><td colspan="2">支</td><td colspan="2">产成品数</td><td colspan="2">支，　件　盒</td></tr>
<tr><td colspan="2">损耗数</td><td colspan="2">支</td><td colspan="2">留样数</td><td colspan="2">支</td></tr>
<tr><td colspan="2">本岗位投入产出比</td><td colspan="2">%</td><td colspan="2">总成品率</td><td colspan="2">%</td></tr>
<tr><td>物料平衡</td><td colspan="8">应控制在 98.00%～102.00%
(成品入库数　支＋残损支数　支＋留样数　支) / 灯检合格数　支 ×100%＝　%</td></tr>
<tr><td rowspan="6">拼箱及入库情况</td><td colspan="2">批号</td><td>数量</td><td>灯检工</td><td>包装工</td><td colspan="2">入库数</td><td>件/盒</td></tr>
<tr><td colspan="2"></td><td></td><td></td><td></td><td colspan="2"></td><td></td></tr>
<tr><td colspan="2"></td><td></td><td></td><td></td><td colspan="2"></td><td></td></tr>
<tr><td colspan="2"></td><td></td><td></td><td></td><td colspan="2"></td><td></td></tr>
<tr><td colspan="2"></td><td></td><td></td><td colspan="3">本批剩余数</td><td>盒</td></tr>
<tr><td colspan="2"></td><td></td><td>交货者</td><td></td><td colspan="2">接货者</td><td></td></tr>
<tr><td rowspan="7">包装材料使用情况</td><td>包装物名称</td><td>单位</td><td>领入数</td><td>成品使用数</td><td>报废数</td><td>剩余数</td><td>留样</td><td>物料平衡（%）</td></tr>
<tr><td>标签</td><td></td><td></td><td></td><td></td><td></td><td></td><td></td></tr>
<tr><td>说明书</td><td></td><td></td><td></td><td></td><td></td><td></td><td></td></tr>
<tr><td>小盒</td><td></td><td></td><td></td><td></td><td></td><td></td><td></td></tr>
<tr><td>塑托</td><td></td><td></td><td></td><td></td><td></td><td></td><td></td></tr>
<tr><td>吸管</td><td></td><td></td><td></td><td></td><td></td><td></td><td></td></tr>
<tr><td>大箱</td><td></td><td></td><td></td><td></td><td></td><td></td><td></td></tr>
<tr><td colspan="9">抽检情况：合格□返工□
设备运行情况：贴签机□打包机□打码机□
岗位负责人：
年　月　日</td></tr>
</table>

<table>
<tr><td>工艺员评价</td><td>1. 本批生产过程无偏离规程作业。□
2. 本批生产物料的领取、使用符合规定。□
3. 本批生产过程中工艺卫生符合要求。□
4. 本批清场符合要求。□
5. 本批生产记录清晰、完整。□
工艺员：
年　月　日</td></tr>
</table>

表 3.16 口服液包装岗位批包装记录

<table>
<tr><td colspan="2">批号</td></tr>
<tr><td colspan="2">包装时间　　年　月　日　时　分—　时　分</td></tr>
<tr><td>操作指导及工艺参数</td><td>实际操作记录</td></tr>
<tr><td>1 按《口服液包装岗位标准操作规程》进行操作
2 生产前检查
上批清场合格证。
清洁状态标识。
设备运行状态标识。
公用系统。
3 挂生产状态标识
4 包装操作
4.1 按生产指令与中转站交接半成品，交与贴签岗位。
4.2 按《口服液贴签打码标准操作规程》操作。瓶签上印产品批号及有效期至；小盒上印产品批号、有效期至、生产日期及流水号，100 个小盒为一个流水号。
4.3 大箱印字。
4.4 装盒：药品装入塑托后，连同说明书沿小盒同一侧方向装入小盒。
4.5 打包：请 QA 人员抽检合格后装入装箱单，由打包工打包。
4.6 成品入库。
4.7 清场。
4.7.1 清除生产文件及状态标识。
4.7.2 剔出的不合格产品退回中转站。
4.7.3 剔出的不合格包装材料在 QA 人员的监督下进行处理。</td><td>

有 □ 无 □
已清洁 □ 待清洁 □
备用 □ 其他 □
正常 □ 异常 □
已挂状态标识 □

操作者　　　复核者

时间：　月　日　时　分至　时　分
已清除□ 未清除□
已退回□ 未退回□
已处理□ 未处理□</td></tr>
</table>

<table>
<tr><td rowspan="2">名称</td><td colspan="4">退库</td><td colspan="4">销毁</td></tr>
<tr><td>数量</td><td>原因</td><td>退库人</td><td>收货人</td><td>数量</td><td>原因</td><td>销毁人</td><td>监督人</td></tr>
<tr><td>小盒</td><td></td><td></td><td></td><td></td><td></td><td></td><td></td><td></td></tr>
<tr><td>说明书</td><td></td><td></td><td></td><td></td><td></td><td></td><td></td><td></td></tr>
<tr><td>瓶签</td><td></td><td></td><td></td><td></td><td></td><td></td><td></td><td></td></tr>
<tr><td>塑托</td><td></td><td></td><td></td><td></td><td></td><td></td><td></td><td></td></tr>
<tr><td>大箱</td><td></td><td></td><td></td><td></td><td></td><td></td><td></td><td></td></tr>
</table>

<table>
<tr><td>4.7.4 清洁打包机。
4.7.5 清除废弃物。
4.7.6 清洁台面、地面、废料桶。
清场操作者：

清场负责者：</td><td>已清洁□ 未清洁□
已清除□ 未清除□
已清除□ 未清除□
检查情况：符合规定 □
不符合规定□
检查人：</td></tr>
</table>

续表

<table>
<tr><td>批号</td><td colspan="3"></td><td>规格</td><td colspan="3"></td></tr>
<tr><td>领取</td><td colspan="6">半成品：　　盘，计　　支
瓶签：　　卷，计　　张，上批结转数　　张，共　　张</td><td>发放人：
领取人：
复核人：</td></tr>
<tr><td>印字</td><td colspan="6">产品批号：
生产日期：
有效期至：</td><td>主机人：
复核人：
年　　月　　日</td></tr>
<tr><td>操作要求</td><td colspan="6">1. 按《口服液贴签打码标准操作规程》操作。
2. 标签上印该批产品的批号及有效期至。
3. 贴签位置应端正，倾斜度不超过 1 mm。
4. 印制号码应准确无误、位置端正美观、字迹清晰无漏印。</td><td>1. 已按操作规程操作□
2. 已印批号及有效期至□
3. 贴签端正 □
4. 印制号码合格 □</td></tr>
<tr><td rowspan="4">贴签记录</td><td colspan="6">共使用瓶签数：　　张</td><td rowspan="4">主机人：

复核人：

年　　月　　日</td></tr>
<tr><td>打码合格签数</td><td>废签数</td><td>储签数</td><td>停机报废数</td><td>补签数</td><td>上批结转差额</td></tr>
<tr><td></td><td></td><td></td><td></td><td></td><td></td></tr>
<tr><td colspan="6">应剩余瓶签数：　　张；
机器显示剩余瓶签数：　　张；
贴签时共碎瓶：　　支；
机器计数：卷 1
卷 2
卷 3
卷 4
合计：　　进厂编码：</td></tr>
<tr><td>清场</td><td colspan="6">时间：　月　日　时　分—　时　分
1. 清除本批生产文件及状态标识。
2. 破损产品的瓶子已交中转站。
3. 报废的标签小盒已清点并交至岗位负责人处。
4. 清除本批废弃物品。
5. 按要求清洁贴签机。
6. 清洁台面、地面、废料桶。
清场操作者：
清场复核者：</td><td>已清除□ 未清除□
已 交□ 未 交□
已 交□ 未 交□
已清除□ 未清除□
已清洁□ 未清洁□
已清洁□ 未清洁□
检查情况：符合规定 □
不符合规定□
检查人：</td></tr>
<tr><td>批号</td><td colspan="3"></td><td>规格</td><td colspan="3"></td></tr>
<tr><td>领取</td><td colspan="6">小盒：　捆，计　　个</td><td>发放人：
领取人：
复核人：</td></tr>
</table>

续表

<table>
<tr><td>印字</td><td colspan="4">产品批号：
生产日期：
有效期至：</td><td>主机人：
复核人：
年　月　日</td></tr>
<tr><td>操作要求</td><td colspan="4">5. 按《口服液贴签打码标准操作规程》操作。
6. 小盒上印产品批号、有效期至、流水号及生产日期。
7. 100个小盒为一个流水号，在打印过程中将不合格的小盒剔除。
8. 印制号码应准确无误、位置端正美观、字迹清晰无漏印。</td><td>5. 已按操作规程操作 □
6. 已印批号、有效期至、生产日期□
7. 已剔除不合格小盒 □
8. 合格□ 不合格□</td></tr>
<tr><td rowspan="6">小盒打字</td><td colspan="4">共使用数：　个，其中</td><td rowspan="6">主机人：
复核人：
年　月　日</td></tr>
<tr><td>合格数</td><td>废盒数</td><td>补盒数</td><td>剩余数</td></tr>
<tr><td></td><td></td><td></td><td></td></tr>
<tr><td></td><td></td><td></td><td></td></tr>
<tr><td colspan="4">流水号：　。拼箱号：　<</td></tr>
<tr><td colspan="4">补盒数量、原因（缺或坏损）及补盒流水号：</td></tr>
<tr><td>清场</td><td colspan="4">时间：　月　日　时　分—　时　分
7. 清除本批生产文件及状态标识。
8. 破损产品的瓶子已交中转站。
9. 报废的标签小盒已清点并交至岗位负责人处。
10. 清除本批废弃物品。
11. 按要求清洁贴签机。
12. 清洁台面、地面、废料桶。
清场操作者：
清场复核者：</td><td>已清除□ 未清除□
已 交□ 未 交□
已 交□ 未 交□
已清除□ 未清除□
已清洁□ 未清洁□
已清洁□ 未清洁□
检查情况：符合规定 □
不符合规定□
检查人：</td></tr>
<tr><td colspan="6">备注：
进厂编码：　小盒：
说明书：</td></tr>
</table>

表 3.17　混悬液配液岗位生产指令

产品名称	
生产批号	
产品规格	
产品数量	
生产工序	
生产日期	年　月　日
签发人	
核对人	
签发日期	年　月　日

表 3.18　混悬液配液岗位生产记录

<table>
<tr><td>品名：</td><td>产品批号：</td><td>批指令产量：</td><td>生产工序：</td></tr>
<tr><td>操作步骤与内容</td><td>操作记录</td><td>操作人</td><td>复核人</td></tr>
<tr><td colspan="2">1　生产前准备
1.1 核对批生产指令。
1.2 按生产指令去中间站领料，并核对原料药的名称、批号及数量。</td><td colspan="2">1.1 是否核对批生产指令（是；否）。
1.2
名称：　批号：　数量：
名称：　批号：　数量：
名称：　批号：　数量：
名称：　批号：　数量：
名称：　批号：　数量：</td></tr>
<tr><td colspan="2">2　操作</td><td colspan="2">2.1　用量（　）g；
用量（　）g；
用量（　）mL。
用量（　）g；
用量（　）g；
用量（　）mL</td></tr>
<tr><td colspan="2">3　清场
3.1 产品应按规定处理。
3.2 器具和容器清洁。
3.3 填写清场记录。</td><td colspan="2">3.1 产品是否已按要求处理（是；否）。
3.2 称量器具、容器是否已清洁（是；否）。
3.3 记录填写是否完整（是；否）。</td></tr>
</table>

表 3.19　乳剂配液岗位生产指令

产品名称	
生产批号	
产品规格	
产品数量	
生产工序	
生产日期	年　月　日
签发人	
核对人	
签发日期	年　月　日

表 3.20 乳剂配液岗位生产记录

品名：	产品批号：	批指令产量：	生产工序：
操作步骤与内容	操作记录	操作人	复核人
1 生产前准备 1.1 核对批生产指令。 1.2 按生产指令到中间站领料，并核对物料的名称、批号及数量。		1.1 是否核对批生产指令（是；否）。 1.2 名称： 批号： 数量： 名称： 批号： 数量： 名称： 批号： 数量： 名称： 批号： 数量：	
2 操作		用量（ ） 用量（ ） 用量（ ） 配液总量（ ）	
3 清场 3.1 产品应按规定处理。 3.2 清洁量器和容器，并挂好“已清洁”状态标识。 3.3 废物应按规定处理。 3.4 填写清场记录。		3.1 产品已按要求处理（是；否）。 3.2 称量器具、容器已清洁，挂“已清洁”标识（是；否）。 3.3 废物已按要求处理（是；否）。 3.4 记录填写完整（是；否）。	
备注：			

4. 中药制剂生产记录文件

中药制剂生产记录文件如表 4.1～表 4.10 所示。

表 4.1 中药提取岗位生产指令

产品名称	
生产批号	
产品规格	
产品数量	
生产工序	
生产日期	年 月 日
签发人	
核对人	
签发日期	年 月 日

表 4.2 中药提取岗位生产记录

<table>
<tr><td>品名：</td><td>产品批号：</td><td>批指令产量：</td><td>生产工序：</td></tr>
<tr><td>操作步骤与内容</td><td>操作记录</td><td>操作人</td><td>复核人</td></tr>
<tr><td colspan="2">1 生产前准备
1.1 核对批生产指令。
1.2 检查岗位的清场情况和状态标识。
1.3 按生产指令到中间站领料，并核对原料药的名称、批号及数量。</td><td colspan="2">1.1 是否核对批生产指令（是；否）。
1.2 上批清场合格，状态标识是否齐全、明确（是；否）。
1.3 原料名称：
批号： 数量：</td></tr>
<tr><td colspan="2">2 操作
2.1 称取药材。
2.2 加 800 mL 水浸泡 30 min。
2.3 用武火加热至药液沸腾后改文火煎煮 30 min。
2.4 滤出第一煎的药液并记录药液量。
2.5 药渣加水没过药面 1～2 cm，按先武火后文火的方法继续煎煮 20 min。
2.6 滤出第二次药液，合并两次药液并记录药液总量。</td><td colspan="2">2.1 投料量（ ）g
2.2 浸泡的时间（ ）时（ ）分至（ ）时（ ）分
2.3 第一煎时间（ ）时（ ）分至（ ）时（ ）分
2.4 第一煎药液量（ ）mL
2.5 第二煎时间（ ）时（ ）分至（ ）时（ ）分
2.6 总药液量（ ）mL</td></tr>
<tr><td colspan="2">3 清场
3.1 产品应按规定处理。
3.2 设备和容器清洁，并挂好“已清洁”状态标识。
3.3 废物应按规定处理。
3.4 填写清场记录。</td><td colspan="2">3.1 产品是否已按要求处理（是；否）。
3.2 称量器具、容器是否已清洁并挂“已清洁”标识（是；否）。
3.3 废物是否已按要求处理（是；否）。
3.4 记录填写是否完整（是；否）。</td></tr>
</table>

表 4.3 中药浸渍岗位生产指令

产品名称	
生产批号	
产品规格	
产品数量	
生产工序	
生产日期	年 月 日
签发人	
核对人	
签发日期	年 月 日

表 4.4 中药浸渍岗位生产记录

<table>
<tr><td>品名：</td><td>产品批号：</td><td>批指令产量：</td><td>生产工序：</td></tr>
<tr><td>操作步骤与内容</td><td>操作记录</td><td>操作人</td><td>复核人</td></tr>
<tr><td colspan="2">1 生产前准备
1.1 核对批生产指令。
1.2 检查岗位的清场情况。
1.3 按生产指令到中间站领料，并核对原料药的名称、批号及数量。</td><td colspan="2">1.1 是否核对批生产指令（是；否）。
1.2 上批清场合格（是；否）。
1.3
名称： 批号： 数量：
名称： 批号： 数量：
名称： 批号： 数量：
名称： 批号： 数量：</td></tr>
<tr><td colspan="2">2 操作</td><td colspan="2">2.1 投料量：
名称： 用量（ ）；
名称： 用量（ ）；
名称： 用量（ ）；
名称： 用量（ ）；
名称： 用量（ ）；
名称： 用量（ ）；</td></tr>
<tr><td colspan="2">3 清场
3.1 现场不留有本批剩余物品。
3.2 称量器具和容器清洁，并挂好“已清洁”状态标识。
3.3 废物应按规定处理。
3.4 填写清场记录。</td><td colspan="2">3.1 本批剩余物品是否已清除（是；否）。
3.2 称量器具、容器是否已清洁并挂“已清洁”状态标识（是；否）。
3.3 废物是否已按要求处理（是；否）。
3.4 记录填写是否完整（是；否）。</td></tr>
<tr><td colspan="4">备注：</td></tr>
</table>

表 4.5　中药浓缩岗位生产指令

产品名称	
生产批号	
产品规格	
产品数量	
生产工序	
生产日期	年　月　日
签发人	
核对人	
签发日期	年　月　日

表 4.6　中药浓缩岗位生产记录

品名：	产品批号：	批指令产量：	生产工序：
操作步骤与内容	操作记录	操作人	复核人
1 生产前准备 1.1 核对批生产指令。 1.2 检查岗位的清场情况和状态标识。 1.3 更换生产状态标识。 1.4 根据生产指令到中间站领料，并核对原料药的名称及数量。	1.1 是否核对批生产指令（是；否）。 1.2 上批清场合格，状态标识是否齐全、明确（是；否）。 1.3 是否变更生产状态标识（是；否）。 1.4 物料名称： 数量：		
2 操作 2.1 将（　）提取液置烧瓶中，加入 2～3 粒防沸颗粒。 2.2 打开旋转蒸发仪和真空泵的电源，设定水浴加热温度（100 ℃），调节冷凝水流量。 2.3 安装接收瓶、蒸馏瓶，调节高度使蒸馏瓶中的待浓缩液完全没入水浴锅的水中。 2.4 检查所有设备均已安装完好后启动旋转蒸发仪，调节好转速进行浓缩。 2.5 待（　）提取液浓缩至约 30 mL（相对密度为 1.2～1.3）时，即得。	2.1 提取液用量（　）mL。 2.2 水浴的温度（　）。 2.3 浓缩时间（　）时（　）分至（　）时（　）分。 2.4 设备是否安装完好（是；否）。 2.5 浓缩后药液量（　）mL。		
3 清场 3.1 产品应按规定处理。 3.2 设备和容器清洁，并挂好“已清洁”状态标识。 3.3 废物应按规定处理。 3.4 填写清场记录。	3.1 产品是否已按要求处理（是；否）。 3.2 设备和容器是否已清洁并挂“已清洁”状态标识（是；否）。 3.3 废物是否已按要求处理（是；否）。 3.4 记录填写是否完整（是；否）。		

表 4.7　蜜丸塑制岗位生产指令

产品名称	
生产批号	
产品规格	
产品数量	
生产工序	
生产日期	年　月　日
签发人	
核对人	
签发日期	年　月　日

表 4.8　蜜丸塑制岗位生产记录

<table>
<tr><td>品名：</td><td>产品批号：</td><td>批指令产量：</td><td>生产工序：</td></tr>
<tr><td>操作步骤与内容</td><td>操作记录</td><td>操作人</td><td>复核人</td></tr>
<tr><td colspan="2">1 生产前准备
1.1 核对批生产指令。
1.2 检查岗位的清场情况。
1.3 按生产指令到中间站领料，并核对原料药的名称、批号及数量。</td><td colspan="2">1.1 是否核对批生产指令（是；否）。
1.2 上批清场合格（是；否）。
1.3
名称：　　批号：　　数量：
名称：　　批号：　　数量：</td></tr>
<tr><td colspan="2">2 操作
2.1 处方原料过 100 目筛备用。
2.2 将蜂蜜置锅内加热，炼至中蜜（滴水不散）。
2.3 待蜜温降至 80 ℃时加入到山楂粉中混匀，制成丸块，搓条，制丸（6 g/丸）。</td><td colspan="2">2.1
名称：　　用量（　）g，药筛目数（　）
名称：　　用量（　）g，药筛目数（　）
名称：　　用量（　）g，药筛目数（　）
2.2 蜂蜜用量（　）mL。
炼蜜的规格：
2.3 炼蜜温度是否降至 80 ℃方才混合（是；否）。</td></tr>
<tr><td colspan="2">3 清场
3.1 现场不留有本批剩余物品。
3.2 称量器具和容器清洁，并挂好“已清洁”状态标识。
3.3 废物应按规定处理。
3.4 填写清场记录。</td><td colspan="2">3.1 木批剩余物品是否已清除（是，否）。
3.2 称量器具、容器是否已清洁并挂“已清洁”状态标识（是；否）。
3.3 废物是否已按要求处理（是；否）。
3.4 记录填写是否完整（是；否）。</td></tr>
<tr><td colspan="4">备注：</td></tr>
</table>

表 4.9　滴丸岗位生产指令

产品名称	
规格	
生产批号	
产量	
生产工序	
生产日期	年　月　日
签发人	
核对人	
签发日期	年　月　日

表 4.10　滴丸岗位生产记录

品名：	产品批号：	批指令产量：	生产工序：
操作步骤与内容	操作记录	操作人	复核人
1 生产前准备			
1.1 核对生产指令。 1.2 核对生产环境。 1.3 按生产指令到中间站领料，并核对名称、数量。		1.1 是否核对批生产指令（是；否）。 1.2 上个班组是否已清场（是；否）。 状态标识牌是否明确（是；否）。 名称：　数量： 名称：　数量： 名称：　数量： 名称：　数量：	
2 滴丸滴制			
2.1 制冷。 2.2 药液加热。 2.3 滴盘加热。 2.4 管口加热。 2.5 调节冷凝液高度。 2.6 调节滴制速度。		2.1 制冷温度　℃。 2.2 药液加热温度　℃。 2.3 滴盘温度　℃。 2.4 管口温度　℃。 2.5 冷凝液高度是否适宜（是；否）。 2.6 滴制速度是否适宜（是；否）。	
3 清场			
3.1 产品应按规定处理。 3.2 用热水冲洗药液储槽及滴头。 3.3 关闭药液加热。 3.4 关闭滴盘加热。 3.5 关闭管口加热。 3.6 关闭制冷。 3.7 清洁滴丸接收槽。 3.8 清洁冷却液过滤器。 3.9 悬挂状态标识牌。 3.10 填写清场记录。		3.1 产品已按规定处理（是；否）。 3.2 药液储槽及滴头冲洗是否完成（是；否）。 3.3 药液加热开关已关闭（是；否）。 3.4 滴盘加热开关已关闭（是；否）。 3.5 已关闭（是；否）。 3.6 已关闭（是；否）。 3.7 是否清洁（是；否）。 3.8 是否清洁（是；否）。 3.9 标识牌是否悬挂（是；否）。 3.10 是否填写（是；否）。	

5. 其他制剂生产记录文件

其他制剂生产记录文件如表5.1～表5.15所示。

表5.1 热熔制栓岗位生产指令

产品名称	
规格	
生产批号	
产量	
生产工序	
生产日期	年 月 日
签发人	
核对人	
签发日期	年 月 日

表5.2 热熔制栓岗位生产记录

产品名称：	规格：	批号：	产量：	日期：

操作步骤与内容	操作记录	操作者	复核者
1 生产前准备 1.1 核对批生产指令。 1.2 检查上批次的清场情况。 1.3 按生产指令到中间站领料，并核对原料的名称、批号、数量。	1.1 是否核对批生产指令（是；否）。 1.2 上批清场是否合格（是；否）。 1.3 名称： 批号： 数量： 名称： 批号： 数量： 名称： 批号： 数量： 名称： 批号： 数量：		
2 操作过程	2.1 投料量： 名称： 用量（ ） 名称： 用量（ ） 2.2 润滑剂： 名称： 用量（ ） 2.4 趁热浇模至稍微溢出模口（是；否）。 2.5 栓剂外形是否完整（是；否）。		
3 清场 3.1 产品应按规定处理。 3.2 模具和容器清洁。 3.3 废物应按规定处理。 3.4 填写清场记录。	3.1 产品是否已按要求处理（是；否）。 3.2 模具和容器是否已清洁（是；否）。 3.3 废物是否已按要求处理（是；否）。 3.4 记录填写是否完整（是；否）。		
备注：按操作填写真实数据或按要求做好将“是”字打“√”，否则将“否”字打“√”			

表 5.3　乳膏配制岗位生产指令

产品名称	
生产批号	
产品规格	
产品数量	
生产工序	
生产日期	年　　月　　日
签发人	
核对人	
签发日期	年　　月　　日

表 5.4　乳膏配制岗位生产记录

<table>
<tr><td>品名：</td><td>产品批号：</td><td>批指令产量：</td><td>生产工序：</td></tr>
<tr><td>操作步骤与内容</td><td>操作记录</td><td>操作人</td><td>复核人</td></tr>
<tr><td colspan="2">1 生产前准备
1.1 核对批生产指令。
1.2 按生产指令去中间站领取物料，并核对原料药的名称、批号及数量。</td><td colspan="2">1.1 是否核对批生产指产（是；否）。
1.2 领料量
名称：　批号：　数量：
名称：　批号：　数量：
名称：　批号：　数量：
名称：　批号：　数量：
名称：　批号：　数量：</td></tr>
<tr><td colspan="2">2 操作
2.1 称（量）取油相和水相药物。
2.2 将油相、水相分别加热到规定温度。
2.3 将油相加入水相中，按同一方向随加随搅，至凝即得。</td><td colspan="2">2.1 投料量
2.1.1 油相
名称：　批号：　数量：
名称：　批号：　数量：
名称：　批号：　数量：
名称：　批号：　数量：
名称：　批号：　数量：
2.1.2 水相
名称：　批号：　数量：
名称：　批号：　数量：
2.2 加热温度（　）
2.3 乳化反应温度（　）</td></tr>
<tr><td colspan="2">3 清场
3.1 产品应按规定处理。
3.2 称量器具和容器清洁。
3.3 填写清场记录。</td><td colspan="2">3.1 产品是否已按要求处理（是；否）。
3.2 称量器具、容器是否已清洁（是；否）。
3.3 记录填写是否完整（是；否）。</td></tr>
<tr><td colspan="4">备注：</td></tr>
</table>

表 5.5 小容量注射剂配液岗位生产指令

产品名称	
生产批号	
产品规格	
产品数量	
生产工序	
生产日期	年 月 日
签发人	
核对人	
签发日期	年 月 日

表 5.6 小容量注射剂配液岗位生产记录

批号	规格
生产时间	年 月 日 时 分至 时 分
操作指令及工艺参数	实际操作记录
按《×××小容量注射剂配液岗位标准操作规程》操作。 1 操作前检查及准备 上批清场合格证。 环境、设备、容器具已清洁。 设备状态完好。 计量器具有检定合格证。 公用系统。 状态标识。	 有 □ 无 □ 已清洁□ 未清洁□ 完好□ 未完好□ 有 □ 无 □ 正常□ 生产中□ 无标识□
2 配液 2.1 按批生产指令领取原辅料并核对名称、批号和数量，称取原辅料。 2.2 浓配。 2.2.1 在浓配罐中加入适量注射用水，开启夹层冷却或蒸汽加热，根据生产指令将称量好的×××依次投入浓配罐中，搅拌溶解。 2.2.2 打开过滤泵，进行二级过滤。 2.3 稀配。 2.3.1 将上述过滤后的浓配液加入稀配罐，补加注射用水至总量，搅拌均匀。	 名称： 原料批号： 数量： 投料量： 已搅拌□ 时 分至 时 分 已过滤□损失药液体积 mL 时间： 时 分至 时 分 补注射用水至 mL

续表

3 取样，请验	已取样，请验□ 取样体积 mL pH 值 含量 最终药液体积 mL
4 清场 4.1 清除本批生产文件及状态标识。 4.2 清除废弃物品。 4.3 清洁配液罐并灭菌。 4.4 清洁门窗、墙壁、地面、废物桶、地漏。 4.5 清洁工作台面。	已清除□ 未清除□ 已清除□ 未清除□ 已清洁□ 未清洁□ 已清洁□ 未清洁□ 已清洁□ 未清洁□ 检查情况：符合规定□ 不符合规定□ 检查人：
操作人： 复核人：	

环境监测	温度（ ：00 及 ：00）	相对湿度（ ：00 及 ：00）	监测人
备注：			

表 5.7 小容量注射剂配液岗位中间体请验单

品名：	请验部门：
规格：	请验人：
批号：	请验日期：
数量：	
备注：	

表 5.8 小容量注射剂配液岗位清洁记录

日期	年 月 日			洁净级别	产品名称				
清洁项目	清洁周期	清洁工具	清洁剂	消毒剂	清洁方法	操作	清洁时间		清洁人
							开始	结束	
配液罐 配液容器	班后	抹布 清洁盆	硝酸钠 硫酸	注射用水 □ 75％乙醇□	内部冲洗 外部擦拭	□ □			
称量器具、酸度计	班后	抹布 清洁盆	纯化水	0.15％新洁尔灭 □ 3％煤酚皂□	擦拭	□			
台面	班后	抹布 清洁盆	纯化水	0.15％新洁尔灭□ 3％煤酚皂□	擦拭	□			
墙面及其他装置	班后	抹布 清洁盆	纯化水	0.15％新洁尔灭□ 3％煤酚皂□	擦拭污迹	□			

续表

墙壁、顶棚、照明、排风等设施	每周	抹布 清洁盆	纯化水	0.15%新洁尔灭□ 3%煤酚皂□	擦拭	□			
地面、门窗、踏步	班后	抹布 清洁盆	纯化水	0.15%新洁尔灭□ 3%煤酚皂□	擦拭	□			
地漏	班后	毛刷	纯化水 洗洁精水	0.15%新洁尔灭□ 3%煤酚皂□	刷洗 液封	□			
工作场所	每周	抹布 清洁盆 毛刷	纯化水	0.15%新洁尔灭□ 3%煤酚皂□	全面擦拭 刷洗	□			
	每天 每周	臭氧发生器 酒精灯		臭氧□ 甲醛□ 丙二醇□	空调送风 熏蒸消毒	□ □			
清洁工具	处理	使用后	清洁盆 桶	纯化水 洗洁精	搓洗、冲洗、灭菌			□	
	存放	C级洁具存放于C级洁具室。□							
清洁剂用量		纯化水　　　mL；洗洁精　　　mL							
消毒剂用量		0.15%新洁尔灭　　　mL；3%煤酚皂　　　mL；75%乙醇　　　mL； 甲醛　　　mL；丙二醇　　　mL							
检查与评价		清洁后各部位洁净、无污染，达到本区域卫生要求。□				检查人			
备注：									

表5.9　小容量注射剂灌封岗位生产指令

产品名称	
生产批号	
产品规格	
产品数量	
生产工序	
生产日期	年　　月　　日
签发人	
核对人	
签发日期	年　　月　　日

表 5.10　小容量注射剂灌封岗位生产记录

<table>
<tr><td colspan="2">批号</td><td colspan="3">规 格</td></tr>
<tr><td colspan="5">生产时间　　　　　　　　　　　　　年　　月　　日　　时　　分至　　时　　分</td></tr>
<tr><td colspan="2">操作指令及工艺参数</td><td colspan="3">实际操作记录</td></tr>
<tr><td colspan="2">1 操作前准备
按《×××小容量注射剂灌封岗位标准操作规程》进行操作。
1.1 生产前检查
上批清场合格证。
清洁状态标识。
设备运行状态标识。
公用系统。
状态标识。</td><td colspan="3">

有 □ 无 □
已清洁 □ 待清洁□
完好 □ 不完好□
正常 □
生产中□　无标识□</td></tr>
<tr><td colspan="2">2 灌封操作
2.1 接选安瓿：剔除未烘干及破损等不合格安瓿。
2.2 先用适量药液冲洗灌装系统接于桶中，废弃。
2.3 接收药液。
2.4 送空安瓿。
2.5 点燃喷枪。
2.6 排管道：将灌封机灌液管进料口端管口与高位槽底部放料口端管口连接好，打开高位槽放料阀，使药液流到灌液管中，排灌液管中药液并回收，尾料不超过 500 mL，装入尾料桶中。
2.7 调装量：试灌装 10 支，用 2.5 mL 注射器，抽取灌装药液后的安瓿量装量，调试好灌装量（每支 2.05～2.10 mL）。
2.8 熔封：调整助燃气阀，使封口完好，无封口不严、鼓泡、瘪头、焦头等现象。
2.9 灌装前 10 支，操作工检查澄明度、外观、装量。
2.10 灌封过程中应每小时监控一次装量。</td><td colspan="3">1. 药液领用　　　　　　mL
2. 安瓿领用数　　　　　支
3. 挑出不合格安瓿数　　支
4. 空瓶炸瓶数　　　　　支
5. 安瓿共损耗数　　　　支
6. 安瓿剩余数　　　　　支
7. 管道冲洗　　　　　　mL
8. 测装量数　　　　　　支
9. 灌封半成品数量　　　支</td></tr>
<tr><td colspan="2">3 清场
3.1 清除本批生产文件及状态标识。
3.2 容器具已传至容器具处理室。
3.3 清除剩余安瓿。
3.4 清洁灌封机。
3.6 清洁墙面、门窗、地面。
3.7 清除废弃物。
3.8 清除废物桶。</td><td colspan="3">
时间：　时　分至　时　分
已清除 □ 未清除 □
已传出 □ 未传出 □
已传出 □ 未传出 □
已清洁 □ 未清洁 □
已清洁 □ 未清洁 □
已清除 □ 未清除 □
已清除 □ 未清除 □
检查情况：符合规定□
　　　　　不符合规定□</td></tr>
<tr><td colspan="5">操作人：　　　　　　　　检查人：　　　　　　　　复核人：</td></tr>
<tr><td>环境监测</td><td>温度（上午 9：00，下午 2：00）</td><td colspan="2">相对湿度（上午 9：00，下午 2：00）</td><td>监测人</td></tr>
<tr><td></td><td></td><td colspan="2"></td><td></td></tr>
<tr><td colspan="5">备注：</td></tr>
</table>

表 5.11 小容量注射剂灌封岗位清洁记录

日期	年 月 日			洁净级别	产品名称				
清洁项目	清洁周期	清洁工具	清洁剂	消毒剂	清洁方法	操作	清洁时间		清洁人
							开始	结束	
灌封机	班后	抹布 清洁盆	注射用水	0.15%新洁尔灭□ 3%煤酚皂□ 75%乙醇□	内部冲洗、 外部擦拭	□ □			
台面	班后	抹布 清洁盆	纯化水	0.15%新洁尔灭□ 3%煤酚皂□	擦拭	□			
墙面及其他装置	班后	抹布 清洁盆	纯化水	0.15%新洁尔灭□ 3%煤酚皂□	擦拭污迹	□			
墙壁、顶棚、照明、排风等设施	每周	抹布 清洁盆	纯化水	0.15%新洁尔灭□ 3%煤酚皂□	擦拭	□			
地面、门窗	班后	抹布 清洁盆	纯化水	0.15%新洁尔灭□ 3%煤酚皂□	擦拭	□			
地漏	班后	毛刷	纯化水 洗洁精水	0.15%新洁尔灭□ 3%煤酚皂□	刷洗 液封	□			
工作场所	每周	抹布 清洁盆 毛刷	纯化水	0.15%新洁尔灭□ 3%煤酚皂□	全面擦拭 刷洗	□			
	每天 每周	臭氧发生器 酒精灯		臭氧□ 甲醛□ 丙二醇□	空调送风 熏蒸消毒	□ □			
清洁工具	处理	使用后	清洁盆、桶	纯化水、洗洁精	搓洗、冲洗、灭菌			□	
	存放	C级洁具存放于C级洁具室。□							
清洁剂用量		纯化水 mL；洗洁精 mL							
消毒剂用量		0.15%新洁尔灭 mL；3%煤酚皂 mL；75%乙醇 mL； 甲醛 mL；丙二醇 mL							
检查与评价		清洁后各部位洁净、无污染，达到本区域卫生要求。□				检查人			
备注：									

表 5.12　小容量注射剂灭菌岗位生产指令

产品名称	
生产批号	
产品规格	
产品数量	
生产工序	
生产日期	年　月　日
签发人	
核对人	
签发日期	年　月　日

表 5.13　小容量注射剂灭菌岗位生产记录

品名	批号
生产时间	规格
操作指导及工艺参数	实际操作记录
按《×××小容量注射剂灭菌岗位标准操作规程》进行操作。 1 生产前检查 1.1 将每盘药整齐码放在挂有“已清洁”状态标识的灭菌柜内。 1.2 接通电源，开蒸汽、水阀、压缩空气。开机，检查仪表等是否正常。 1.3 检查蒸汽压力、水压、压缩空气情况至所需压力。 1.4 挂设备运行状态标识。 2 灭菌：开始升温后随时观察灭菌情况。 3 冷却至 60 ℃时，开门，取出药品。 4 将取出的产品整齐放好，挂灭菌标识，标明品名、规格、批号、数量。转入中转站。 5 填写灭菌记录，并将记录纸贴在记录背面。 6 清场 6.1 本批生产文件及状态标识已清除。 6.2 灭菌后产品已全部放置在规定区域并挂标识。 6.3 灭菌柜已清洁。 6.4 废弃物已清除。 6.5 工作地面、废物桶已清洁。 6.6 所有阀门及电源已关闭。	 数量　　　　支 状态标识□ 正常 □ 正常 □ 已挂状态标识 □ 到达灭菌温度时间　时　分 恒温结束时间　时　分 已挂标识□ 时间：　月　日　时　分至　时　分 已清除□ 未清除□ 已挂标识□ 未挂标识□ 已清洁□ 未清洁□ 已清除□ 未清除□ 已清洁□ 未清洁□ 已关闭□ 未关闭□ 检查情况：符合规定□ 不符合规定□
操作人：　　检查人：　　复核人：	
备注：	

表 5.14 小容量注射剂灯检岗位生产指令

<table>
<tr><td rowspan="4">生产指令</td><td>品名</td><td colspan="2"></td><td>指令日期</td><td></td></tr>
<tr><td>生产批号</td><td colspan="2"></td><td>生产日期</td><td></td></tr>
<tr><td>数量</td><td colspan="2"></td><td>规格</td><td></td></tr>
<tr><td>质量标准</td><td colspan="4">1. 外观：瓶外壁应洁净，无异物，封口严密、颈端圆整光滑。
2. 澄明度：不得有玻璃屑、纤维、杂质等可见异物。
3. 误检率应≤3%。</td></tr>
<tr><td colspan="3">指令人</td><td>复核人</td><td colspan="2">接收人</td></tr>
<tr><td>本岗位本批生产小结</td><td colspan="5">1. 物料平衡：偏差限度 98.00%～102.00%
理论产量：　　支
偏差＝半成品总量/待检品总量×100%
　＝（半成品：　支）/（合格品数量　支＋不合格品数量　支）×100%＝　%
与中转岗交接的合格品数量　　支
2. 合格率：大于 97.00%
合格率＝（合格品数量　支）/（合格品数量　支＋不合格品数量　支）×100%　＝　%
3. 主要不合格品项目占不合格品的比例：
　%＝　　支/不合格品数量　　支×100%＝　　%
　%＝　　支/不合格品数量　　支×100%＝　　%
岗位负责人：
年　月　日</td></tr>
<tr><td>工艺员评价</td><td colspan="5">
年　月　日</td></tr>
</table>

表 5.15　小容量注射剂灯检岗位生产记录

<table>
<tr><td>品名</td><td colspan="2">批号</td></tr>
<tr><td colspan="3">生产时间　　　　　　　年　　月　　日　　时　　分—　　时　　分</td></tr>
<tr><td colspan="2">操作指令及工艺参数</td><td>实际操作记录</td></tr>
<tr><td colspan="2">按《×××小容量注射剂灯检岗位标准操作规程》进行操作。
1 生产前检查
上批清场合格证。
清洁状态标识。
公用系统。
2 挂状态标识
3 灯检操作
3.1 灯检半成品将“坏盖”“破损”“装量”“纤维”“白点”“玻屑”“其他不溶物”“杂质”挑选出来。
3.2 将挑选出的不合格品按类分别放在贴有不同标签的塑料筐内，待生产结束后清点数量交与中转站。
3.3 将挑选出的合格品码人铁盘，插入操作者的编号，做好标识，整齐码放在合格品存放区。
4 请验
5 抽检合格后，挂绿色“合格”状态标识。若不合格，挂红色“不合格”状态标识。

6 清场
6.1 本批生产文件及状态标识已清除。
6.2 灯检合格药品已全部传出。
6.3 灯检剔除的不合格品已传出。
6.4 剩余周转盘已全部传出。
6.5 灯检箱已清洁。
6.6 废弃物已清除。
6.7 工作台面、地面、废物桶已清洁。
操作人：　　　　　　　复核人：</td><td>

有 □ 无 □
已清洁□ 待清洁 □
正常 □
已挂状态标识 □

半成品支数　　　支

已抽验合格 □
挂标识 □

清场时间：　月　日　时　分至　时　分
已清除□ 未清除□
已传出□ 未传出□
已传出□ 未传出□
已传出□ 未传出□
已清洁□ 未清洁□
已清除□ 未清除□
已清洁□ 未清洁□
检查情况：符合规定□
　　　　　不符合规定□
检查人：</td></tr>
</table>

续表

操作工号	姓名	总盘数	总支数	澄明度检查						灌封质量			抽检结果	返工数
				玻屑	纤维	金属屑	白点	其他杂质	合计	装量	破损	合计		
合计：														
合格品数：　　　支；　不合格品数：　　　支；　偏差□　　　支														
备注：合格“√”；不合格“×”。														

二、实训载体参考资料

1　片剂

1.1 对乙酰氨基酚片

【处方】对乙酰氨基酚　200 g

淀粉　200 g

羧甲基淀粉钠　100 g

糊精　100 g

8%淀粉浆　适量

硬脂酸镁　适量

共制　600 g

【制法】

（1）称取对乙酰氨基酚、羧甲基淀粉钠、淀粉及糊精，分别过 100 目筛，得到较为均匀的粉末。

（2）用等量递加法混合四种物料，将混合物料过 100 目筛 3 次，直到全部物料混合均匀。

（3）淀粉浆制备：另称取 8 g 淀粉，加入纯化水至 100 mL 搅拌均匀后水浴加热至透明糊状，即得。

(4) 将混合均匀的物料倒入槽型混合机内，加入适量的淀粉浆充分混合均匀，制成“手握成团、轻压即散”的合格软材即得。

(5) 将制好的软材置于摇摆式颗粒机内（16 目筛），启动设备即得合格的颗粒。

(6) 将制好的颗粒均匀地平铺在方盘内（厚度 1～2 cm），将方盘置于烘箱中，60 ℃鼓风加热 1 h。

(7) 干颗粒整粒后，加入硬脂酸镁，混匀压制成片剂即可。

1.2 阿司匹林肠溶衣片

【处方】

阿司匹林	300 g
淀粉	17.5 g
枸橼酸	2 g
滑石粉	适量
10%淀粉浆	适量
85%乙醇	560 mL
Ⅱ号丙烯酸树脂	28 g
苯二甲酸二乙酯	5.6 mL
聚山梨酯-80	5.6 g
蓖麻油	16.8 g
共制	1 000 片

【制法】

(1) 将 2 g 枸橼酸溶于水中，用于制作 10%的淀粉浆。取淀粉 100%在 40～60 ℃温度下干燥成干淀粉备用。

(2) 取阿司匹林细粉与淀粉混合均匀，加淀粉浆制成软材，用 16 目尼龙筛进行制粒。

(3) 湿粒在 40～60℃的温度下快速干燥，过 16 目筛整粒。

(4) 干颗粒加入干淀粉作崩解剂，5%滑石粉作润滑剂，混匀后压片。

(5) Ⅱ号丙烯酸树脂加 85%乙醇溶解成溶液。将苯二甲酸二乙酯、聚山梨酯-80、蓖麻油等混合均匀，研磨后加入树脂液，过 120 目筛备用。

(6) 将中间体检测合格的阿司匹林素片置于高效包衣锅内，开机，喷入包衣液，锅内温度控制在 35 ℃左右，4 h 内喷完，干燥，即得。

2 胶囊剂

2.1 吲哚美辛胶囊

【处方】

吲哚美辛	250 g
淀粉	适量
共制	10 000 粒

【制法】

(1) 将淀粉先进行干燥，过七号筛。

(2) 将吲哚美辛与干淀粉混合均匀，过七号筛两次，混匀。

(3) 用胶囊填充机将混合粉末填充入空囊壳中。

(4) 将填充好的胶囊用抛光机进行打光，等待包装胶囊。

(5) 将待包装胶囊用铝塑热合包装机进行内包。

2.2 维生素AD胶丸

【处方】维生素 A 30 000U

维生素 D 300U

明胶 100 份

甘油 55～66 份

纯化水 120 份

食用油 适量

【制法】

(1) 取维生素 A 和维生素 D，加食用油溶解，并调整浓度至每丸含维生素 A 为标示量的 90.0%～120.0%，含维生素 D 为标示量的 85.0%以上，作为药液待用。

(2) 另取甘油及纯化水加热至 70～80 ℃，加入明胶，搅拌溶化，保温 1～2 h，除去浮沫，维持温度，待用。

(3) 将药液、胶液分别置于软胶囊填充机内，加入液状石蜡为冷却液，开机进行滴制。

(4) 收集冷凝的胶丸，用纱布拭去表面黏附的冷却液，室温下冷风吹 4 h 后，于 25～35 ℃干燥 4 h，用石油醚洗涤 2 次，每次 3～5 min。

(5) 乙醇洗涤 1 次，最后在 30～35 ℃烘干 2 h，即得。

3 口服液——生脉饮口服液

【处方】党参 30 g

麦冬 20 g

五味子 10 g

乙醇 60 mL

单糖浆 30 mL

苯甲酸钠 适量

纯化水 共制 100 mL

【制法】

(1) 将党参、麦冬、五味子三味药加水煎煮 2 次，第一次 2 h，第二次 1.5 h，合并煎液，过滤，滤液浓缩至 30 mL，放冷。

(2) 加 60 mL 乙醇，放置 24 h，过滤；滤液减压浓缩成稠膏状；填写中间体请验单请验。

(3) 经中间体合格的稠膏加水适量稀释，过滤，加单糖浆 30 mL 与苯甲酸钠适量，再加纯化水至 100 mL，搅匀；填写中间体请验单请验。

(4) 将中间体检查合格的药液进行灌装、轧盖、灭菌。

(5) 将被放行的待包装产品进行贴签、外包。

4 乳剂——液状石蜡乳

【处方】液状石蜡 12 mL

阿拉伯胶粉 4 g

纯化水 适量，共制 30 mL

【制法】干胶法：将阿拉伯胶粉分次加入液状石蜡中研匀，加纯化水 8 mL，研至发出噼啪声，即成初乳；再加适量纯化水研匀，共制成 30 mL，即得。

5　混悬液

5.1　炉甘石洗剂

【处方】	一	二	三
炉甘石	4 g	4 g	4 g
氧化锌	4 g	4 g	4 g
甘油	5 mL	5 mL	5 mL
西黄蓍胶		1%	
枸橼酸钠			1%
纯化水加至	50 mL	50 mL	50 mL

【制法】

处方一：取炉甘石、氧化锌各 4 g 置干乳钵中，先加甘油 5 mL 研成糊状，逐渐加纯化水至 50 mL。

处方二：取炉甘石、氧化锌各 4 g 置干乳钵中，先加甘油 5 mL 研成糊状，再将西黄蓍胶用乙醇分散得胶液，然后将西黄蓍胶液加入上述糊状物中研磨混合均匀，逐渐加纯化水至 50 mL。

处方三：取炉甘石、氧化锌各 4 g 置干乳钵中，先加甘油 5 mL 研成糊状，再将枸橼酸钠加适量纯化水使之溶解，然后枸橼酸钠水溶液加入上述糊状物中研磨混合均匀，逐渐加纯化水至 50 mL。

【混悬剂沉降体积比测定】

时间	处方一	处方二	处方三
5 min			
15 min			
30 min			
45 min			
60 min			

5.2　复方硫洗剂

【处方】	
升华硫	1.5 g
硫酸锌	1.5 g
樟脑醑	12.5 mL
甘油	5 mL
羧甲基纤维素钠	0.5%
纯化水	加至 50 mL

【制法】取升华硫置乳钵中，加入甘油研磨成细腻糊状；另将羧甲基纤维素钠溶于纯化水中，在不断搅拌下缓缓加入乳钵内研匀，移入量器中，慢慢加入硫酸锌溶液（溶于 10 mL纯化水中），搅匀，在搅拌下以细流加入樟脑醑，加纯化水到全量，搅匀，即得。

6　中药制剂

6.1　丹参流浸膏

【处方】丹参饮片　　100 g

饮用水　　　　　适量，共制 300 mL

【制法】

(1) 将丹参饮片 100 g 置煎煮锅中加 800 mL 水浸泡 30 min，用武火加热至药液沸腾后改文火煎煮 30 min，滤出药液并记录药液量，药渣加水没过药面 1～2 cm，按先武火后文火的方法继续煎煮 20 min，滤出第二煎的药液与第一煎的药液合并，记录总药液量。

(2) 将丹参提取液 300 mL 置于旋转蒸发仪的蒸馏烧瓶中，加入 3～4 颗防沸颗粒；打开旋转蒸发仪和真空泵的电源，设定水浴加热温度（100 ℃），调节冷凝水流量；安装接收瓶、蒸馏瓶，调节高度使蒸馏瓶中的待浓缩液完全没入水浴锅的水中。

(3) 检查所有设备均已安装完好后启动旋转蒸发仪进行浓缩。

(4) 待丹参提取液浓缩至约 30 mL（相对密度为 1.2～1.3）时，即得。

6.2　土槿皮酊

【处方】土槿皮　　　　6 g

苯甲酸　　　　1.8 g

水杨酸　　　　0.9 g

75％乙醇　　　加至 30 mL

【制法】取切碎的土槿皮 6 g 加入 75％乙醇 25 mL，浸渍 3～5 d，滤取浸出液，残渣用力压榨，压榨液与滤液合并静置滤过。另取苯甲酸与水杨酸加入土槿皮乙醇浸出液中，搅拌溶解，添加 75％乙醇使成 30 mL，即得。

7　丸剂

7.1　山楂丸

【处方】山楂细粉　　　100 g

蜂蜜　　　　160 g

【制法】山楂细粉过 100 目筛备用。将蜂蜜置锅内加热，炼至中蜜（滴水不散），待蜜温降至 80 ℃时加入到山楂粉中混匀，制成丸块，搓条，制丸（6 g/丸）。

7.2　丹参滴丸

【处方】丹参清膏　　　30 mL

PEG 6000　　　100 g

【制法】将 PEG 置容器中加热熔融，加入丹参清膏混合，搅拌均匀后转移到滴丸机贮液器内，按滴丸机标准操作规程操作滴制成丸。收集冷却丸粒，用滤纸吸干丸粒表面的冷却液，即得。

8　栓剂——甘油栓

【处方】甘油　　　　18.2 g

硬脂酸钠　　　1.8 g

制成　　　　10 枚

【制法】取甘油，在 100 ℃水浴锅中加热，加入研细干燥的硬脂酸钠，不断搅拌，使之溶解，继续保温在 85～95 ℃，直至溶液澄清，滤过、浇模（至稍微溢出模口）、冷却成型、脱模，即得。

9　软膏剂

9.1　硅油乳膏

【处方】二甲基硅油　10 g
硬脂酸　7.5 g
羊毛脂　1 g
白凡士林　3.5 g
尼泊金　0.1%
2%三乙醇胺　1 mL
甘油　2 mL
纯化水　25 mL

【制法】取二甲基硅油、硬脂酸、羊毛脂、白凡士林混合（油相 1 mL)；另取尼泊金、2%三乙醇胺、甘油和纯化水混合（水相）。分别置适当容器中，加热至熔化或溶解，并放至约 70 ℃，将油相缓缓加入水相中，按同一方向随加随搅，至凝即得。

9.2　清凉油

【处方】薄荷脑　6 g
樟脑　6 g
薄荷油　5 mL
桉叶油　5 mL
石蜡　10 g
蜂蜡　4.5 g
凡士林　10 g
氨溶液（10%）3 滴

【制法】先将薄荷脑、樟脑混合研磨使共熔，然后与薄荷油、桉叶油混合均匀备用；另将石蜡、蜂蜡和凡士林加热熔融，放冷至 70 ℃，加入上述混合芳香油，搅拌，最后加入氨溶液，混匀即得。

10　小容量注射剂——维生素 C 注射剂

【处方】维生素 C　104 g
碳酸氢钠　49 g
亚硫酸氢钠　2 g
依地酸二钠　0.05 g
注射用水　加至 1 000 mL

【制法】

(1) 在配制容器中，加配制量 80%的注射用水，通入二氧化碳至饱和，加入维生素 C 使之溶解，再分次缓缓加入碳酸氢钠，搅拌使之完全溶解。

(2) 加入预先配好的依地酸二钠溶液和亚硫酸氢钠溶液，搅拌均匀，调节 pH 值为 5.8～6.2 时，加通二氧化碳的饱和注射用水至足量，过滤至澄明，按操作规程要求请验。

(3) 将检验合格的药液在二氧化碳气流下灌封，并用 100 ℃流通蒸汽灭菌 15 min。